# 小田 滋・
# 回想の法学研究

小田 滋 著
編集協力 佐俣紀仁

東信堂

# まえがき

先に二年前の平成二四年に『回想の海洋法』を出版した私は、ここに引き続き『回想の法学研究』を上梓する。

国際法学者として、大学教授としてあるいは国際司法裁判官として過ごしたこの五〇年の間に私が出版した書籍は海洋法、国際裁判の分野を中心に一〇を下らない。しかし本書はむしろ私の若き日の著作、また、法学研究や国内外の法学者との交流に関する随想をまとめたものである。

第一部は、二〇歳代の頃にアメリカのイェール大学ロースクールの大学院に学生として三年間留学した際に、当時有斐閣が創刊した『ジュリスト』に継続的に寄稿したものを中心にまとめた。戦後間もなく、アメリカにおける法学研究の資料に乏しかった時代に「アメリカ法学通信」としてそれなりの意味をもっていたものと自負している。私は法学博士の学位を得て、昭和二八年、東北大学助教授として帰国した。戦後日本からは第一号のアメリカの法学留学生であり、アメリカの名門大学からの法学博士取得第一号であった。

第二部は「国際法研究回想」と題し、亡命とハイジャックに関する論文、学際的視点からみた国際法の性質に関する論文を収めている。

第三部「随想」では、外国語の習得に関するエッセーや、若き日に著した書評をまとめた。また、国際司法裁判所を退任後、国立大学運営に関与する中で抱いた思いを、大学制度論と題して論じている。

「内外の法学者の回想または追悼」と題した第四部は、田中耕太郎に始まりイェール大学のマクドゥーガルまで、国内外の法学者との交流の記録を収める。いずれもみな、それぞれの分野で一時代を築いた優れた法学者達である。彼らの偉大な業績を改めて辿る上で、この交流録にも幾分かの価値があろう。

本書が成るに当たって、論文などの収集、編成、仕上げは東北大学助教授佐俣紀仁博士の手による。そうしてこれらの作業を指揮監督された東北大学植木俊哉教授にも、私の心からの感謝を捧げたい。最後に、まさに骨董品的な本書の出版を引き受けられた東信堂下田勝司社長に感謝する。

二〇一四年一二月　明石町聖路加レジデンスにて記す

目　次——小田滋・回想の法学研究

# 小田滋・回想の法学研究

オランダにて

# 第一部　アメリカ留学の回想
## ——一九五〇年〜一九五三年

ハーグ平和宮にて

# 第一章　アメリカの連邦最高裁判決研究

## 一　アメリカ連邦最高裁三月三日の三つの判決
### ――黒人差別待遇・宗教教育・レッドパージ

アメリカ連邦最高裁は、毎週月曜日に意見を開陳するのをならわしとするが、三月三日の月曜日に、三つのきわめて注目すべき判決を下した。四日のニューヨーク・タイムスは、これを大きく取りあげており特にレッド・パージの問題については、判決全文を掲げているので、簡単に紹介しておきたい。

☆　☆　☆

一つは、市営のゴルフ場の黒人使用の問題である。フロリダ州のマイアミ市営のゴルフ場は、月曜日のみ黒人の使用に供せられ、白人は他の曜日に使用していた。ライス（Rice）という黒人が、「法の平等の保護」を根拠とし、このゴルフ場の無差別の使用を求めたものである。フロリダ州最高裁はこのゴルフ場の黒人の使用がかように制限されることを許容した。そこでこのケースは連邦最高裁に提起されたのであるが、ブラック判事、ダグラス判事の反対にもかかわらず、連邦最高裁は、この問題を取りあげないことに決定した。これが大体ニューヨーク・タイムスの報ずる全部であるので詳細には分らない。標題には三つの判決と書いたが、実はこの場合は決定にすぎない。

ところで、これに関して、いくらか連邦最高裁の黒人差別待遇問題に対する従来の態度について触れておこう。アメリカにおいて奴隷制度が廃止になったのは、何人も知る通り、南北戦争が、北部諸州の勝利に帰した結果の憲法修正第一三、一四、一五条による。第一三修正は明瞭な奴隷制度の禁止、第一五修正は、人種、色、等による政治的権利の差別の禁止であるが、殆んど一世紀近くの間、常に問題となって来たのは、言う迄もなく修正第一四条である。ここにその一世紀の歴史のあとを顧みることは不要であるが、「何人も法の平等の保護を拒否されない」という条項をめぐって、黒人の差別問題に対する憲法上の議論は展開されて来た。現在においても南部諸州における黒白の差別は、まことに顕著なものがあるが、事実上のこの差別待遇と、憲法条項とはどのように調和させられて来たか。

一八九六年のいわゆるプレッシー事件(Plessy v. Ferguson. 163 U.S. 537)は、一つの典型を示している。即ち汽車の座席について、黒白等しい待遇ではあるが、その分離を要求したルイジアナ州法の合憲性はこの事件によって、確認された(ハーラン判事の反対意見)。爾来「separate but equal」は長く黒人問題の指標となったのである。もっともその行きすぎは否定せられる。白人居住区における黒人の地所所有を、公の秩序、福祉という理由で禁じたケンタッキー州ルイスヴィル市の条例は、一九一七年のブキャナン事件(Buchanan v. Warley. 245 U.S. 60)で違憲とせられる。「当法廷は公衆の乗り物では等しい設備をもつという条件で人種を区別する法律を肯定して来ている。また上級裁判所も公立学校における黒白の差別を是認して来ている。しかしながら、第一四修正に照らして、そのような立法にはある限界があるべきであり、このルイスヴィル市条例は、その限界を超えている。何故ならば、所有権とは、財産の自由な使用、収益、処分を意味しているのであって、この場合は明らかにそれが妨げられているからである。」

学校におけるseparate but equalで注目をひいたのは、一九五〇年のスウェット事件である(sweatt v. painter. 338 U.S. 865)。州立のテキサス大学法学校は黒人の願書を受理しなかった。テキサス州内には、黒人の入学を許可する法学校はない。州の下級裁判所は、わずか数カ月のうちに黒人のための法学校を開設することを州当局に命ずるという方法をとり、事実その法学校は開校になったためマンデーマスは拒否した。第二審、更にテキサス州最高裁をへて、この事件が連邦最高裁に係属になったときに長官ヴィンソン判事自ら筆をとり、その設備において等しからざるを指摘したのみならず、法学教育の特殊性を論じて、かかる新設学校がいかなる意味でもテキサス州立大学法学校と等しいとは考えられぬことを述べて、第一四修正の「平等保護条項」は当人のテキサス州立大学法学校への入学を要求していることを決定したのである。

同じ日のマックローリン事件も注目をひく(McLaurin v. Oklahoma State Regents. 339 U.S. 637)。黒人マックローリンはオクラホマ州立大学の大学院に在学していたが、講義に際しては、白人学生からその顔が見えないように、後のすみの入口の外に椅子をおいて聴講し、図書館においては隔離された席を与えられ、食堂は時間外の使用のみ許されていた。これに対して連邦最高裁は同じ待遇を命じたものであった。更に同じ日のヘンダーソン事件(Henderson v. U.S., 339 U.S. 816)は、食堂車で黒白の間をカーテンでしきったり場所を指定したりすることの不可を論じた(これは直接修正第一四条の問題としてではなく、州際通商法違反として)。

連邦最高裁の判決は漸次黒人の平等なる待遇の実現に向いつつあるかに感ぜられる。三月三日の決定において、何故にフロリダの事件を取りあげなかったのかは、新聞では明らかではなく、この問題については言をさけよう。しかし黒人問題はアメリカにおける大きな社会問題の中でも最たるもの。現在においても全米人口の一割を占める黒人の出生率は、きわめて高い。北部諸州は別として、南部諸州では社会的取扱いは劣悪である。一九四七年の大統領直属の人権委員会の報告は、首都ワシントンでさえも、「デモクラシーの失敗の生きた見本である」と論難している。「黒人はＹＭＣＡ、ユニオン・ステーション、政府直属の食堂以外に町では食事が出来ず、映画にも行けず、ホテルに泊ることも出来ない。彼等は子供を低いレベルの人員過剰の学校にやらねばならず、大したサービスもしてくれない医療機関に健康を委ねなければならない。いくら優れた技能をもっていても、就職のチャンスはひどく制限されており、娯楽機関も殆んどない。外国使臣の少からぬものは皮膚の色が黒いので、しばしば同じ目に会わされるが、外国使臣と分ると待遇はかわる、ということを当委員会は指摘しておく。」憲法修正一四条が禁ずるのは、州（これはきわめて広範囲に解釈されることは、多くの判例によって確立している）が、discriminateすることに限られ、社会問題には最高裁といえどもタッチ出来ぬ状態にある。

しかし一九四六年には、ニューヨーク州法は、就職の際における人種による差別を禁じ、マサチューセッツ、コネチカットその他五州は同様趣旨の州法を制定している。州立法と、最高裁の判決によって、黒人問題も漸次新たな展開をとげてゆくであろう。

☆　☆　☆

三月三日の連邦最高裁における第二の問題は、公立学校において毎日旧約聖書五節を読むことを要求し、主の祈りを暗誦することを許しているニュージャージー州の州法に関係する。事案は大体こうである。クレイン（Klein）夫人とドーマス（Doremus）氏は、クレイン夫人の娘が通学している高校の所在地ホーソーンの教育委員会及びニュージャージー州を相手どって前記州法が憲法第一修正及び第一四修正に違反すると主張した。第一修正は、宗教設立に関する法を議会に禁じたものであり、第一四修正により、州にも適用ありとされたものである。州第一審は、この州法は違憲にあらずとし、ニュージャージー州最高裁も次の如く判決を下した。「旧約聖書は、その歴史も古く、また広範に受け入れられており、またその内容から言っても、それが何らのコメントなしに読まれるならば、一党一派の書物ではない。祭政分離は必要であるが、州が宗教的感情をもつべきでないとする必要はない」と。これに対して、ジャクソン判事が連邦最高裁の判決を起草した。この判決は、直接にはこの州法の合憲性の問題には触れず、クレイン夫人もドーマス氏も何ら損害を蒙っていない。即ちクレイン夫人の娘は、自分のまたは母たるクレイン夫人の要求によっては、朗読も免除され得たのであって、彼女はそれをしなかっただけであり、しかもまた本人は現在既に卒業してしまっていて、いかなる決定も彼女が持ち得たであろう権利を保護するものではない。更に彼等の納税者としての異議に対しては、聖書の朗読が何ら彼等の税金の負担を増大せしめたとは考えられぬとして、彼等の蒙ったとする損害を否定している。ダグラス、リード、バートンの三判事を代表して、ダグラス判事が反対意見を書いて、この問題は合憲性の問題として、考えられなければならないとしている。

新聞ではこれ以上に知り得ないが、従来の宗教教育に対する連邦最高裁の態度を概観してみよう。一九四〇年のゴビチス事件 (Minersville School District v. Gobiris, 310 U.S. 586) において、国旗に対する敬礼を児童に強制する州法は肯定されたが、一九四三年のいわゆるバーネット事件 (West Verginia State Board of Education v. Barnette, 319 U.S. 624) において、連邦最高裁は前の判決をくつがえし、ジャクソン判事は判決として、次の如く述べている。「地方当局が国旗に対する敬礼を強要することは第一修正があらゆる公の干渉から保留しようとした理性と精神の自由をおかすものである。」反対意見はロバーツ判事（一九四五年退任）とリード判事である。しかし公立学校における宗教教育の事件として、もっとも興味を引くのは一九四八年のマッコーラム事件 (Illinois ex rel. McCollum v. Board of Education, 333 U.S. 203) である。イリノイ州シャンペーン郡の公立学校であるが、ユダヤ人、ローマン・カソリック、プロテスタントが、学校区委員会より各自団体の費用をもってする宗教教育の許可を得た。教師はもとより各宗教団体に雇われ、学校の出費は全然かけてないが、その教育は一週三〇分ないし一時間、教室で行われた。親が希望する児童にのみ行われ、その他の児童はしかし他の教場で他の授業を受けることを要求されたのである。ブラック判事が判決を書いているが、義務教育中の児童が宗教のクラスに出るという条件で、部分的とはいえその義務から解放されているのは、明らかに宗教団体を援助するために、税金でたてられ、税金でまかなわれている公立学校を利用するものであり、第一修正、並びにそれを州にも適用している第一四修正を破るものであるとしている。フランクフルター、ジャクソン、バートン・ルートリッジ（一九四九年死亡）の諸判事は、個別意見を述べ、リード判事一人反対意見を述べている。即ち、「宗教設立に関する立法の禁止は、教会と州のあらゆる友好的な関係を阻止するものではない。それは両者互に共同するあらゆる条件の絶対的禁止ではない。当法廷は余り用心深くなってはならない」と。

このマックコーラム事件に照らして、三月三日の判決をどのように考えるべきかは簡単な新聞記事では明らかではない。ただ断定出来ることは、三月三日の判決において、連邦最高裁が合憲性の問題に触れることを回避したことは、結果的には、ニュージャージー州法の合憲性の確認をもたらしていることである。この両事件の連関は興味があるが、ここでは触れることは出来ない。なおまた三判事の反対意見もこの問題をちがった角度から取りあげるべきことを指摘したのであって上記州法の違憲を言ったものではないことは、くりかえして注意する必要がある。合憲違憲の問題に対してどのような態度をとるかは、全くの別問題である。

☆　☆　☆

いわゆるレッド・パージの問題については、ニューヨーク・タイムスは判決及び反対意見の全文をかかげている。

なかなか尨大なものなので、要点のみを指摘する。

レッド・パージの問題と簡単に言ったがいわゆるファインベルク法なるニューヨーク州法の合憲性の問題である。一九四九年のファインベルク法によって補充されたニューヨーク州の公務員法の一二A項の違憲の宣言的判決が上告人よりニューヨーク州下級裁に求められた。その州裁はその一二A項のC節、ファインベルク法及び教育委員会の規則は、修正第一四項の「法の正当なる手続」に反するものとして禁止命令《インジャンクション》を出した。控訴審はこれをくつがえし、ニューヨーク州最高裁はこの控訴審の決定を確認したわけである。公務員法一二A項C節の趣旨は大体こうである。「政府を、暴力や非合法手段をもって転覆すべしと指示唱導する団体を組織し、又はその組織を手伝い、あるいは又その一員たるものは、州市の公務員たるを得ず、また公立学校、州立師範学校、カレッジその他いかなる州立の教育機関の管理者、長、教師となるを得ぬ。」ニューヨーク州の教育法三〇二二項もファインベルク法によって附加されているが、これは上記公務員法の趣旨にもとづいて、破壊的団体等、リスト作成等の教育委員会の判定すべき規則について定めたもの。ファインベルク法の前文は明瞭に共産党の名を指摘し、かかる団体員を教職から追放することが、他ならぬこの法の目的であることを明示している。

さてこの法に対する攻撃は、主として二つの点にあった。一つはそれは第一修正によって保障されている、言論、結社の自由の侵害であるというにある。判決はこれに対し、学校はsensitive areaであり、州はその保全を維持するに重大な関心をもつ。学校の保全を維持するのに教師が適しているかどうかを当局が審査する権利をもつことは、全く疑いがないとする。破壊的と考えられる団体のメンバーたるか、学校に奉職するかの選択の自由は制限されるとしても、彼等は勝手に集会も出来れば、言論も自由である。

第二の点、破壊的としてリストに書かれた団体のメンバーたることが、自動的に追放の理由たり得るとすることは、正当なる法の手続によるのでなければ、生命、自由財産を奪われないとする修正第一四条違反であるという主張に対しては、元来法はそのような推定に満ちたものであり、メンバーたることによって、その団体の目的を支持しているというのは立法府の認定であってdue processの要求も満たされているとする。更にその推定は終極的のものではなくて、一応のものであることから、手続的なdue processの問題（due process of lawが元来手続的なものとしての意味をもっていたのが、漸次実質的な意味を包含するに至った過程は、ここで述べる必要はないであろう――小田）も、ここでは問題にならないとする。

破壊的（subversive）という言葉がきわめてあいまいであるとする意見に対しては、三〇二二項二節につかわれている通り、「暴力によって、政府の転覆を教え、かつ唱導する団体」を言うことによって、きわめて明瞭なりとする。以上がニューヨーク州公務員一二A項及びそれを補完したファインベルク法の合憲性を確認した連邦最高裁判決の趣旨である。前記の如く、ミントン判事の執筆になり、ヴィンソン長官、リード、ジャクソン、バートン、クラークの諸判事がこれに加わっている。

反対意見は、フランクフルター、ブラック、ダグラスの諸判事、このうちフランクフルター判事の意見は、むしろ手続的なものであって、きわめて長文ではあるが、要は、単に抽象的ないし思弁的な問題については、憲法の解釈に関する決定は避けるということ、そして判決を下すに適当な当事者間の現実的具体的な争点にはじめて決定を下すという、従来の当法廷の教訓に従うべきであると考える。このアピールは却下さるべしとするにつきるであろう。論点としては興味を引く点も多いが、このファインベルク法の実体には触れないので、ここには省略する。

興味のあるのは、ダグラス判事が起草し、ブラック判事が同意した反対意見である。その語調の鋭さ、最近における判決中においても白眉かと考えられる。彼は言う。「憲法はこの社会のすべての人に思想と表現の自由を保障している。万人はこの権利をもつ。ましていわんや、教師においておや。公立学校こそはまさにわがデモクラシーのゆりかごである」に始まり、このファインベルク法は、我々の社会に矛盾しているguilt by associationの原理に立脚しているではないかと非難する。彼はこの法の施行が、やがて学問の自由への脅威となるであろうことを必至と見る。このままでは自由のための組織も狂信的な傾向に反対しようとする団体も、余り一般的ではないプログラムをもつ委員会も怪しまれるに至るであろう。そして教師は処罰への恐怖から、いかなる会合にも加わろうとはせず、かくて表現の自由は消え去ってゆくであろう。しかもそればかりではない。生徒は、親達は、そして社会は密告者となり、disloyaltyの徴候はないかと、耳をそばだてる。教師の言うことの奥を奥をと人々は考えるようになろう。「あの美術の教師が社会主義のことを言ったのは、どういう意味だろう。何故あの歴史の教師は、ああ悪しざまにフランコ政権のことを言うのだろう。『怒りの葡萄』（シュタインベックの小説）のディスカッションで、英語の教師が革命への熱情を示したのに気がつかなかったか。化学のクラスで、ソ連の冶金学の進歩をたたえた背後には、何かあるのではなかろうか。朝鮮における冒険の賢明さを疑う教師は、『破壊的』ではなかろうか」とせんさくし合う。このファインベルク法の下に起ることは、警察国家の典型である。かくダグラス判事は述べてゆく、「そのような環境にどうして、真の学問の自由があろう。恐怖が教場にしのびより、教師はもはや大胆な思考への激励者ではなく、安全な情報の導管となりさがる。気の抜けたようなドグマが自由な研究にとってかわってゆく。」「スパイと監視のこのシステムは、学問の自由と両立はし得ないのである。このシステムは真理への追求ではなく、標準化された思想を生む。修正第一条が保護しようとしたものは、真理への追求であったのに。我々はこの修正第一条の教えを忘れてはならないのである。」

ダグラス判事は結論を求めてゆく。「もとより学校がコミュニストの活動の細胞となってはならない。教場はマルクス主義の信条の宣伝の場となってはならない。しかし教師の非行は明らかな行為にのみ限られるべきである。彼が法をまもる市民である限り、そして公立学校におけるその行動がスタンダードを満たしている限り、彼の私生活、政治上の主義、社会的な信条は、彼を罪とするものの原因となってはならないのである。」

ブラック判事は右のダグラス判事の意見に、完全に同意しながら、更につけ加えて、このファインベルク法制定の結果は、学校の教師が、その時々の多数がよしとしたこと以外は何も考えられず、何も言えなくなる危険性を警告する。思想の自由と、思想の政府による統制という二つの政策。修正第一条はこの思想の自由の政策をあらわしたものであって、公務員は人民が考えるべき思想を選定したり、彼等が表明する見解を検閲したり、人々の属すべき団体等を選ぶような権能は、憲法上絶対に与えられてない。そのような権能をもった公務員はもはやpublic servantsではなく、public mattersであろうのにと痛烈に言い放っている。

反対意見に余りより道しすぎたようである。しかしこの問題は、現在の日本においても、もっとも緊要な問題ではなかろうか。余りにも長文になりすぎたのをおそれるが、こうした言論、結社の自由に対する連邦最高裁の歴史を簡単にふりかえってみよう。それは主としては、第一次大戦を契機としてのことであったが、その歴史は、ホームス、ブランダイスの歴史でもあった。一九一九年のシェンク事件(Schenck v. U.S. 249, U.S. 47)は、社会党員の徴兵法反対のパンフレット撒布に関してであったが、ホームス判事がいわゆるclear and present dangerの理論を唱導したときに、それは言論の問題に対する指標となるかに思われた。しかし一九二五年(ギトロー事件Gitlow v. New York, 268 U.S. 652)連邦最高裁裁、修正で第一四条による修正第一条の州への適用を認めると同時に、言論の自由の絶対性の否認をpolice powerの理論に求め、州が崩壊に瀕するまで手を拱いて言論の自由を見送る必要のないのを説いたときに、ホームズとブランダイスの両判事は反対意見の側に立たざるを得なかつた。

修正第五条及びその州への適用である修正第一四条のdue process条項は、アメリカ憲法における自然法の条項とも言われるのであるが、言論の自由に関しても、それとpolice powerの理論に代表される社会の保全の主張との衝突は、連邦最高裁の判決をして、動揺きわまりないものたらしめている。カリフォルニアの共産党員ウィットニーに関する一九二七年のウィットニー事件(Whitney v. California, 274 U.S. 357)は、社会革命を達成しようとして暴力の非合法の行動や、テロリズムの非合法手段を唱導する団体の一員たることを犯罪とする州法を支持した。ホームズ、ブランダイス両判事は、技術的な理由からこれに同意しているが、その個別的意見は言論結社の自由に対する両判事の立場を一層明確にするものであった。「clear and present danger の認定を支持するためには、重大な破壊が焦眉に迫っていたか、あるいは直ちにそのような破壊をなすことが唱導されたか、あるいは過去の行動が、そのような唱導が企図されていたと信じさせるに充分な理由を与えたかが明示されなければならない」と言い、「言論が単に破壊の結果に至りそうだという事実は、それを抑圧することを正当化しはしない。犯罪を防止する方法は教育と、法違反に対する処罰であって、言論結社の自由の権利の抑圧であってはならない」と結論するのである。

一九三二年ホームズが去ってカルドーゾが新たにニューヨーク州最高裁判事より、連邦最高裁判事にあげられたときに、ホームズ、ブランダイスの自由のラインは、ブランダイス、カルドーゾの線にとって代わられた。やがて連邦最高裁には、この線と、保守の伝統をまもるサザランド判事の流れの間に、言論問題のみならず、多くの問題についてのいわゆる五対四の判決が続出し、アメリカ憲法史上興味ある時代を出現するであろう。一九三七年サザランドを含めて四人の判事の反対をおさえて、五人の判事は自由の立場に味方した（ハーンドン事件、Herndon v. Lowry, 301 U.S. 242）。ロバート判事の起草した判決は、言論結社の自由を拘束し得る州の police power は、原則であるよりはむしろ例外なのであり、「危険な傾向」のみをもっては、その例外を適用するに充分でないことをうたうのである。

これに関連して二つのきわめて注目すべき最近の判決をあげて稿を閉じたい。一つは一九五〇年のドウズ事件（American Ccmmunications Association v. Douds, 339 U.S. 382）である。これは事実上労働組合の幹部は共産党その他暴力による政府の転覆をはかる団体のメンバーであってはならぬとする一九四七年の Labor Management Relations Act のある項の合憲性を争うものであったが、判決はヴィンソン長官の手になる。ダグラス、クラーク、ミントンの三判事は之に関与せず、フランクフルター、ジャクソン両判事は部分的に賛成、部分的に反対の態度をとり、ブラック判事は反対意見を表明している。判決は憲法に保障された自由も絶対的でないことを述べ、自由か秩序かの二つの対立する利害のいずれがよりよく保護されねばならないかを、そのときどきの事情に従って判断することが法廷の義務であるとしている。そしてこの判決の態度も概ね三月三日の判決に似ており、共産党員たることが罪となることなく、その地位は失っても、彼等が共産主義を信奉することは自由であり、特殊の地位の喪失は、生命、自由の喪失を意味しはしないとの見解をとり、上記法律の合憲性を確認している。ブラック判事の反対意見は、我々の自由の制度はいかなる政治的信条も、言論も、集会も政党もproscribeすることなしに維持出来るというのが第一修正の趣旨であるとして、共和国の安全と、立憲制度の基礎を強調している。

一九五一年のデニス事件（Dennis etal v. U.S. この事件のofficial reportについてはまだ知らない）は、スミス法に関連する。スミス法については、日本でもよく知られていることであろうし、この事件も充分に紹介されているかも知れない。ヴィンソン長官の筆になる判決。リード、バートン、ミントンの三判事がこれに加っている。革命の成功ないし成功の蓋然性が規準になるという主張を退け、反応の要素が既に現存するならば、接触反応剤を加味するまで待てなどと政府に言うことは出来ぬ、とする。スミス法の合憲性は確認され、共産党を組織し、暴力によって合衆国政府を倒すことを教示かつ唱導したデニス等の共謀はclear and present dangerを構成するとされるのである。クラーク判事はこの判決には全然参加してないが、フランクフルター、ジャクソンの両判事はそれぞれ長文の個別意見を述べている。それぞれ興味はあるが、ここには省略する。彼等の書いたものが反対意見ではなかったとはいえ、特にフランクフルター判事の自由に対する情熱の強さは見失われてはならない。「我々は余りにも長く自由を享受したため、今や人権宣言をつくるにどれだけの血を流したかを忘れようとさえしている」と言い、「表現の自由は我々の文明の源泉である」と説く。「心の自由なしには開放された社会なく、社会が開放されずしては、人々の精神はまひし奴隷化して行く」ことをフランクフルター判事は警告するのである。三月三日の判決に反対意見を表明したブラック、ダグラスの両判事は、ここでもそれぞれ反対意見を述べている。ダグラス判事の反対意見は、次のような文句で終っている。「ヴィシンスキーは一九四八年『ソヴィエト法』の中でこう述べている。『我々の社会には、もちろん社会主義の敵のためには言論、出版の自由はあり得ないのだ』と。アメリカ合衆国のためにそのような標準を許容するということであってはならない。我々は我々が建国の目的に忠実である限り、決して革命の唱導等を支持しはしないであろうと信頼すべきである。」

このデニス事件は、陪審のことも問題であり、相当複雑な事件であって、簡単に論評しきれるものではない。しかし今やブラック、ダグラス両判事が自由のための闘志として連邦最高裁のなかに占める地位をうかがい知ることが出来よう。

☆　☆　☆

簡単な紹介の筆が意外に冗長となり、また参考までにと附け加えた他のいくらかのケースは、私のアメリカ憲法への無理解を示すように思われる。私事を述べさせて頂けば、この分野は私の専門外ではあるがただこうした紹介によって、何人かの若い優れた同僚達がこうした問題を深く掘り下げて行ってくれることを期待する。アメリカの憲法の歴史は、いわゆる法の歴史ではなく、良識の歴史である。ファインベルク法を支持するもしないも、その背後にはアメリカの長い自由人権の歴史がある。人権の歴史浅い日本にアメリカの先例をそのまま移し得られぬものであることを思いつつ、筆を擱く。

『ジュリスト』九号（一九五二年）一六―一九頁

## 二　再びアメリカ連邦最高裁の判決について
### ――共産党事件

先に、三月三日のアメリカ連邦最高裁の判決については、やや詳細に述べるところがあったが、それから一週間目の三月一〇日、共産党に関連する、三つの事件について最高裁は判決を下した。一つは共産党員たる外国人の追放に関する問題である。問題は外国人登録法が制定された一九四〇年以前に、既に共産党を脱党している外国人を、かつて共産党員であったという理由で、合衆国政府は合憲的に国外に追放しうるかという問題である。一九一六年一三歳にして入国したギリシャ人、一九二〇年一六歳にして入国したイタリア人、一九一四年一三歳のとき入国したロシア生れの婦人である。下級審は彼等がかつて共産党員であったという理由で追放し得るものとしたが、連邦最高裁は、七対二でこれを確認した。判決はジャクソン判事執筆、ダグラス、ブラック両判事は反対意見を草している。

第二の問題は、外国人共産党員の保釈の問題である。根本問題は、彼等が放逐さるべきか否かが決定される間、Attorney General（日本でこれを法務総裁と訳しているのか、検事総長と訳しているのか知らない）の任意に、保釈することなしに拘禁しておくことが出来るか否かにある。申請人はその拘禁が第五及び第八修正条項に違反するものであり、かつまた拘禁の根拠となっている移民法の条項の違憲を主唱した。この条項とは一九五〇年の国内保安法（いわゆるマッカラン法）によって挿入されたものであり、外国人は、共産党員たることが放逐の理由になるとしたものである。判決はどんな外国人がわが国にとどまり得るかを決定するのは議会の無条件の権限であるとしている。判決はリード判事の執筆。ブラック判事、フランクフルター判事が反対意見を草し、前者にダグラス判事、後者にバートン判事が同意している。ブラック、ダグラス両判事の反対意見は、従来の両者の線を変えるものではないが、保釈の権利の否定が、人権宣言の条項、即ち過大な保釈金禁止の第八修正、思想、言論、出版の自由抑圧禁止の第一修正、法の正当な手続なしに自由を奪うことを禁じている第五修正の恐るべき無視であることを指摘する。フランクフルター、バートン両判事の反対意見も、国内治安法の制定以来の、外国人共産党員への保釈の中止という政府の政策はAttorney Generalのもつ裁判権の濫用ではないかとの感じを述べている。第一のケースもこのケースも、いずれも前稿で述べたように、国家の秩序か、個人の自由かという二つのテーマの間に動揺する最高裁の態度を示しているものと言えよう。

第三は、共産党員の弁護に立った弁護士の法廷侮辱罪に関連する。ジャクソン判事法廷の意見を代表し、ダグラス、ブラック、フランクフルターの三判事が反対意見を表明する。尚クラーク判事は、以前にAttorney Generalであったところから、これに加わってない。スミス法違反で告訴された共産党幹部を審理した連邦第一審においてその判事は弁護士(そのうちデニスは前の原稿でも引いたかと思うが、被告であると同時に自ら弁護士として行動している)を法廷侮辱罪で処罰したものである。判決はこれを確認し、第一審において被告達はしばしばその行動が侮辱的であることを指摘されていたのであって、「最高裁は弁護士が訴訟依頼人のために、何らおそれることなく、活発に、充分に弁護することを、いつまでも保護してゆくであろう。しかし侮辱を勇気と、非礼を自由自立と同一視することは出来ない」と述べている。上記三判事はそれぞれに反対意見を書いているが、共通した意見は、それらの弁護士は、また別の法廷で陪審員の前で審理されねばならぬとしているようである。ダグラス判事の如きは第一審の記録を読むと、弁護士達が判事を追い出そうとしたのか、判事が権力をかさに着て弁護士達を押えにかかっていたのか分りはしないと述べている。

☆　☆　☆

さてここで、三月三日のファインベルク法合憲の判決以来あらわれた若干の反響を、私のせまい視野でみた限りで書きとめておこう。三月五日のニューヨーク・タイムスは、その社説欄の筆頭において、この問題を取りあげている。「我々は共産主義者が学校の教師たることを欲しない。しかしながら、ファインベルク法のような立法で、警察国家にふさわしいような学問の監視、知性のテロリズムを助けることを欲しない」と。この立法が合憲性を認められた結果、教師は常に安全な一般的なことしか述べ得ず、子供達は小さなロボットと化してしまうことを恐れるのである。自由の光のかがやきが失せることがより大きな病弊をアメリカの上に及ぼさぬかを危惧する。しかしこの法が一旦支持された以上、この判決がくつがえされることは、近い将来にはないであろう。そこで社説はアメリカの良識に期待してこう結んでいる。「我々が期待し得るのは、この法が均衡の精神をもって行われることである。何人も有罪が立証されるまでは無罪であるという古来のアングロ・サクソンの原理は、今も変らぬよい原理である。我々にはその原理が我々にと同様に、ニューヨーク州の教師達にも適用されることを記憶にとどめよう」と。ヘラルド・トリビューンは同じく五日の社説において、むしろこれとは逆に、判決は現実に則したものであり、国民一般の支持を受けるであろうとしている。

教育界方面の反響は、ニューヨーク・タイムス三月九日の日曜版が Benjamin Fine の筆によって大体を伝えている。ニューヨーク州の教育局長は、当然の事ながらこの判決を歓迎して次のように述べたと伝えられる。「この判決では学問の自由などは問題にならない。何故なら共産主義に加担する者は、厳正不偏の思想への要求を放棄したのであって、目的のためには手段を選ばずという世界観に帰依してしまっているからである」と。ニューヨーク市教育長も、共産党あるいは破壊的な団体の一員でない者は、何も恐怖する必要はないではないかと述べている。しかしながら、教育内部においても、反対説もきわめて有力である。アメリカのもっとも有力な教育協会たるアメリカ教育協会長(American Council on Education)は、この法が教師達の合法的活動をも制限するのに用いられるに至るであろうとの教師一般の空気を代弁している。彼自身はこの法も適用をあやまらなければいいが、一歩あやまればいろいろな世界観、政体について、真理を探究しようとすることの妨げになるであろうことを危惧している。

教員組合の反響はTeachers Organizationの合同委員会は学校内の破壊的分子は常に学問の自由を口実にするのであるからとして、歓迎の態度をとり、ＡＦＬに属するTeachers Gilldは共産主義者が教師たることには絶対反対の態度をとりながらも、しかしファインベルク法はアメリカ法学の基調を犯しており、進歩的な教師を無力化してしまうことを恐れている。独立のUnited Public Workersに属するTeachers Unionは、この判決を非難し、それはアメリカの教育を堕落させるものであるとしている。「三千万の児童達は、猿ぐつわをはめられ新しい思想が閉ざされているということも知らずに育ってゆく危険におかされている」と警告する。

法律学界は当然のことながら、この短期間にはまだ反応を示してはいない。直接この判決を問題にしたのではなかったが、三月一〇日ハーヴァード法学校で行ったと伝えられるイェール法学校ロデール教授の言説は注目をひく。ロデール教授については、かつて鵜飼教授がその著を紹介されたと聞くから改めて紹介の要はないであろう。彼は現在の連邦最高裁の無能を攻撃する。連邦最高裁は「神聖犯すべからざる場所」たるべきではなく、政治的権力を握った九人の人と考えらるべきことを唱導するのであるが、彼はダグラス、ブラック両判事のみが第一級の司法的政治家であると考える。過去三年の最高裁の判決の量質共にお粗末なことを指摘して、ロデールは判事達の退官が、この国をすくう道であるとする。「ハーヴァードの法学雑誌に関係しているどんな学生の意見だって、バートン判事の意見などよりはよっぽどましである」となかなか辛辣である。この講演は三月一〇日であったのでおそらくその日の判決には言及することが出来なかったと思うが、三日のファインベルク法の判決には言及して、最高裁の多数決意見を非難し、ダグラス、ブラック両判事の少数意見を支持している。

週刊誌『ネーション』と『ニューリパブリック』の最近号は、いづれもEditorialとして出ているので、その雑誌そのものの意見とみなしてよい。前者は三月一五日号、後者は三月一七日号である。両者とも簡単にこのファインベルク法をめぐる従来の経過に触れており、この判決によって、各州相次いで、同様趣旨の立法を行うであろうことを見通している。『ネーション』誌は、この判決の結果、州による思想統制は、それこそまさに共産主義政府によって採用されている方法に他ならないことを指摘し、ダグラス判事の反対意見を相当長文引用して、ダグラス、ブラック両判事の意見に賛意を表している。「ニューリパブリック」誌の方は「学問の自由の非合法化」という見出しのもとに、二頁にわたる長文の中で、痛烈に連邦最高裁の判決を非難している。「高貴なその法廷の伝統にもふさわしくない粗末な言葉でミントン(判決起草判事)は学校の教師達に、当局筋のきめたreasonable termsでのみ奉職することが出来るのだ、それがいやなら自分の信条や組織に忠実であって、他のところにゆくことは御自由などと警告しているのである」と非難しつつ、この法の基礎にあるあやまりは、行政的措置でリストにあげられた組織の一員たることが、政府の暴力による転覆の唱導と、一応同じとされることであると指摘する。ファインベルク法を確認したことは、パンドラの箱を開けるようなものであり、この恐怖政治の必然的結果は、すべての教師をして公認の理念を盲目的に追求し学問の自由の意味して来たものをすべて捨て去らしてしまうであろうことを憂慮するのである。「この不幸な判決の悲劇的な反響」の底なしの結果を恐れ、未来の世代が真理を探究してゆく熱情を失ってゆくことを恐れている。

さて私は最近の若干の判決に触れてみた。そして前稿では、それに関していくらか歴史的な変遷も考えてみた。重点はむしろ判事個人においていたわけである。一般に「これこれの事件はこれこれの判決」ということよりも、むしろ「A判事はこれこれの傾向、B判事はかくかくの傾向」ということを明らかにした方が、社会学的に興味はありはしないか。気に入らない判事は国民審査でどしどし罷免することである。所詮、判決は駈けひきと妥協の産物である。「神聖にして犯すべからざる」法廷などは二〇世紀の神話にすぎないのであるから。

『ジュリスト』一〇号（一九五二年）一二—一三頁

## 三　アメリカ鉄鋼業接収の経過

四月八日午後一〇時三〇分「合衆国憲法及び法律によって与えられた権限に基づいて」大統領が鉄鋼業の接収を商務長官に命じたとき、全米の法曹界は興奮の坩堝と化した。果して大統領にそのような広範な権限が与えられていたのであろうか？　コロンビア地区連邦地裁は四月二九日臆することなく「否」と述べた。ストライキ!!　全米の鉄鋼業の機能停止。政府は直ちに連邦最高裁に提訴する。アメリカの叡智を集めた九人の最高裁判事は、いかなる判断を下すのであらうか。おそらくは旬日中に下るであろうその判決を前にして、今(五月下旬)全法曹の興味はこの一点にかけられている。入手し得た限りの判決書、中立書、覚書等々の公文書に基づき、新聞雑誌の情報も加味して、今ここまでの経過をたどり、かつその法律問題を検討してみよう。

☆　☆　☆

昨年一二月三一日をもって期限に達する鉄鋼業における労資団体協約の更改は、ＣＩＯ系の鉄鋼労組の賃上げ及び労働条件改善の要求によって、暗礁にのりあげていた。一月一日を予定されていたストライキを前にして、一二月二二日問題は大統領の行政命令によりWage Stabilization Boardに付託された。労、資、中立、各六名よりなるＷＳＢは三月二〇日、「報告並びに勧告」を作成して大統領に提出。現在の一時間当たり平均一・八ドルの賃金の〇・

二六一ドルの増額並びにユニオン・ショップの採用を勧告する。ＷＳＢは従来も常に労働者側の味方であった。この審議にあたっても、中立委員はひたすら労働者側に与して、使用者側の意見を聴取しようともしなかった不当を、使用者側委員はなじるのであるが、労組はこの勧告を全面的に受諾した。会社側は賃金も価格も価上げを行わぬことが公共のためであるとしつつも、この裁定を受諾するならば、現在トン当たり一一〇ドルの鉄鋼価格を一二ドル引き上げざるを得ず、それにもかかわらず三ドル以上の価格引き上げを許容しない政府側の計算の不当を指摘しつつ、ＷＳＢの裁定を全面的に拒否した。

一日一日以来、ストライキを延期して、ＷＳＢ裁定の成行きを見守っていた労組はかくて四月九日午前零時一分を期してのストライキを声明した。大統領による鉄鋼業接収の処置はまさにストライキ開始の一時間半前のことであった。大統領にとっては、この国家緊急の時に、一刻も鉄鋼業の操業が中止されることは看過し得なかった。夜のテレビジョンの前に立った大統領は、激しい言葉で会社側の不当を非難する。大統領の行政命令に応じ、商務長官ソーヤーは、各会社の責任者をもって政府のための支配人とし、会社、労組共にその機能を継続することを求めたのであった。ストライキの危機は一応回避された。

declaratory judgment[1]と temporary injunction を求める会社側の訴えは、コロンビア地区連邦地裁に係属された。担当パイン判事は一九四〇年ルーズヴェルトの任命にかかる六〇歳の老練判事、なお連邦地裁は単独制である。会社側は大統領による接収の根拠は憲法にも法律の中にもなく法の正当な手続なしに所有権を侵害するものであるとし、政府側に立つ Assistant Attorney Genaral ボールドリッジは、大統領はその固有の権限に基づき、国家緊急の事態に応ずるため必要ないかなる処置もとり得ると応酬する。ボールドリッジに対するパイン判事の追及は急であって、その判決の予想も困難ではなかったようである。

四月二九日午後、数日の熟慮を重ねたパイン判事は、大統領による鉄鋼業接収の違法性、違憲性を確認した。即ち彼は憲法のいかなる規定も、接収を妥当づけるような固有の権限を大統領に与えるものではないとする。政府側が「公用徴収」の法理に訴えたことに対しては、それをなし得るのは議会の立法であって、政府ではないとして斥け、政府の処置は完全にその根拠を欠いており、その違法たることを説く。ストライキが起った場合の害毒を考慮に入れて、公共の利益という観点に立つといえども、そのもたらす害は、無制限・無拘束の行政権への司法権の屈服から由来する害毒に比べれば微々たるものであろう。しかもタフト・ハートレー法の援用が可能であるにもかかわらず[2]、それを援用せずに接収という行為に出たことを難詰するのである。手続法規についても言及し、相手方は大統領ではなく、ソーヤー個人であること[3]、更にまた会社側の主張を容れて、労組との関係並びに一般の事業関係において、償い難い損害を蒙ったことを確認した[4]。

会社側の勝利は明らかであった。パイン判事の裁定後一時間を待たずして、労組はストライキに入った。かくて熔鉱炉の火は消えた。明けて三〇日朝、パイン判事は injunction に署名した。技術的にはこの時をもって接収は解除されたものとみなければならない。政府は同日午後直ちに連邦控訴裁に injunction の延期を求める。控訴裁は事件の重大性に鑑み、九人の全判事が列席して、政府側、会社側両者の主張を聴取した。Solicitor General であり、Acting Attorney General たるパルマンはボールドリッジに代って法廷に立った。彼には工場が再び政府の手に帰したならば、ストライキを確実に中止せしめ得るほどまでの自信はなかったようである。しかし彼は「このケースはまさに国家存亡に関する。凡ゆる方法を講じても操業を続けさせねばならぬ」と叫んだ。彼は労働者の愛国心に期待した。会社もまた労組の非愛国的行為を糾弾した。

控訴裁は五対四の決定によって地裁による injunction の五月二日夕方までの延期を決定する。しかも、もしその前に writ of certiorari の申請が最高裁にされるならば、その判決の日まで、もしその申請が最高裁によって拒否されるならば、控訴裁の爾後の処置を待つべきことが決定された。工場は技術的には再び政府の手中に帰する。翌一日、会社側によってなされた、接収期間中の賃金値上げ、労働条件改善等の処置凍結の要請は控訴裁の同じ五対四によって否決された。しかし控訴裁はもとより地裁の決定をくつがえしたわけではない。訴訟法上控訴裁の決定を再審することは、もとより認められている。しかしながらその決定がいずれにしろ、事件は最高裁までゆくことは明瞭であった。控訴裁は賢明にも、事件の内容に立ち入ることを避けたのであった。そして五月二日、地裁のinjunction延期を命じた理由をmemorandumとして公表した（首席判事は少数説側）。控訴裁はいう。「地裁パイン判事の見解の正当性には重大な疑問をもつ。」何故ならば、過去において連邦最高裁は、非常事態には大統領に私有財産接収の権利を与えることを確認し来たっている。更にまた会社側の「償われざる損害」は充分の証明を得ていないと。政府側はここに地裁における敗北を償ったのであった。

だが問題は連邦最高裁の段階に達した。

1　ここでdeclaratory judgmentを求めたのは一見奇異のようであるが、侵害の証明が不十分とされるならばinjunctive reliefは不可能だからであろう

2　タフト・ハートレー法に規定されている八〇日間のいわゆる冷却期間については説明の要はなかろう。

3　大統領の行為を司法部がコントロール出来ぬというのは、アメリカ法の伝統である。パイン判事はボールドリッジに対し「貴下は政府の代理人ではなく、ソーヤー氏の代理人である」とたしなめている。

4　注1と関連して来るが法令の効果による侵害が明らかでないときは、declaratory judgmentを除いては、裁判所は事件に介入しない。なお接収によって蒙る会社側の通常の損害補償はFederal Torts Claimsに基づいてCourt of Claimsで処理され得る。

☆　☆　☆

この間、法廷外はどのような動きを示していたであろうか。四月八日の大統領の接収命令はごうごうたる非難の中にあった。新聞は一斉にその非をならし、独裁制の危険が叫ばれた。わずかに進歩的な雑誌（たとえばNew Republic）のみが、商業新聞の報道の偏跛を攻撃したが、大統領独裁への恐怖は増大するのみであった。トルーマン大統領自らもくりかえし憲法遵守の精神を強調するところがあった。自己の処置の多少のゆきすぎを感じたかに見える大統領は、議会に書簡を送って、もし接収を非とするならば議会自身において、速かに新事態に対処する立法処置を講ぜられんことを要請した。事実議会においてもそのような動きはあるが、有効な立法はあらわれてない。そして議会には大統領非難の声が高まってゆく。下院においてはそのimpeachmentを考慮すべきことが提議された。マッカーラン法の名をもって日本にも知られる民主党マッカーラン氏を委員長とする上院司法委員会は、民主、共和、その所属の如何を問わず、彼の処置を容認しようとはしなかった。やや時期は下るが、四月に行われたAttorney Genaralマックグラス罷免のあとをうけて、大統領の指名によってその地位に擬せられていたマクグラネリ判事の任命承認は同委員会で審議されていた。彼は委員会に喚問された。「鉄鋼業接収に対する意見如何？」かく聞かれては彼も困惑したであろう。やがて自らをトルーマンの台閣につらね、なかんづく憲法問題の最高顧問たるべき地位を約束されている彼も、大統領の処置の肯定は、上院による任命承認拒否の結果となろう。まことに不得要領のナマズ問答によって、辛くも承認をかち得、一月半ぶりで空席のAttorney Genaralの地位を充たすことになったが、この経過こそ、上院の接収問題に対する空気を物語るものであったと言えよう。

地裁のinjunctionの裁定によってストライキに入っていた労組は、控訴裁によるinjunction延期命令後も、自発的にはストライキを中止しようとはしなかった。この間技術的にはストライキの相手方は、接収中の政府であるという一応の解釈が成り立ち得る。私達は一九四六年のあの鉱山労働者の争議を想起しよう。組合委員長ジョン・ルイスが法廷侮辱のかどで処罰をうけた時のことである。しかしあれは政府対労組、これはソーヤー（商務長官）個人対労組の関係として鉄鋼労組は諒解している。紛争の相手方はソーヤー個人であるとは、パイン判事の認めたところであったからである。労組はＷＳＢの勧告実施の完全な保証がない限り、ストライキ中止の意思のないことを明らかにしていた。労資の協議は終始いろいろな政府機関の仲介によって続けられてはいたが、成果はみるべくもなかった。しかしストライキは、大統領の「国家の利益に鑑みて」の要請によって、五月二日一応打ち切られ、組合は操業を開始した。三日朝、労資代表をホワイトハウスに招いた大統領は、何ら独裁者たらんとする野心のないことを吐露し、刻下の急務の認識を要請して、労組に対しては、出来るだけすみやかに賃銀労働条件改善の処置を自らとることを声明した。もとより労組側の歓迎するところではあった。連邦最高裁が、事件係属中は労働賃銀、労働条件の如何なる変更も許さないと決定したのは、大統領の賃銀値上げ条件改善のその声明後、僅か数時間後の三日土曜の夕方のことであった。この最高裁の決定によって、再びストライキの危機は高まってゆく。地裁に破れ、控訴裁の支持によって面目を恢復した政府は、ここにまた最高裁による痛撃を受けることとなった。再び法廷に戻って連邦最高裁の経緯をみよう。

☆　☆　☆

五月二日連邦最高裁には二つの訴えが提出された。一つは会社側による地裁の temporary injunction 確認の訴え、他は商務長官ソーヤーの名による地裁の裁定再審の訴え。五月三日、最高裁は再審はまず控訴裁によってなさるべしとするフランクフルター、バートン両判事の反対意見を除く七人の判事の賛成によって、writ of certiorari 交付を裁定した。更に全員一致をもって、パイン判事の injunction 延期、並びに前項に書いたように、事件係属中の現状変更の禁止を決定した。

口頭弁論は一二、一三両日にわたって行われた。会社側を代表するのは、かつて民主党大統領候補でもあった七九歳のジョン・デーヴィス。商務長官側（なおこの訴えは地裁におけるとことなり、商務長官ソーヤーとなっている）パルマン。もとより両者共にbriefが提出されていることは言うまでもない。会社側の全文は現在まで入手できなかったが、商務長官側は印刷にして一七五枚にのぼる尨大なもの。briefの内容に従ってデーヴィスの弁論にはじまる。その趣旨は地裁におけるともとより本質的には異なるわけはない。タフト・ハートレー法によってストライキを回避し得たにもかかわらず、その処置を用いず、接収の処置に出た大統領の越権を論難し、しかも緊急の事態の存在については大統領が唯一の判断者だとする専断を攻撃する。代わって立ったパルマンはひたすら鉄鋼業の重要性と事態の緊急なるを説く。彼の弁論はしばしば諸判事によって遮ぎられた。「朝鮮の事態は戦争ではなくて警察行為だと大統領自ら言っているではないか」というジャクソン判事に答えて、パルマンは断乎として「現在は戦時である」という。フランクフルター判事は「特別なる事態には、私の家の庭に来て取りたい放題に林檎や櫻ん坊をとってゆくのを許すのとどこに差があるのか」とパルマンを糾明する。ダグラス判事はいう「もしあらゆる軍事上の必要をみたすことが大統領の責務ならば、議会なんかいらないじゃないか」と。なお若干法律技術的な問題については、パルマンはWSBの勧告処置のあとにタフト・ハートレー法の八〇日の猶余期間の適用が可能かどうかに強い疑問を表明し、またヴィンソン首席判事に答えて、接収による損害を会社は償うことが出来ることをくりかえし強調したのであった。法廷には鉄鋼労組並びに鉄道労組のamicus curiaeも提出された。前者はWSB勧告後の今日、タフト・ハートレー法の援用は許されぬことを説いて、大統領の接収を法律的に支持し、後者は接収の違法を説いて労組も必ずしも意見を同一にしているわけではないことを露呈した。

☆　☆　☆

判決は、最高裁がその期を閉じる前、おそらくは六月二日の月曜日に下されるものと想像される。もし最高裁が欲するならば合憲性の問題を回避することも可能である。即ち、地裁の時からしばしば問題になっているirreparable damageを問題として、その証明が確実性をもつ迄はinjunctionの請求を出来ぬと裁定することである。実質的には会社側の敗訴となる。しかしそうすることによって「アメリカ憲法史上最大の問題」とされるこのケースの核心をそらすことが出来る。最高裁はしかしむしろ積極的に、この大統領の権限に取りくむであろうというのが私の同僚達の殆んど一致した予想である。違憲判決の初期の代表とされるマーパリ事件についても、回避し得べき憲法問題をマーシャル首席判事は取りあげて置き土産としたのであった。

最後にアメリカの現在の労働争議の段階について一言触れておかねばならない。電報会社ウェスターン・ユニオンの争議は、五一日ぶりに電報料値上げを条件として五月二二日に解決した。その前日には三年ごしの鉄道争議も妥協をみて、二年に近い陸軍による接収は解除された。鉄道接収は鉄鋼接収とは法的根拠も違うが詳述の余裕はない。石油のストライキは継続されている。政府及び議会は相次ぐストライキの脅威におびえている。緊急事態宣言後は、国防に関係のある重要産業のストライキを禁じ得るという立法か。同一産業をつらねた団体協約の禁止か。アンチ・トラスト法の労組への適用か。強制調停の採用か。タフト・ハートレー法の強化か。それらがやがて明日の問題となるであろう。

『ジュリスト』一三号（一九五二年）一八―二〇頁

# 四　アメリカの鉄鋼業接収違憲判決詳報

一九五二年六月二日の月曜日、それは永久にアメリカ憲法史上に記録されるべき日となった、昨年末から続いた鉄鋼業の労資の対立、それに続く大統領の接収、連邦地裁パイン判事の違憲判決、これらについては前稿に述べたところであった。六月二日、この日連邦最高裁は六対三の多数によって、地裁パイン判事の判決を確認した。トルーマン行政府の完全な敗北であった。判決が法廷で読まれている最中に、既に事の成り行きを知ったトルーマンは鉄鋼業接収の解除を商務長官ソーヤーに命令する。労組は時をうつさずストライキに入った。連邦最高裁が、大統領の接収を違憲であると判定した根拠については、のちに触れるとして、まずその後の経過をみてみよう。

四日トルーマンは労資双方の代表を招いて、協議を開始すべきことを要請、Acting Director of Defense Mobilizationスチールマン氏議長となって、五日より九日まで秘密会として協議は行われた。その間賃銀については会社側の逐次の譲歩があったが、組合側はＷＳＢ勧告の線を譲らず、交渉は遂に九日、破局に達した。最後まで妥協を得られなかったのはユニオン・ショップの点であったと伝えられている。交渉決裂後会社側代表は「組合に加入するもしないも、それは労働者各自の自由であるべしとする会社側の固い信念」を表明して、ユニオン・ショップの受諾し難いことを述べている。なお直接軍需用鉄鋼の生産については、労資共に協力することを約した。

一〇日、トルーマンは上下両院合同会議に姿をあらわして、議会に新事態に即応する新立法を要請した。即ち彼にストライキ中の工場接收の権能が与えらるべきことを期待するのである。しからずんば、タフト・ハートレー法とは違った形においてinjunctionを求め得べき権能を。トルーマンが最初からタフト・ハートレー法を援用することを避けて来たことは、前稿でも述べたところであった。即ちその理由とするところは、同法を援用するならば、争議の事実認定をする委員会を任命しなければならないが、それは既にWSBによって済まされている。更にもともと一月一日を期して行わるべきストライキが、WSBへの付託などのことにより、組合側の自発的意志によって四月九日の日まで延期されていたのであってみれば、八〇日の冷却期間どころか、九〇日間もストライキは延期されたではないか、しかもタフト・ハートレー法を援用するならば、その期間には労働条件の改善は禁ぜられている。それは徒らに会社側を利するばかりであって、労働者達にこれ以上の忍耐を要求することは出来ない、速かに立法措置をとられたいとトルーマンは議会に訴えるのである。

社会主義政党をもたないアメリカの悲劇である。トルーマンの訴えた速やかな議会の措置は、即日上院における四七対三二による否決という形によってもたらされた。そして四九対三〇をもって、かえってトルーマンにタフト・ハートレー法のinjunctionを用うべきことを要望するのである。四九票中共和党三一票、民主党一八票である。三〇票の内訳は共和三、民主二七。一一日やや形を変えて提出されたトルーマンへの接收権限附与の案は、五四対二六で再び否決された。即ち共和三三、民主二一の反対である。上院の空気はもはや明瞭である。既にその空気については前稿でも触れたところであったが、司法委員会委員長マッカラン(民主)は、最高裁の判決を歓迎し少数意見を草した首席判事ヴィンソンを、「恥ずべき行為」なりとして非難しているのである。しかも追い打ち的に、議会の許可なしには、私有財産を接收することを大統領に禁ずる法案も、彼の名によって提出された。下院の働きはまだ明らかとなっていない。下院司法委員会委員長(民主)はこの最高裁の判決をもって、もっとも不幸な判決であるとはしているが、下院全体としては、上院とほぼ動きを共にするであろうと予想されている。事態は如何にして拾収されるであろうか。現在、議会は既にトルーマン行政府の味方ではない。ニューディール以来のルーズヴェルト・トルーマンの線は、議会の支持を失いつつある。しかし相つぐ石油争議、鉄道争議において、大衆の利益を代弁するのは誰であろうか。はしなくもアメリカ二党政治の矛盾は高まりつつある。

☆　☆　☆

連邦最高裁判決のもたらしたものを簡単に検討した今、判決そのものについて、いくらかの分析を試みてみよう。判決はブラック判事の執筆、ジャクソン、バートン、ダグラス、フランクフルター、クラークの五判事がこれに加わり、少数意見はヴィンソン首席、リード、ミントン判事を代表して、ヴィンソン判事の筆になる。合わせて report 一三三頁の長きにのぼる。

少数意見の起草者ヴィンソン首席判事は、トルーマンの親友と目され、一時は今次大統領選挙の、民主党候補のよび声も高かった人。少数意見は、法廷意見よりはるかに尨大な量にのぼる。彼は「大統領のメッセンジャー・ボーイ的概念」を唱導する法廷意見を排して、概ね政府側の主張を容れ、緊急事態は接収を合法化するという態度をとっている。現在の国際情勢は世界のアメリカ的平和のために、鉄鋼の生産を一日も休止さすことは出来ないと。

これに反しブラック判事の法廷意見は、会社側の見解及び連邦地裁パイン判事の意見をほぼ踏襲する。即ち大統領の権限は憲法自身か、あるいは議会によって制定された法律によるのでなければならない。鉄鋼業接収にあたっては、憲法規定はもちろん根拠となるべき何らの議会立法もないと。しかもブラック判事は、タフト・ハートレー法制定の事情にさかのぼり、緊急事態には行政府に接収処置を与えようとした案が当時否決されたことをも考慮するならば、何としてもこの大統領の行為を合法化することは出来ぬとしている。政府側が、大統領のそうした権力を憲法第二条に規定されている軍最高司令官としての地位に求めたのに対しても、ブラック判事は、軍最高司令官が労働争議から生産をまもるために、私有財産を接収する最高権力などもち得るものではなく、それは立法府の仕事であって、軍部のなすべきことではないとしている。大統領のなし得ることは、彼のよしと思う法を勧告し、悪いと思う法には拒否権を行使するだけのことであって、アメリカ建国の父達は、立法権を平和な時も、またしからざる時も議会にのみ与えるつもりであったと、ブラック判事は力説するのである。

法廷意見は六対三の多数で確定した。しかしその多数側の六名の判事は、執筆者ブラック判事を別にして、他のすべての五名の判事が、いずれも独自の個別意見を起草していることにも、この事件の重大性をうかがえると共に、各判事が決してお座なりの陪席でないことを物語っている(全員一致の判決ばかり下している日本の最高裁の場合は、敗訴側弁護士がよくよくの能無しであるか、最高裁判事が無能であるかそのいずれかである)。

現在の連邦最高裁の進歩的分子としてブラック判事と肩を並べるダグラス判事は(ジュリスト第九号、第一〇号拙稿)ブラック判事とほぼ同一の線にそって、個別意見を書いている。即ち緊急事態ということは何ら権力を創造するものではなく、鉄鋼生産を継続することが必要であるという事実は、議会ではなくて大統領が立法権限をもつということを意味しはしないと。彼は三権分立の民主主義の価値をたたえるのである。ジャクソン判事また、大統領は陸海軍の最高指揮官でこそあれ、国家の、あるいは産業や住民達の最高指揮官ではないことを指摘して、独裁制への危機を警告する。フランクフルター判事も同様に、これこそは独裁制へ向かっての歩みではないかと大統領の接収を非難する。

しかしながら多数意見に同意して、大統領の鉄鋼業接収を違憲であるとしながらもクラーク、バートン両判事の個別意見は全く独自である。即ちクラーク判事にあっては、事態の重大性によっては大統領に接収の権限があると考えられている。ただ現在の場合は、議会の与えている適当な処置、即ちタフト・ハートレー法の援用が可能なのにもかかわらずそれを用いなかったところに違憲の根拠を求め、バートン判事もまた現在の事態がimminent inivasion又はthreatened attackの事態ではないことをあげ、タフト・ハートレー法の援用を回避して接収行為を行ったところに違憲の根拠を求めている。

ということはクラーク、バートン両判事にあっては、将来の接収迄も不可能にしているのではないことに注意しなければならない。言いかえるならば、現在の事態においては違憲であっても、他の事情の下では合憲となるかも知れない。少数意見の三判事に加うるに、個別意見のこの二判事である。現在の連邦最高裁の構成そのままであっても、逆の五対四によって何時の日にかは接収が合憲とされるかも知れないことは興味のあることである。トルーマンが一〇日、議会において、大統領は「現在のところ」鉄鋼工場接収の権限をもたぬと強調したのも故なしとしないであろう。

☆　☆　☆

憲法第五修正は、私有財産は正当の補償なしには、公共のためにも接収されないという、いわば補償つきの公用徴収を規定する。公用徴収権者が誰であるかは、憲法法規上は明らかではない。しかしそれが行政府ではなくて、議会の立法に基づくものであることを明らかにしたのは一九一〇年のことである。珍しくも全員一致の判決をハーラン判事が起草した(Hooe v. U.S., 218 U.S. 322, 1910)。戦時あるいは戦争直後に大統領が接収を行った事例は決して少くない。危急に臨んでは、政府が公用徴収をなし得るという判例が南北戦争の当時に存在する(U.S. v. Russell, 13 Wall 623, 1871)。第一次大戦中にアラスカにある土地を軍事基地として使用するために、大統領命令に基づき軍がその土地を収用した。この事件はのち連邦最高裁の問題とはなったが、損失補償が問題にされて、収用行為そのものは問題とはならなかった(U.S. v. North American Transportation and Trading Co., 253 U.S. 330, 1620)。

第二次大戦中における大統領の事業接収の例は無数である。一九四三年War Labor Disputes Actが議会を通過して、大統領に労働争議中の事業接収の権限が附与されたのであるが、それ以前にも立法による授権なしに接収が行われた例は一〇は下るまい。その間の石炭鉱業の接収にからまる損失補償の事件に関する判決が、連邦最高裁によって下されたのは、わずかに昨年のことである(U.S. v. Pewee Coal Co. Inc., 341 U.S. 114 1951)。しかしここでも接収行為そのものの合法性は問題とならず、これが前記第五修正にいわゆる私有財産の接収に該当するか否かが争われたのみである。ブラック判事が五対四の判決を起草し、之を肯定した。

大統領の権限は憲法第二条の規定するところである。即ち全能をあげて合衆国憲法の維持保護のための宣誓、陸海軍最高司令官たること、法律の忠実な履行に考慮を払うべきこと、この三項目である。大統領の権限を広く解釈した判例もある。

官有地における油井開発の問題であるが一九一五年最高裁は、議会が次の立法処置を講ずる迄の間、大統領の広範な執行行為を是認している(U.S. v. Midwest Oil Co., 236 U.S. 459, 1915)。今次の鉄鋼接収におけるヴィンソン首席判事の反対意見は、これに基づいているようである。

更に一九二六年、上院の助言同意によって大統領により任命さるべきPostmaster(閣員の一人)の大統領独断による免職を是認した(Mytes v. U.S., 272 U.S. 52. 1926)。時にブランダイス判事は反対意見を草し、三権分立の本質をといて、アメリカ国民を独裁政治の危機から救わねばならないことを説いたのであった。一九三五年全員一致の判決をサザランド判事が起草し、前記マイヤーズ事件Stare Decisisとなるべきではないとし、大統領は、準司法かつ準立法的役割を演ずるFederal Trade Commissionのメンバーを罷免する権限はもたぬとされ、大統領の越権が指摘された(Humphrey's Executor v. U.S., 295 U.S. 602, 1935)。

☆　☆　☆

こうした連邦最高裁の史的背景のうちに鉄鋼接収に関する判決は下されたのであった。しかし再びくりかえすならば、法廷意見の意味するところは、少なくとも戦時ではない現在において、立法による授権なしには大統領は接収の権限なしというのにつきるのである。法廷意見の言葉の中にも、ブラック判事はむしろその速かな立法処置を期待していたこと明らかであった。勤労大衆の期待を裏切ったのは違憲判決を下した連邦最高裁ではなくて、新事態に即応する立法に遅疑逡巡する連邦議会であることを見逃してはならない。

しかしながらまた、政府による接収が直ちに労働組合の利益をもたらすものではないことも言うまでもない。接収こそは、タフト・ハートレー法の立案者達が、八〇日の冷却期間をもっておきかえた強制調停の一つの型にすぎないと言えるであろう。この五月にようやく二年に近い接収を解除された主要鉄道は、長い労資の争議のあと、一九一六年の立法に基づいて一九五〇年八月大統領命令により陸軍によって接収されたものではあった。会社の重役達は、大佐の軍服をまとったにわか軍人となった。しかし経営にも事実上の変化は殆んどなかったと言われている。そしてこの二年間の接収――強制調停のあとに労働組合の得たものは無に近かったのである。鉄鋼接収事件に関連して連邦最高裁に提出されたRailroad Brotherhoodsのamicus curiaeは、前稿に述べた所であったかと思うが、鉄鋼労組のそれとは全く正反対のものであった。彼等は接収のもたらすものが何であったかを二年間の接収を通じて身にしみて感じとっていたのである。

鉄鋼接収をめぐって問題にすべきことはまだまだ多い。WSBの裁定は果して客観的にみて公平であったのかどうか。議会にはWSB無用論、ないしは労働問題に関与する権限の剥奪論などもにぎやかである。

現在労、資、公益三者委員からなるものを公益委員にのみ限定しようとする提案もなされている。労働問題の面からこれを取りあげることは、他に適当な人を待とう。これを書いている今もなお、ストライキは続けられている。

☆　☆　☆

最後に、私は前後四回にわたって、現在のアメリカのいくらかの法律問題を検討して来た。「外国法制通信」という欄の内容としては不適であったかも知れない。

だがしかし、かつてのアメリカ連邦最高裁首席判事ヒュージの言葉「憲法とは、判事が憲法だというものに他ならない」とはけだし至言である。

法規に生命を与え、最後の決を与えるのは、個々の判事である。それは中庸の徳でもなければ、正義でもない。技術的な法の理論でもない。判決をつくるのは一つの世界観を背負ったA判事でありB判事である。私達は最高裁判所は憲法の番人であるという美名にまどわされてはならない。私達はきびしい眼をもって、日本の最高裁のひとりひとりの判事を観察してゆかなければならない。「猫に鰹節の番をさせる」ことがないように、また「豚に真珠」のないように。

『ジュリスト』一四号（一九五二年）二八―三〇頁

## 五　映画とラジオ
### ――アメリカにおける言論の自由をめぐって

ハリウッドの名女優イングリッド・バーグマンとの結婚によっても世界の話題を賑わしたイタリア映画界の鬼才ロベルト・ロッセリーニ。その監督になる名作「奇蹟」が、三部作「愛情の道」の一部として、今ニューヨークで上映されている。

一九五〇年一二月ニューヨーク州当局によって上映禁止の処分を受けてから、一年半の長い月日であった。先の五月二六日、連邦最高裁が旧来の判例をくつがえして映画に対しても言論の自由の及ぶことを明示したとき、アメリカの言論の自由の歴史は新しい一頁を開いたのであった。

一九四八年夏、ヴェニスの映画コンクールに出品されてから、毀誉褒貶様々なうちに、アメリカに輸入されて来た。その映画は、ひとりの無知な羊飼いの女の物語りであった。山の上に羊の番をする彼女、そこにひとりの見知らぬ人が通りかかる。彼女はそれが聖ヨセフであり、彼女を天国につれてゆくためにあらわれたのであると盲信した。その見知らぬ男に飲まされた酒の酔からさめたときに、その男はもはや、そこには居なかった。そして彼女は今なお聖ヨセフであると信じ切っているその男に会ったのが夢であったか真実であったかも分らなかった。年老いた牧師は、聖ヨセフに会ったという彼女をあざけり笑う若い牧師に向かって「唯物主義者め!!」とののしるのである。やがて彼女は自分の身に変調があることを知った。生れ出る子が神の子であることを信じて疑いもしなかった。まちの人々の日にましてゆく迫害に抗して、彼女は唯一の友である羊に導かれて山の教会へと登ってゆく。神の御名を叫びながら、教会のかげでわが子を生みおとした彼女のやつれた、しかし幸福に輝いた顔。その大写しで約四〇分程のこの映画は終っている。

カソリックのこの映画に対する非難は猛烈であった。アメリカの映画批評家達はこの映画を一九五〇年の外国映画第一位に推した。ニューヨーク市のCommissioner of Licencesは神の神聖をおかすもの(blasphemous)として上映継続を禁じた。ニューヨーク州の下級審(New York Supreme Courtの名前にもかかわらず下級の事実審である)は市のCommissioner of Licencesに映画検閲の権限なしとした。すべてこれ上映開始以来一カ月ばかりの間のことである。その間にも一般のこの映画に対する批判は様々であった。昨年初頭のアメリカの新聞雑誌は、いずれもこの問題で賑っていた。一般にカソリックはこれを非難し、プロテスタントは芸術作品として推奨した。

こうしたさなかにニューヨーク州のBoard of Regents(いろいろの相違はあろうが、日本の教育委員会と対比することが出来るのでもあろうか)は、われわれの信仰をなぶりものにするのはこの偉大なニューヨーク州の法律とは相容れぬとし、この映画は神を冒涜するもの(sacrilegious)であるとして上映許可証の取消しを行った。(なお先に書きおとしたが、上映にはすべて許可証が必要とされ、「奇蹟」も最初には許可証を得ているのである)。これに続く法廷闘争は詳述の必要はないであろう。ただ州控訴審(Appellate Dvision)はこうした神を冒涜すると思われる映画の追放は公共の秩序に関係したものであるとして州側を支持し、州最高裁(New York Coout of Appeals)も、若干の反対意見をもってではあったが、控訴審の判決を支持した。かくて問題は最後の審判者、連邦最高裁の扱うところとなった。

連邦最高裁の判決は、珍しくも全員一致であった(Joseph Burstyn, Inc. v. Wilson 72 S. ct. 777)。個別意見はリード、フランクフルター、ジャクソン、バートンの諸判事によって述べられたが、いずれもクラーク判事起草の法廷意見の断ずるところ、即ちニューヨーク州最高裁の判決をくつがえした点においては異らない。中心の問題は「神を冒流する」という理由で映画を追放することを許しているニューヨーク州法は言論出版の自由の侵害ではないかということである。

修正第一条の規定した連邦よりの言論出版の自由の保護が修正第一四条によって州からの保護でもあることは今日既に疑いのないところとなっている（ギトロー事件の重要性がここにあるが、之に関しては前にふれた——本章一を参照）。したがって、ここでの問題は第一には映画が言論もしくは出版という類型に含められるかどうかにかかっているのである。

これについて若干過去の歴史にさかのぼってみよう。一九一五年のケースMutual Film Co. p. v. Industrial Commission of Ohio 236 U.S. 230（1915）が映画検閲に関する古典的判決として知られている。映画の検閲をみとめているオハイオ州法が言論出版の自由に関するオハイオ州憲法規定に違反するというのが映画会社側の主張であった。その主張はしりぞけられ、判決は映画が、サーカスや見世物と同じものであると考え「この国の常識を支持する法的センスは会社側の主張を受け入れることは出来ない」とし、いわゆるPolice Powerによる統制を全面的に承認している。こうした映画の興行的性格はその後長く、映画取締りの指標となって来たのであった。

もっともこのような考え方が疑われ出したのは、必ずしも「奇蹟」の事件がはじめてではない。一九四八年のUnited States v. Paramount Pictures, Inc. 334 U.S. 131（1948）は、映画会社の独占とシャーマン法（トラスト禁止法）の違反の問題が係争点ではあったが、法廷意見を起草したダグラス判事は、映画は修正第一条によって（連邦に対して）保障されている「出版」の中に含まれるべきことを示唆したのであった。しかし一九五〇年にいたってもなお一九一五年に示された指標は命脈を保っていたのである。北ジョージア地区の連邦地裁はこの一九四八年のブラック判事の意見に一応の注意を払いつつも、しかもなお出版の自由という憲法の保障は映画には適用なく、したがって検閲官の単なる主観にすぎないような基準の検閲も州のもつPolice Power（この概念も本章一を参照）に含まれると判断したのであった。RD DR Corp. v. Smith 89 F. Supp. 596 (1950)。恐るべき時代錯誤であったと言うべきであろうか。この錯誤を打ち破るためにはこの「奇蹟」の事件を必要としたのであった。

クラーク判事は言う。「映画が思想のもっとも重要な媒介物であることは疑いをいれない。政治理論や社会理論を直接にうえつけることから、あるいは又芸術的センスをつくりあげることまで、様々な仕方において大衆の行動に影響を及ぼしているのである」と。法廷はきっぱりと、映画による表現が修正第一及び第一四条の言論出版の自由に含まれることを宣言し、一九一五年の判例を維持し得ない所以を説いた。

だがしかし問題がこれで片づいたわけではない。言論出版の自由ということが必然的に検閲の排除を意味しはしないからである、我々は再びアメリカ憲法史をさかのぼってみよう。Near v. Minesota ex re' Olson 283 U.S. 697 (1931) が一つの指針を示している。ことは出版物の事前の制限であった。時の首席判事ヒュージは言っている、「一五〇年の長きにわたって、出版を事前に制限しようとする試みがなかったことは、そのような制限が憲法上の権利を侵害しているという確固たる確信を深めるものである」と。出版の自由は事前の制限からの解放であったのだ。興味のある五対四の判決であった。だがしかしヒュージ首席判事はつけ加えている。「事前の制限からの保護は絶対無制限なのではない。ただそれは例外的な場合にのみ認められて来たところである」と。「奇蹟」の場合がその例外的な場合たり得るのか否か。「神を冒流する」という概念がきわめて曖昧であることをクラーク判事は指摘する。しかも宗教、政治分離の原理を念頭におかなければならない。気に入らぬ考え方があるからといってそれを排除して宗教を保護するために出版の自由を事前に制限するような権利を州はもつものではないのである。

だが問題は一つ残された。猥褻映画を取締まるための明確な法律の下でも、州は映画の検閲が出来ないのだろうかどうか。「奇蹟」の事件は、映画が出版の自由の名の下に保障されねばならぬことを明確にした。そして「神を冒流する」という名の下に上映禁止を命ずることが出来ぬことは明らかとなった。しかし映画と事前検閲の問題は連邦最高裁に残された明日の課題となるであろう。法廷意見の三倍を越えるフランクフルター判事の個別意見（ジャクソン判事がこれに加わり、バートン判事は法廷意見とフランクフルター判事の個別意見との両方に加わっている）は、この映画の詳細な分析と、「神を冒涜する」（Sacrilegious）の語義の分析に終っている。三〇余にのぼる辞典によっての彼の分析は、かつて彼に与えられた批判 Emily Post（エチケットについての本を著わした人、形式ばかりやかましく言って内実が余りないような場合に比喩的に使われるようである）に値するものと言えるのでもあろうか。

☆　☆　☆

ラジオのケースも同じく五月二十六日、連邦最高裁によって判決を与えられた。ラジオはその特殊性に鑑み、Federal Communication Commission による規制がかなり強化されてはいるが、ＦＣＣによる検閲や言論の自由に対する干渉は、明文によって（Fedral Communications Act, 1934）禁ぜられているところである。ただＦＣＣは放送局に対する免許状の交付等によって、必要以上の干渉も行われているようでありＦＣＣは Fedral Censorship Commission の略でもあろうかなどと皮肉も言われている。ところで今取りあげようとする五月二十六日の事件 Public Utilities Commission of District of Columbia etal v. Pollik etal. 72 S. ct. 813 は、前例のないいささか特異なものとして興味をひいている。事はこうである。アメリカの首都ワシントンで、一九四八年以来バスの中にラジオが備えつけられた。これは個人の自由をおびやかすものではなかろうかと言うのである。バスの中でラジオがかかっているのは、乗客の会話の自由を著しくおびやかし、また聞きたくもないプログラムを意に反して聞かされるのは修正第一条の違反である。更にまたプライヴァシーをおかされるのは、法の正当な手続なしには生命、自由、財産を奪われないとする修正第五条の違反であるというのが一方の主張である。

まずフランクフルター判事は、自ら始終バスに乗りつけているので判断の公正を欠く恐れありとして判決には加わっていない。ダグラス判事の反対意見を除く法廷意見をバートン判事が執筆している。即ちラジオの音は乗客の自由な会話を妨げるほどのものではないとして修正第一条違反の問題を片づけ（世論調査の結果は、バスの中のラジオに反対なのは六・六パーセント、しかしそのうち三・六パーセントは多数決に従うというものであって、結局三パーセントが徹頭徹尾反対だったという）、修正第五条については次の如く言っている。公共の乗物の乗客が、自宅でもち得ると同様のプライヴァシーを修正第五条について保証されていると考えるのは間違っている。プライヴァシーが自宅においてはいかに完全なものであるべきであっても、公道を通行し、公共の乗物にのっている時には、他人の権利によっても実質的に制限されるものである、と。

私達にとって興味の深いことは、このような一見何でもないようなことでも個人の自由との関係で論じられて来ているアメリカの歴史である。バスの中のラジオ自体は、日本でも、少くとも東京駅・本郷間を走っている大型バスには備えられていて朝夕悩まされた経験を私自身ももっているが、個人の自由との関係がそれについて、問題とされたことがあっただろうか。アメリカのこのケースは、バスの中のラジオを容認した。だが反対意見を書いたダグラス判事、個別意見を草したブラック判事は何と言っているであろうか。ブラック判事は法廷意見に与して、単に個別意見を述べただけであるが、その中でこう言っている。もしニュース、時事解説、講演の政治的宣伝等が放送されるならば、それは修正第一条違反であって、もし法廷意見が音楽の放送のみではなく、そのようなものの放送をも許す意味ならば反対であると。ダグラス判事の反対意見はいつもながら名文であって、その身に徹した自由の信念が意見をつらぬいている。憲法に言う自由とは政府の不当な抑制からの自由にとどまるべきではない。孤独でいる権利は実にすべての自由のはじまりであると。そして好きなことを考え、よしと思うことを、信ずることはこの憲法上の権利のもっとも重要な面である。事がレストランのような場所であれば、そこを立ち去ることも出来よう。だがしかし、自から好んで乗ったとはいえ、バスは多くの人々にとって、なくてはならぬ交通機関である。

乗客はかくてバスの中のラジオの「とらわれた聴衆」となってしまっているのである。今日はたしかにそのラジオは文化的な目的につかわれているであろう。しかし明日は政治の具となるかも知れない。乗客はだまってそれをきく以外の道はない。もし我々が乗客に他人の考えをきくことを強いるならば、それは政治の宣伝屋どもに強力な武器を与えることになろう。今日、その目的は穏健なものではあろう、だがしかし弊害はその中に萌している。ひとたびプライヴァシーが犯されるならば、それは永久に去ってしまうであろう。そのような調子で彼ダグラス判事は自由への信念を吐露している。

ダグラス判事及びブラック判事のアメリカ連邦最高裁において占める地位については、今更喋々するを要しないであろう。ホームズが、ブランダイスが、そしてカルドーゾがたどった道を、この両判事も歩もうとしているのであろうか。

☆　☆　☆

私達は今までみてきたいくつかのアメリカ連邦最高裁の判決の中に何を学びとるであろう。私はしばしば言ってきた。裁判所の神聖ということの意味が再検討されなければならないことを（『ジュリスト』一〇号、一四号、法学一六巻三号）。かつて「おかみ」の命令におそれおののいていた民草は、今それにかわって神の座についた司法部の前に恐懼しなければならないであろうか。神の座におぞましくもまつりあげられている一五人の権力者達。かつての政府が袞龍の袖にかくれた同じあやまちを、法廷の神聖の美名にかくれたこの一五人の権力者達がおかさないと誰が言おう。司法権の優越の思想がいつのまにか司法官の尊厳にたくみにすり替えられている。神なるが故にそのおやしろは、各地に次々と復興のさきがけをなし神なるが故に充分なお神酒が供えられる。だがしかし私達はかつてその民主的性格をほこりとした国民審査の制度を思い出そう。

多くの事件は一片の少数意見さえなく、しかも判決起草判事すらも知られぬ今のやりかたは、一蓮托生の首の座を私達に判断せよとでも言うのであろうか。あるいは一五人の神々は神殿の御簾のかげにそのすがたを隠そうとしているのであろうか。

「おたまじゃくしは蛙ではない」かどうか、それを判断するのは神の叡智でもなければ、解剖学の知識でもなく、私達の哲学であり、世界観である。私達が一五の法官に期待するものは、まことその神の叡智でもなく、単なる法技術的な知識でもない。「何が破壊か、何が煽動か」。日本の自由の歴史は、立法の歴史としてではなく、私達が最大の権力を托した一五の法官の世界観によってつくられてゆくことを認識しよう。

そして最高裁の判事達が国民からの充分の尊敬を受けるべきならばそれは私達の期待にそむかぬひとりひとりの世界観によってのみであることを忘れまい。

『ジュリスト』一九号（一九五二年）二三―二四頁

## 六　アメリカにおけるローヤルティ・オース（忠誠宣誓）——Guilt by Association

Guilt by Associationという大問題をここに論じようとするのではない。現在甚だやかましく論ぜられているローヤルティ・オースの問題が、アメリカの法廷とりわけ連邦最高裁でどのように扱われているかを取りあげようとするまでである。ことは、オクラホマ州法に規定するローヤルティ・オースに対する違憲判決である。一二月一五日のことであった。連邦最高裁が全員一致で、オクラホマ州法の違憲を宣言した時にローヤルティ・オースに関する新しい指標は明示されたのである。

一九五一年に効力を発生したオクラホマ州法は、全公務員に対し「共産党もしくは破壊的な団体に、直接間接を問わず関係しておらず、かつまた過去五年そのメンバーであったこともない」という趣旨の宣誓を三〇日以内に行うべきことを要求した。州立農業専門学校の七人の教師がこれを拒否した時に、一州民は納税者として、彼等に対する俸給支払い差止の訴えをおこした。下級審による俸給支払い差止のインジャンクションを確認したオクラホマ州最高裁はこれを州のpolice powerの適当な行使であると考えた。「公務員は州の定めた条件に反して公務員たるべき資格をもつものではなく、公共機関は適当と思う条件以外で公務員を雇用せねばならぬ道理はない」と。237 Pac. 2d 1310 (1951)。これが一二月一五日の連邦最高裁の判決によってくつがえされたのである。Wieman v. Updegraff. 344 U.S. 183。しかしこの判決内容を検討する前に、従来の最高裁の態度を概観してみよう。

☆　☆　☆

一九五一年のメリーランド州法は、ボルチモア市の選挙において、立候補者は、すべて、「暴力によって政府を転覆しようとせず、かつまた知って(knowingly)そのような意図をもつ団体のメンバーでもない」という宣誓を要求している。一頁にもみたぬ連邦最高裁のいわゆるper curiam opinionは、一応この州法の趣旨を確認している。Gerende v. Board of Supervisors of Elections of Baltimore, 341 U.S. 56 (1951) に続いて連邦最高裁はロス・アンゼルス市の忠誠宣誓に対しても判決を下した(Garner v. Board of Public Works of Los Angeles, 341. U.S 716 (1951)。過去五年以内現在あるいは将来合衆国政府もしくはカリフォルニア州政府の暴力による転覆を教唆煽動、教育したりあるいはまたそれを目的とするような団体、政党員であったものはロス・アンゼルス市公務員にはなれず、かつまたその職員にもとどまり得ぬ、というような趣旨の改正ロス・アンゼルス市チャーターが一九四一年カリフォルニア州議会を通過、これに基づいて一九四八年ロス・アンゼルス市は全公務員に対し宣誓を命じ、更に共産党員か否か、あるいは入党の時期等の供述書を要求した。これをめぐる問題である。五対四の判決の一つであるが、法廷意見をクラーク判事が執筆した。供述書に関しては、無雑作にも市は公務員の適格性を知るためにその権利ありとする。宣誓をめぐる、たとえば事後法の問題や私権剥奪法(Bill of Attainder)の問題についても、ロス・アンゼルス市の条例施行から五年以内は明らかに州法制定の一九四一年より以後であること、また公務員の罷免は刑罰でないこと等の法技術論をもって片づけ、公務員に忠誠の資格を要求することは先のヂェレンド事件によっても明らかなりとする。クラーク判事はそして一九四七年のミッチェル事件(United Public Workers v. Mitchell, 30 U.S. 75 (1947))において、連邦議会が連邦公務員の政治活動を制限し得ると考えた以上、州に同様のことが許されぬはずはないと考えるのである。ただ私はここに、ミッチェル事件においても不参加のマーフィ、ジャクソン両判事は除き、ブラック、ラトリッヂ、ダグラス判事の反対意見を伴う四対三の判決であったことを想起しよう。

ガーナー事件に戻る。クラーク判事は、due process の問題については興味ある見解を示している。即ちこの宣誓がその破壊的な目的を知らずして破壊的団体のメンバーとなっていた人達には影響を及ぼさないと解釈している点である。「知って（Scienter）ということが、宣誓のそれぞれの条項には黙示的に含まれていると考える。」クラーク判事の言葉である。ふくみのある一言である。

フランクフルター判事は、この法廷意見に部分的に賛成、部分的に反対の立場をとる。彼は「知って」ということが宣誓の中には含まれているとする法廷意見の解釈に疑問をもつ。そうした前提にたった上で彼はこのような抑圧が「単に個人に対する不当な抑圧、更にまた、民主社会の精神に反する弾圧の雰囲気をつくることにとどまらず、**high-minded** な **high-spirited** な公務の執行に妨げとなる」ことを力説する。バートン判事は宣誓の遡及を論じてその無効を説く。ブラック判事と意見を共にしたダグラス判事は、同じく遡及の問題に触れて過去の行為によって生活の糧を奪われることは、一つの刑罰に他ならないとする。しかも、現実に彼等が政府の転覆を煽動したか否かも問題にされない。ブラック、ダグラス両判事は事後法の問題はともかく、この州法が憲法第一条の私権剥奪法禁止条項に触れるものであると考える。

一九五一年のこの二つの事件（いずれも一九五〇年期のものである）によって知られるところは、政府の転覆を唱導するものは公務員として不適格であること、第二にたとえば共産党員であるというようなこともその党の破壊的な目的を「知って」ということが追放理由には重要性をもっていると考えられること、第三には「かつて党員であった」という理由は、大きな反対を招くであろうというようなことが既に察知し得られたのであった、ニューヨーク州ファインベルク法の合憲性を確認した一九五二年のアドラー事件については本章一及び二において触れた。ファインベルク法においてはこのガーナー事件に見るような「過去五年」というような遡及のことは問題にしていない。

更に破壊的な団体のメンバーたることは一応(prima facie)不適格と推定されるが、直ちに罷免となることなく、完全な審査を要求する権利が与えられていることから due process を満たしているというのが、その法廷意見の趣旨であった。

☆　☆　☆

さてこうした背景のうちに、先のオクラホマ州法は連邦最高裁の問題となったのである。全員一致であることは先にものべたが、法廷意見はクラーク判事の筆。論旨はむしろ単純である。即ちオクラホマ州法はその属した団体の目的性格を充分知っていたかどうかは問わず、ただ破壊的な団体の一員である、もしくはあったという、ただそのことによって追放の理由としていることを非とするのである。アドラー事件においても既に、ファインベルク法は guilt by association の原理に立脚しているではないかとダグラス判事は法廷意見を攻撃したのであったが、連邦最高裁はこのオクラホマ州法の事件において辛うじて guilt by association の非難を避けたわけであった。

もとよりオクラホマ州法を違憲とすることに関する限り、ブラック、ダグラス両判事に異存のあろう筈がない。しかしブラック判事は個別意見をつけ加えている。「オクラホマ州忠誠法は、人々の思想を強制し統制することを目的とする法律の一連のものである。ローヤルティ・オースは独裁制につきものである。しかもこれは過去の合法的な結社や言論に対して刑罰を課す、私権剥奪法と結びつくことによって一層危険なものとなる。もとより政府は叛逆的な行為を処罰する必要もあり、またそうした権能をもつ。しかしそのことは行動となってあらわれない思想や言論を罰する権能をもつべきことを意味しはしない。正統派に属さない思想や言論を非難したり処罰したりする法が、はじめの意図より更に多くの人達をおとし入れ、沈黙させてしまうに至ることを断じて忘れてはならない。暴君の独裁制政府にとってはその人民に完全な言論の自由を与えることは危険であろう。しかし私は憲法の父がそうであったように、私達の自由な政府は国民に完全な言論の自由を与えることによって一層安全なものとなることを信じている。」いつものことながら私達はこのブラック判事の良識を含味しよう。そして破防法を成立せしめた自由党の人々にブラック判事の良識の万分の一でも味わってもらいたい。とまれ外濠は埋められた。私達の期待するものは、最後の権力者、一五人の最高裁判事以外にはない。せめてその良識に期待するのは、私達のはかない望みではないことを信じたい。

ダグラス判事と共にフランクフルター判事も主として教師という点に重点をおいて個別意見を書いている。「教師は偏見にとらわれず、自由な研究に従うことの標本でなければならぬ。もしも責任あるそして批判的な精神を養う条件が否定されるならば、彼等はその偉大にして高貴な仕事をしてゆくことは出来ないのである。」

☆　☆　☆

既に明らかなように、アドラー事件を除いては、このオクラホマ州法の事件も、他の一九五一年の二つの事件も、必ずしも教師に限られたものではなく、公務員の問題であった。ただオクラホマ州法の場合は、カレッジの教師が現実の問題になっているだけである。ここで教師に対するローヤルティ・オースを要求した立法例を検討する余裕はない。先例は既に南北戦争の時にあると言われ、第一次大戦をへて、一九三〇年代には激増したようである。一九四〇年までに二〇の州が教師の忠誠問題に関する法律をもっていた。一九五一年には三三州にふえている。もとより殆んどは公立学校にのみ適用があって、私立学校は適用外である。各州裁判所は大体そのような立法を合憲としているようである。

たとえばもっとも最近のものの一つと思われるニュージャージー州のケースにおいて、州の最高裁は次の如く言っている。Thorp v. Board of Trustees. 79 Atl. 2d. 462 (1951)「破壊的な影響から教育の純粋さを守ることは、社会にとってもっとも大事なことである。教師に対してその奉職の条件として暴力で政府を転覆したりすることに組しはしないと誓わせることは、決して学問の自由に対する否定ではない。政府とそしてその自由な民主的な制度に対する忠誠は教育の第一条件である。政府と自由社会を暴力をもって転覆しようとたくらんでいるある外国からの無神論のイデオロギーの圧迫を私達は幾多の例をもって知っている。そしてそれを教育の仮面の下に行っている。学校の組織がその巧妙な浸透に対して機会と方法を提供している。この危険を根本から避けるために政府が干渉することは、決して個人の自由への侵害ではない。その政府とまた私達の民主社会の根本原理に忠誠と献身の本質的な資格を失っている教師は教師としての根本的な資格を欠いているものである。教師は宣誓を行うことを強要されているのではない。しかし教師がそれを拒否するならば教育に従事することが出来ない迄である。」大体各州裁判所の態度はこうした考えに貫かれていると見ることが出来よう。

もっともカリフォルニア州の一控訴裁はカリフォルニア州立大学の評議員会の要求したローヤルティ・オースを無効とした(Tolman v. Underhill, 229 Pac. 2d 447 (1951))。ただし、理由は、カリフォルニア州憲法が全公務員に要求している宣誓がexclusiveなものであって、それ以外に大学独自のローヤルティ・オースは許されぬというにある。このことはこの一〇月一七日に下されたカリフォルニア州最高裁の七人の判事の全員一致で確認された(249 Pac. 2d. 280)。

カリフォルニアには一九五〇年一〇月州議会を通過したLeuernig法というのがあって、大学職員を含む全公務員に対して、次のような宣誓を要求している。「私は現在暴力もしくは非合法手段による合衆国政府もしくはカリフォルニア州政府の転覆を唱導することなく、又それらを目的とするいかなる団体の一員でもない。宣誓に先だつ五年以内にそのような団体に加入してもいない。将来も公務員たる間はそのようなことをしない」というような趣旨である。ところでこの州法は同じく一〇月一七日に州最高裁六対一によって支持されたのである(Pockman

v. Leonard, 249 Pac. 2d. 267)。州最高裁はこの州法が州憲法に規定されている宣誓の目的、手段を越えるものではないとしたのである。「破壊的なドクトリンを唱導すると公務員に知られている団体に加入することは、彼の忠誠の宣誓や義務の忠実な履行と両立しないことに興味をもっていることを示している。州がそのPolice Powerのもとに、そのような団体に加盟するか、学校にとどまるかの選択の個人の自由を制限することは適当である。」この判決がカリフォルニア州最高裁によって下されたのは一〇月一七日である。そして団体の一員であることをもってのみ追放の理由とするオクラホマ州法が連邦最高裁の前に、違憲とされたのはわずかに二カ月をへた一二月一五日のことであった。カリフォルニアのこの事件が連邦最高裁に提訴されたか否かについては今の私には不明である。

しかしこの判決の一日前、一〇月一六日には首都ワシントンにある連邦控訴裁は全員一致をもって、単に破壊的な団体の一員たることが、連邦公務員追放の理由にはなり得ぬことを判示している(Kutcher v. Gray, 21 LW 2187)。外国人の場合は自ら話はまた別であろう。フィンランド生れ、一九一三年にアメリカにわたったある労働者が一九三四年たまたまストライキ華やかなりし頃、共産党の目的が労働組合を強固に団結させるものであるということを信じて党員となり、五〇セントを支払いのち四カ月間に四〇セントの党費を払ったが、のちその縁は自然に消滅していた。その彼は今一五年をへた一九四九年になって、政府転覆を唱導する共産党の一員であるという理由により逮捕され、マッカラン法によって国外追放になろうとしている。移民官を相手としての人身保護令状の請求は、ボストン所在の連邦地裁によって拒否された。一九五二年八月六日のことである(Latva v. Nicolls, 21 LW 2093)。判事は彼に非常な同情を示したが、この決定はマッカラン法の当然の帰結であったであろう。この事件は恐らく連邦最高裁まで達するかと思われる。

☆　☆　☆

今アメリカに吹きまくっている「ローヤルティ」問題の嵐は、とうていこのわずかな紙幅に書きあらわし得るものではない。教師のローヤルティ・オース。それを拒否する教師。かつてわずかの関係を共産党ともったか、あるいはわずかな同情を示したことをもって官界生活を閉じてゆく人達。国連勤務のアメリカ人にものびたローヤルティの問題、支那問題の権威ラチモアに対する追及。「ローマの女」でも知られるイタリヤ作家モラヴィエの入国拒否。チャップリンの再入国禁止。毎日の新聞は何かかにかそうしたニュースを伝えている。アインシュタインをはじめとする著名な物理学者達はアメリカの「紙のカーテン」が、科学者の交流を妨げていることをはげしく攻撃し、世界的な地質学者マザーは「赤いテープのカーテン」を取り去るべきだという。まだまだ連邦最高裁に残された問題は多いようである。

「おことわり。

二四号(本章七)に小学校の人種差別に触れて、審理が故意にのばされているが如き書き方をしたのはあやまり。新しい同種の事件が加わったので、一二月に口頭弁論が行われた。おそくとも四月頃までには判決があろう。生半可の知識はふりまわすものではないものである。」

『ジュリスト』三〇巻(一九五三年)一四―一六頁

## 七　アメリカ連邦最高裁の一年をかえりみて

アメリカ連邦最高裁は毎年一〇月はじめ開廷し、翌年五月もしくは六月にその期を閉じるのをならわしとする。昨年一〇月一日に開廷、本年六月九日にその期を終った連邦最高裁は、その約八カ月の間に何をしたのであろうか。

いくらかのケースについては、その都度若干の説明を加えてきた。中でも赤色教員追放を規定するニューヨーク州法合憲の判決（Adler et al. v. Board of Education of the City of New York 342 U.S. 485）（本章一）、イタリー映画「奇蹟」をめぐる映画検閲の問題（Burstyn, Inc. v. Wilson, Commissionner of Education of the State of New York, et al., 343 U.S. 495）（本章五）は永久にアメリカ憲法史上特筆されるべきものであろう。

その他のケースも無視することは出来なかった。ニュージャージー州公立学校における聖書朗読の問題（Doremus and Klein v. Board of Education of the Borough of Hawthorne and the State of New Jersey, 342. U.S. 429）（本章一）、赤色外人追放（Harisiades v. Shaughnessy, District of Immigration and Naturalization of the Port of New York, 342 U.S. 580）（本章二）、またその保釈金の問題（Carlson et al., v. Landon, District Director of Immigration and Naturalization, 342 U.S. 524）（本章二）法廷侮辱の問題（Sacher et al. v. U.S. 342 U.S. 858）（本章二）。更に又公共の乗物におけるラジオの設置（Public Utilities Commission of the District of Columbia, Capital Transit Co. and Washington Transit Radio Inc. v. pollak and Martin, 343 U.S. 451）（本章五）等についても簡単にではあったが、問題の所在を明らかにした。

しかしこの期における法廷意見は九一の多きにのぼるのであってみれば今まで述べてきた一〇に満たないケースの説明では、わずかにその一面をうかがったにすぎなかった。だがしかし私個人の関心は必ずしも法技術的な問題にではなく、アメリカ社会の最高の権力である連邦最高裁が、言いかえれば最高の権力を委ねられた九人の最高裁判事達が、どのような世界観をもって「個人の権利の保護」にあたっているかに向けられてきた。それはまたそうした見地においてもっともよく、社会における最高裁判所の機能を洞察し得ると信じているからに他ならない。アメリカ連邦最高裁この一年の概観を試みる前に、今まで述べなかった若干のそういったケース――直接に個人の権利に触れたいくつかのケースをきわめて簡単に補足しておきたいと思う。

☆　☆　☆

公立学校における宗教教育問題についての指標マッコーラム事件（一九四八年）については上記ニュージャージー州における聖書朗読の問題についての三月三日の判決に触れて既に述べたところであった（本章二）。四月二五日の法廷は新しい問題を提供した（Zorach v. Clauson, 343 U.S. 306）。ニューヨーク州では、公立学校の児童達は親の要求によって授業時間中に学校をはなれて宗教教育を受けにゆくことを許されていた。他の児童達はその時間中学校にあって他の授業を受けることを要求されていたのである。六対三の法廷意見はダグラス判事の起草するところであった。法廷意見はこのケースがかつてのマッコーラム事件とは異っていると言う。何故ならば学校の建物の中で宗教教育を行ったマッコーラム事件と違って、今の場合は学校内の宗教教育もまた宗教のための税金の出費も問題ではなく、またどの児童もそのような宗教教育を受けにゆくことを強制されていないのであってみれば、修正第一条と何ら矛盾するところはないというにある。ダグラス判事は言う。「政府が宗教を敵視し、かつまた宗教をひろめようとする努力を抑圧させたりすることが必要だ、というような憲法上の要求はどこにも存在しない」と。従ってマッコーラム事件がくつがえされたわけではない。

反対意見をブラック、フランクフルター、ジャクソン三判事がそれぞれ起草した。ブラック判事の意見では、学校の建物の使用という点を除いては、マッコーラム事件との間に何の相違もない、と。彼は周到にマッコーラム事件において述べられた違憲の理由を追求する。それは単に学校の建物使用の問題にとどまるのではなかった。「義務教育という機構を通じて児童達に宗教教育に向わせるということによって、州は各宗派に対し又はかり知れざる援助を与えている。」（マッコーラム事件）。このことに関する限りこの両ケースの間に何らの懸隔はないのであって、ブラック判事はこの事件をマッコーラム事件と異った扱い方をすることの不可なるを説くのである。いつもながらに名文のブラック判事の反対意見は次のように終っている。「宗教に対する政府の援助は政治的党派的な偏見を神の座に持ちこむであろう。権力を祈りに、憎しみを愛に、そして迫害を説得におきかえるようになろう。政府が協力というような婉曲な表現にかくれて、信仰自由の尊い場にしのび込むことが許されてはならない。」

ジャクソン判事の反対意見の語調もきびしさを増し、義務教育が義務信仰と結びつく危険を警告する。そして多数意見を占める判事の多くは、わずか四年前のマッコーラム事件より変節していることを攻撃する（ヴィンソン首席、ダグラス、バートン判事を意味するのであろう）。そして最後を皮肉にもこう結んでいる。「今日の判決は憲法学徒よりも、心理学の学徒にとって、より興味ある問題となろう」と。

フランクフルター判事も別個に反対意見を草するが、基本的にはジャクソン判事の反対意見に賛意を表している。

以上が四月二五日の判決の大要である。ダグラス判事が多数意見にまわったことは、やや私の眼をみはらせたものである。

☆　☆　☆

人種の差別については、三月三日審理を拒否されたマイアミ州ゴルフ場の事件(Rice v. Arnold, FLa Sup ct. 54 So 2d114)に触れて、その歴史的な発展についても概観した(本章二)。黒人問題については連邦最高裁がきわめて消極的であることはその際にも述べたところであったが、同様なことは南部の小学校をめぐる問題についても言える。事案は南カロライナ州の小学校における黒白分離であった。黒人の子弟の行く小学校は白人用の小学校とは別にされているのである。このこと自体は珍しいことではなく、現在一七州及び首府ワシントンでは当然のこととして実行されているが、たまたまこの問題は南カロライナ東部地区の連邦地裁(三人制)の問題となった1。

法学校や大学院の問題(本章一のスウェット事件、マックローリン事件参照)とは全く別個に小学校は義務教育なのであるから、子供の教育ということのみではなく交友関係や環境を心配する親の気持を察してやらねばならぬとして差別を肯定する。しかし地裁は学校当局に対し速やかに施設の「平等」を要求し、その報告を求めたのであった(Briggs v. Elliott, 98 F. Supp. 529, 1951)。

この事件が連邦最高裁に係属中2に、学校当局によるこの報告書——即ち既に黒人子弟用の学校施設は白人のそれと全く等しくなったと言う——が作成提出された。連邦最高裁はかくて短い per curiam によって原判決破棄、更に原審に対してこの報告書を考慮して再審すべきことを命じたのである。ブラック、ダグラス両判事はこれに反対、学校当局の報告書の中には上告理由の憲法問題は触れられてないのだから、当然連邦最高裁が審理すべきである、としたのである(342 U.S. 350)。

連邦最高裁の問題としてはこれで一応始末がついたが、のち原審地裁においてもちろん原告敗訴となっている(103 F. Supp. 920)。これを不満として原告は再び連邦最高裁に上告、受理されて一九五二—三年期の期待されるケースとなった。しかし期待されていた一〇月一三日には判決が下されず、この問題は一一月の大統領選挙のあとにもちこされたという風評しきりであるのは、どうしたことであろうか。私は今これを詳らかにしない。

この他に、テネシー州立大学に入学を拒否された黒人の事件も最高裁の問題とはなったが（Gray v. Board of Trustees of the University of Tenessee, 342. U.S. 517）、むしろ手続法規的な点が主要問題となっているので詳述の必要もないであろう。なおグレイはこの事件最中に結局入学を許可されている。更に全く別のことであるが、スウェット事件（本章二）として名声をはせた黒人スウェットも、テキサス州大学法学校に入学を許可されたが、成績劣等のため退学を余儀なくされる結末に至っている。

人種差別を積極的に拒否した例を、連邦最高裁はその期の最終日に記録にとどめた（Brotherhood of Railroad Trainman v. Howard, 343 U.S. 768）。同じ一鉄道会社の従業員でありながら、黒白同じ待遇を与えられず黒人は仕事の実質にもかかわらず、名目上列車給仕として扱われてきた。Brotherhood of Railroad Trainman は機関士の組合であって、黒人は名目上給仕として扱われている以上組合員とはなっていない。一九四六年この組合が会社と団体協約を結んで黒人「列車給仕」を解雇して、白人をもってこれに代えることにしたのである。第一審連邦地裁（ミズーリー東部）はNational Mediation Board及びNational Railroad Adjustment Board の専属管轄の問題としたのであるが、連邦最高裁は、第二審の第八区控訴裁と同じく、地裁の管轄権を認め、たとえ黒人がその組合員になっていなくても、彼等を排斥するような目的で組合の地位、権力を使うことは、Railway Labor Act の禁ずるところであるとしたのである。このような意見を附して事件は第一審地裁へ送附された。法廷意見は六対三、ブラック判事の起草するところであった。之に対しヴィンソン首席、ミントン、リード判事を代表してミントン判事が反対意見を書いている。趣旨は連邦政府や州が差別待遇を行ってはならないことは明らかであるが、上記のような私的の会社や組合が人種の差別をすることに不当はないというにある。

1　連邦地裁は原則的には単独制である。しかし州法の効力を争ってのinjunction の請求の場合は三人の判事よりなる法廷が要求される。一九四八年訴訟法(Title 28, Judiciary and Judicial Procedure 1948)第二二八一条。
2 三人制地裁よりの控訴は直接に連邦最高裁である。訴訟法第一二五三条。

☆　☆　☆

言論の自由に関連しては、既にあげたものの他に、四月二八日の判決が興味をひく。そして同時に若干人種問題にも関係している。イリノイ州刑法典の一カ条にGroup libel(適当な訳語を知らないが、内容は次に明かである)の規定がある。即ち、ある人種や宗教を誹謗するような出版物を禁じている。事実は、出版物による黒人の侮辱であり、その結果、イリノイ州刑法典のこの一カ条の合憲法が争われた(Beauharnais v. People of the Stats of Illinois, 343 U.S. 250)。五対四によって合憲性は確認された。法廷意見を代表してフランクフルター判事は、それが言論の自由を規定した修正第一条及び第五条と何ら抵触するものではないことを言う。個人の名誉毀損は、コモン・ローの犯罪であり、事の真偽を問うところではなかった。それと同じことは、グループに対する各誉毀損についても言えるところである。しかし、もちろんこの立法が立法としてのぞましいかどうかは問題で、その問題は司法部の触れるべきことではないという態度を維持している。問題は一見明白のようである。しかしそれぞれ反対意見を書いた四人の判事の意見も無視されない。

ブラック判事は修正第一条の言論自由の旗印を高く掲げ、法廷意見がむしろ修正第一条には目を背けているのに対し、もし「合理的な基礎」があるなら修正第一条を少しは損なう州法も維持し得るという態度をとることに対し、それこそ修正第一条を「合理的な基礎」のレベルまで堕落させるものであると非難する。また、集会、請願、言論、出版の自由を殆んど州当局のなすがままに委せようとするのであろうか、しかもこのイリノイ州法は出版物の検閲をも認めている結果に陥っているではないかと。

リード判事は前記条文にあらわれている文字、たとえばvirtue, derision, obloguy等々の言葉が極度にあいまいであって、そのような言葉によって言論の自由の保障を破ることは許されないと言う。

ダグラス判事は、このブラック、リード両判事の意見に全面的に賛意を表したのち自らも反対意見を書いている。彼は言論の自由の絶対性を強調してやまない。「合理的な基礎」などによって傷つけられるべきものではない。彼は言う。「憲法の父達も我々と同様に人間性の何ものかを知っていた。彼等もまた危険な時代に生きていた……そして彼らは自由をえらんだのである。それはまた我々の選択でもなければならない」と。

ジャクソン判事の反対意見はやや別の見地に立っている。この規定はむしろ真実性の理由をも排除することによって、被告の利益を極度に不利ならしめるものとジャクソン判事は考えている。

オームステッド理論というのは刑事捜査上重要な判例によって一九二八年確立されたものであった(Olmstead v. U.S., 277 U.S. 438)(末延教授の書かれたいずれかの書にこの判例が詳しく書かれていたと記憶する)。骨子は電話盗聴によって得られた証拠でも刑事法廷において採用し得るということであった。当時においても人権問題とからんで大きく争われた問題であった。六月二日連邦最高裁は再びこの原則を確認することとなった(On Lee v. U.S. 343 U.S. 747)。事は阿片の密売である。秘密探偵がマイクロフォンをしのばせて顧客を装い、その密売者との会話が記録されて証拠となったのである。憲法修正第四条は、不当な捜査及び逮捕押収に対する保護を規定している。更にFederal Communications Act第六〇五条は通信の盗聴を禁じている。五対四に分れた法廷意見をジャクソン判事が執筆した。連邦通信法に関しては、この場合、その密売者が何らの通信手段をもっていたのではないから問題になり得ぬとし、憲法第四修正に関してもオームステッド事件をくつがえすに足る理由はないとの態度をとっている。

反対意見の四人の判事、ブラック、フランクフルター、ダグラス、バートン判事はそれぞれ別個に意見を述べている。ブラック判事はむしろ簡単に、最高裁のもつ連邦諸裁判所のcriminal justiceに対する監督権[3]を行使して、第一審地裁は右の証拠を拒否すべきであったと判示すべしと述べている。フランクフルター、ダグラス両判事はそれぞれ別個の反対意見ではあるが、要はオームステッド事件をくつがえすべきだというにある。ダグラス判事はかつて一九四二年の同様な事件 (Goldman v. U.S., 316 U.S. 129) において自らオームステッド理論を維持したことを遺憾として、態度の変更を表明している。一九二八年のこのオームステッド事件において反対の側に立ったのは、時のストーン首席、ホームズ、ブランダイス、バトラーの四判事であった。ここにもまた興味あるアメリカ連邦最高裁の歴史の流れをみることが出来るのである。バートン判事の反対意見には、更にフランクフルター判事も同調しているが、論点はむしろ不法家宅侵入に向けられている。

モルヒネ所持者が捜査官憲を前にして、カプセルを飲みこんだのを、胃の中にポンプをさしこんで吐き出させ証拠としたことに対しては、連邦最高裁八人の判事 (ミントン判事は加わっていない) は全員一致でそれは殆んど拷問に近いものであって第一四修正「法の正当な手続」条項に違反することを指摘している (Rochin v. People of California, 342 U.S. 165)。

労働問題に関係しては、もっとも重要なものは既に述べた大統領による鉄鋼接収で今更これをくりかえす要はない。税法上の問題、州際通商にからまる問題、アンチ・トラスト法をめぐる問題。こうしてひとつひとつ判例をあげていけばきりがなさそうである。しかし今までにあげてきたいくつかの例は、法技術的な観点をはなれても、私達の興味をそそり、またアメリカ連邦最高裁の社会において占める役割を知るのに重要なものと思われた。紙数がないという弁解よりは、私の実力がないといった方が真実のようである。アメリカ法の技術的な問題に関する判例に深入りして行くことをさけようと思う。

3　この原則は一九三九年の Nardone v. U.S., 308 U.S. 338 及び一九四三年の McNabb v. U.S., 318 U.S. 332 をへて確立してい

るものと思う。

☆　☆　☆

法廷意見の数九一そのうち全員一致の判決は二六、あとの六五は反対意見を含み、うち一二は五対四、もしくは四対三の判決であった。

法律週報（Law Week）の統計によれば反対意見の側に立った回数はブラック判事の三七、ダグラス判事の三一、ブラック、ダグラス判事が一緒に反対意見に廻ったこと二一に及び、またブラック、フランクフルター判事が同じ反対意見の側に立つこと一二回であるとされている。クラーク判事は九一のうちわずか一回を除いては常に多数意見の側にあった[4]。法廷意見を書いた回数もブラック、ダグラス両判事が最高でそれぞれ一一回、ミントン判事が一〇回、ヴィンソン首席、フランクフルター判事は九回とされる。

九一のうち連邦あるいは州当局が当事者であったもの七八にのぼる。連邦政府の勝訴率五六％、州政府の勝訴率五八％という統計である。判決確認及び破棄の比率は興味がある。五二対三八となっている（その他の取り扱いがあり、また二つの法廷よりの上告も競合しているので、正確に九一の数にはならない）。

即ち、表にみるようにもっとも成績のよいのは第二区連邦控訴裁である。第二区連邦控訴裁とはニューヨーク州、コネチカット州及びヴァモント州を管轄区城とする控訴裁。アメリカにおける最高の実力と権威をそなえた裁判所という定評は何人も之を拒否するものはないのである。六人の判事の中には、日本にも名高いＪ・フランク判事、共にイェール大学元法学部長であったＴ・スワン、Ｃ・クラーク両判事等も含まれている[5]。

さてそれではこの期における事件処理の状況はどうであったか。憲法第三条第一項の規定するOriginal

jurisdiction（たとえば外国使臣が関係しているもの等）を除いては原則としてのappeal jurisdictionをもつことに疑いはない。判定法違憲の問題等はいわゆるappealであって、連邦最高裁の義務的管轄権が要求されているが、certiorariについては完全に自由裁量権をもっている（前記訴訟法第一九五二—七条）。一九五一—二年期における処理件数千二百を越えるが、こうしたことと九一の法廷意見ということの関連はどうであろうか（法廷意見の数は年々減少の傾向にあるようである）。今正確な件数を調べる余裕はないが、千数百の件数中口頭弁論の機会を与えられたものは、恐らく百を少し越える程度であったと思う。法廷意見あるいはper curiam opinionもしくはorderが与えられたもの二百件前後でもあろうか。あとの尨大な量の事件は却下、もしくはサーシオラリ拒否によって処理されている。特にサーシオラリが与えられる事件はきわめてまれであるとさえ言えよう。一九三九年の改正最高裁規則には、サーシオラリは何ら権利ではなく、ただ特別に重要な理由がある時にのみ与えられることが明示されている（Revised Rules of the Supreme Court of the United States 1939. Rule 385）[6]。いわゆる、Rule of four即ち四人の判事が同意を与えた時にはじめてサーシオラリが下されることは、ほぼ確立した原則であって、拒否の理由は全然示されない。そこに連邦最高裁の神秘のカーテンがおろされているのである。

| 原審 | ○ | × |
|---|---|---|
| 第一区控訴裁 | 1 | — |
| 第二 | 7 | — |
| 第三 | 7 | 2 |
| 第四 | 1 | 2 |
| 第五 | 4 | 1 |
| 第六 | — | 3 |
| 第七 | 1 | 2 |
| 第八 | 1 | — |
| 第九 | 6 | 3 |
| 第十 | 1 | — |
| ワシントン連邦 | 5 | 4 |
| Ct. of Claims | 1 | 1 |
| 連邦地裁 | 8 | 01 |
| 州裁 | 9 | 10 |
| | 52 | 38 |

過去幾多の重要な事件がサーシオラリを拒否されて埋れてきたのであった。こうした傾向に対して、もちろんきびしい批判は投げられている。少

くとも拒否の理由は明示すべきであるという強い要求をいつまでも無視し続けるわけにはゆかぬであろう7。

それにしても山積する事件に悩むのはひとり日本最高裁の問題にとどまらない。アメリカ連邦最高裁もまたこの問題の前に立たされているのである。「アメリカ連邦最高裁の一年をかえりみて」、羊頭をかかげたが、わずかでもアメリカ連邦最高裁の実態を知るよすがとなれば幸である。

4　最近の資料ではないが、四九―五〇年期における「人権問題」についての意見に関してはイェール法学校J・フランク教授の作成した資料がある。約三〇の該当事件中（全員一致の事件を除く）要求された人権を支持した率は次の如くとされる。ダグラス八九％、ブラック八七％、フランクフルター六五％、次はずっと下ってバートン三二％、最低はミントン一六％、ヴィンソン首席一七％である。

5　イェール法学校ロデル教授の「最高ならざる最高裁判所」という皮肉な論説、前記フランク教授の論説などもこの控訴裁を高く評価する（F. Rodel, Our not so Supreme Court, Look Mag, June 30, '51; J. Frank, The Top U.S. Commercial Court, Fortune Mag, Jan. '51. なおJ・フランク教授はJ・フランク判事とは別人である。J・フランク判事もまた同じくイェールの講師であるが）。

6　サーシオラリを与える場合の基準が示されてはいるが、その前に「これは最高裁の自由裁量を規整するものではない」という但し書さえついている（同条）。

7　イェール法学校F・ハーパー教授は「最高裁判所は何をしなかったか?」という論文を毎年書いて痛烈に非難の矢をはなっている（F. Harper, What the Supreme Court did no do in the ... term? 99, 100 Univ. of Pennsylvania Law Review）。

種々示唆な与えられたJohn P. Frank教授に感謝する。従来のものも含めて法廷意見の素描は、特に興味のある問題点のみを取り出しているので、それで全部の論点を包含しているのではないことを特に附記しておく。

☆　☆　☆

以上の原稿を書き送った翌日、一カ月おくれでとどく朝日新聞紙上（九月一五日）に、東北大木村亀二教授の、最高裁判所裁判官国民審査についての談話を読んだ。「違憲審査部と上告審査部の二つにわけるべきで、これによって事件の審理も能率化するし、立派な裁判が出来るようになろう」と言われている。アメリカの連邦最高裁が日本の最高裁より「立派な裁判」をしているかどうかは別問題として、アメリカの意見には含蓄に富むものが多く、また能率的であることも否めない。アピールとサーシオラリと取扱いの違いなどは簡単にではあるが、前に触れたと思うが少し補足しておこう。

さて基本的なものは、言うまでもなく、Title 28, U.S. Code: Judiciary and Judicial Procedurer; Revised Rules of The Supreme Court of U.S. 連邦最高裁の original jurisdiction を除く appellate jurisdiction は大体次の通り。

一　連邦裁の判決審査

1　連邦控訴裁の判決

サーシオラリ――実質的にいかなる制限もない

アピール――連邦法違憲の判決、州法違憲の判決

2　連邦地裁の判決

この場合はアピールであるが、連邦地裁よりの直接のアピールはもちろん特殊の場合に限られている。たとえば連邦法違憲の判決、刑事事件において合衆国を敗訴とした判決のある種のもの、アンティ・トラスト法、州際通商法等をめぐる若干のもの等々。

3　クレーム裁、関税及び特許裁の判決。

アピールとサーシオラリであるが、アピールは連邦法違憲の場合。

二　州裁の判決審査。

アピール――条約あるいは連邦法が無効とされた場合、及び州法が連邦憲法、条約又は連邦法に抵触するかが争われ、州法の効力が確認された場合。

サーシオラリ――条約もしくは連邦法の効力が争われた場合、州法と連邦法の抵触が争われた場合、権限、権利、特権、免除等が連邦憲法、条約連邦法によって設定されるか、あるいはクレームされる場合。

大体以上でおおよその概念は得られると思う。違憲審査と上告審査の区別が必ずしもそのままではないが、大体アピールとサーシオラリの区別に相当するのでもあろうか。サーシオラリが権利ではなくて連邦最高裁の完全な自由裁量であることは、前にも強調した通り、そしてそこにおろされた神秘のとばりも。

五一―五二年期の統計をつくることは、今の私にはとても余裕がないので、五〇―五一年期についてのF・ハーバー教授の資料を、同教授の許しを得て転載する。

Disposition of Cases by dockets（1950--51）

I. Appellate Dockets Total Cases 783

Cases Disposed of:

By written opinions 114

By percuriam opinions or orders 74

By motion to dismiss or per stipulations 4

By denial or dismissal petitions for certiorari 495

Remaining 66

II. Miscellaneous Dockets
Total Cases 539
By transfer to App. Dockets 14
By percuriam order or opinion 3
By denial or dismissal of certiorari 386
By denial or withdrawal of other applications 129
Remaining 15

III. Original Dockets Total Cases 13
Cases disposed of 5
Remaining 8

Appellate DocketsとMiscellaneous Docketsの区別は一九四五年につくられたもので、純技術的なものであるが、後者はいわゆるin fogma pauperisによるサーシオラリの申請である。貧困な刑事被告人らが利用するものであるが、一通のコピーしか最高裁に提出されない。したがってよほど重大なものでない限りは首席判事の手もとで処理されてしまう。なおMiscellaneous Docketsのうちには、ハベアスコーパス、マンデース等の申請も含まれる。

ともかく前表から明らかなように、アメリカ連邦最高裁の能率と、しばしばあらわれる名判決、枚挙にいとまない優れた反対意見は、「サーシオラリに対する自由裁量」の上に築かれていることは重要である。私は日本のやり方と、アメリカのやり方のどちらがいいかを言おうとするのではない。ただしかし日本の場合は大法廷一五人といっても結局その事件をたまたまわりあてられた判事の意見通りに流されて、単独判事の法廷意見と実質的にさしてかわらぬことになりはせぬか、日本の法律を余り知らない私達二人、F・フランク教授と私との数日前の放言である。訴訟法には全く門外漢の放言、誤謬があれば訂正する。

『ジュリスト』二四号（一九五二年）二三―二七頁

# 第二章　法曹論・法学教育

## 一　裁判官も神ではない

私は、かつて一人の裁判官を知っていた。彼はまことに謹厳な紳士であった。わずかな晩酌が彼のなぐさめであったし、たまの日曜には、裁判所の中に設けられてあった弓道場に行っては、弓をひくこともあった。つれづれの夕べには、ごく親しい判事仲間と、碁を囲むこともあった。判決にのぞむ日には、齋戒沐浴もしかねまじき謹厳さであった。そして彼は、裁判所こそはこの世のもっとも神聖な場所であり、自分自身も一切の私心を去って、「公平な正しい」判決を下し得るものと信じていた一人であった。彼は自分の口を通じて、世の中の正義が語られ、世の中の公平が維持されることを疑いはしなかった。

さて、これはたまたま私の知っていた判事であった。しかし世の裁判官は、少なからずこの型に属するのではなかったろうか。いな、むしろ社会は、裁判官をこのようなものとして考えることに馴らされては来なかったか。裁判官なるが故に、紅燈の巷にさまよえず、裁判官なるが故に、一粒の闇米も口にせずして、餓死していく。民主国家——司法の優位。そうしたお題目に、裁判官はますます偶像化されてゆく。地方のどこの都市に行っても、赤煉瓦の古めかしい——まるでそれが中庸と尊厳の象徴であるかのよう建っている裁判所を見ることが出来る。しかし、果してその裁判所の中に行われていることは、判事自身が考えている——いや考えているかも知れないように、そしてまた、国民が思い込まされているように、謹厳なそして社会の中庸の良識を代表したものと言えるのであろうか、裁判所は「正義」の殿堂なのであろうか。

私はもとよりここで、法は正義か実力かという「ソフィスト・ソクラテスの対立以来の人類の大問題」を扱うの僭越をおかそうとは思わないし、法とは何かというきわめて無意味な問題が介入しようとも思わない。「法」とは存在から峻別さるべき当為である、と人が言う時に、「法」というものは、たとえそれが現実に百%行われなかったとしても、——否、百%行われないからこそ、「ねばならぬ」規範として考えられている。「法」は現実に遵守されている生きた社会規範である、と考える人にとっては、既に死文化してしまっている法規は、「法」の対象とは考えられない。「悪法も法なり」という有名な命題。しかしそこからは何の積極的な意義も生れては来ない。けだし、「法である」ということが、如何なる意味を現実にもつかが、明らかにされない限り。

別の分野では「国際法は法か否か」というような無益な議論が、国際社会の現実の事象とは無関係に論じられている。国際法を法であると言いたければ、そのように法の定義を構成すればよいし、法とよびたくなければ、適当に法の定義を試みるのみである1。法を如何に定義してみたところで、私達が日々をどのように過しているか都会の青年達がどんなにバクチに浮身をやつしているか、東北の山奥の人達が、離婚の問題をどのように扱っているかは分らないし、国際法は法であろうがあるまいが、起るべき朝鮮事変は起っている。やや逆説的な言い方をすれば、人には、自分が法であるというものを設定して、しかもその定義だとか、概念構成に浮身をやつす、循環論法に終っているのではなかろうか[2]。それでなければ、一つの社会事象をつかまえて、自分の狭い視野から、僭越にもその概念構成をこころみている。机は概ね、四角の物体でもあろうし、木製の物体でもあろうし褐色の物体でもあろう。机は書物を読み書きするためのものと言っても構わない。しかし私にとって必要なのは、今原稿を書く「この机」であって、机の定義は無意味である。有名な話である。六人の盲目の人達が象にさわってみた。それぞれ壁のようなものと言い、槍のようなものと言い、蛇のようだと言い、掛木のようだと言い、扇のようだと言い、縄のようだと言った[3]。

私がここで試みようとしていることは、法の哲学というあの「大問題」ではなく、少なくとも一般的に法と言われる時に想起するあのいかめしい赤煉瓦の殿堂に行われていること、そして人々が愚かにも信じこまされている法廷の神秘性に何ほどかの検討を加えてみたいまでである。

1　この点に関し、私がもっとも痛切に、いわゆるドグマの弊害を感じるのは、国際法の分野において、いわゆる新理論と称する個人の国際法主体性の理論である。「国際法の主体は国家」、「国際法の主体は原則として国家、例外的に個人」、「国際法の主体は個人」。そうした主張の相違は、たかだか理論の相違であって、各国の行政当局者が、国家の名において、相互に契約を結ぶという現実の事象に、何の相違があるわけではない。とりわけ国際法学の概念性は、きびしく反省されねばならぬと思う。私は、国家学会雑誌六四巻一号にのせた自分の論説については、根本から考え直さなければならない必要を感じている。しかし、『国際法外交雑誌』五〇巻三号では、わずかながら、それをこころみた。

2　再び国際法に例をとればこうである。「国際法とは国家間の法である。国家は国際法の主体である」。「国際法は、国家のみならず、個人に関する法である。国際法の主体は、国家そして例外的に個人」。等々。

3　コロンビア区の弁護士でイェール法学校の講師たるF・コーエンは、この六人の盲者の話をひいて、定義づけの相対性のことを述べている (Felix S. Cohen, Field Theory and Judicial Logic, 59 *Yale L. J.* 266 (1950))。コーエンもこの論説の中で引用しているが、H・カーンズは、その最近の法哲学史の著において、法の定義の相対性を述べ、「いかなる法的問題も、孤立しては解決されない。現象の全構造と関連されねばならぬ」という文句で、五六七頁の大著を終っている。

Huntington Cairns, *Legal Philosophy from Plato to Hegel.* (1949)" We have been told by Plato that law is a form of social control, an instrument of the good life, the way to the discovery of reality, the true reality of the social structure; by Aristotle that it is a rule of conduct, a contract, an ideal of reason, a rule of decision, a form of order; by Cicero that it is the agreement of reason and nature, the distinction between the just and the unjust, a command of prohibition; by Aquinas that it is an ordinance of reason for the common good, made by him who has care of the community, and promulgated; by Bacon that certainty is the prime necessity of law; by Hobbes that law is the command of the sovereign; by Spinoza that it is a plan of life; by Leipnitz that its character is determined by the structure of society; by Locke that it is a norm established by the common-wealth; by Hume that it is a body of percepts; by Kant that it is a harmonizing of wills by means of universal rules in the interests of freedom; by Fichte that it is a relation between human beings; by Hegel that it is an unfolding of realizing of the idea of right..." (ibid, 556)・

連邦第二区(ニューヨーク地区)巡回控訴裁判所判事にして、イェール法学校の講師たるJ・フランクは、むしろ一切「法」という言葉をつかうことをさけようとする(Jerome Frank, *Courts on Trial,* 3 (1949))。即ち、フランクの関心事は、1) of what courts actually do, 2) of what they are supposed to do: 3) of whether they do what they're supposed to do: 4) of whether they should do what they're supposed to do である。

ところで、F・コーエンにあっては、1) what courts are likely to pass upon a given transaction and its consequences? :2) what elements in this transaction will be viewed as relevant and important by these courts? 3) How have these courts dealt with transactions in the past which are *similiai* to the given transaction, that is identical in those respects which the court will regard as important?: 4) what forces will tend to compel judicial conformity to the precedents that appear to be in point and how strong are these forces?: 5) what factors will tend to evoke new judicial treamtent for the transaction in question and how powerful are these factors? (Felix Cohen, Transcendental Nonsense and the Functional Approach, 35 *Columbia Law Review* 839 (1935))であろう。

私達に明らかなことは、私達はあらゆる位層において社会と関連して生きているということ、そしてそうした社会生活のために、無数の規則が私達をとりまいているということである。私達が退屈な講義に聞き倦きて、一服の煙草を吸おうとしても、「教室内禁煙」の掲示は、私達にそれを許さないかも知れない。退屈な勉強に倦きてキャッチボールをしようにも、課業中の運動場の使用は禁じられているかも知れない。いずれも大学の規則によって。私達がひとつ威勢よく「再軍備反対」の街頭演説会を、東一番丁のまちかどでやろうと思っても、軽犯罪法かあるいは仙台市の条例は、道路を妨害するものとして、私達を無理強いに解散させるかも知れない。せっかく世紀の名著『チャタレイ夫人の恋人』を出版しようにも、猥褻罪とかで処罰されるかも知れない。いまの国家は、法治国家、立憲国家というすばらしい名前に魅惑されて、次から次へと何とか法をつくってゆくし、政府は政府で行政権の拡大に浮身をやつして政令の起草に寧日ない。県は県で、市は市で、条例だの規則だのを倦きもせずにつくってゆく、大学に入れば、大学の規則は私達を金縛りに縛りつけ、一歩まちに出て、バスに乗れば乗ったで、大きな荷物を背負いこんではいけなかったり、子供は膝の上にのせなければいけなかったり、ステップにたってはいけなかったり。映画館に入れば、煙草は喫ってはいけなかったり、帽子を取らなければいけなかったり、放歌喧噪は厳につつしまなければいけなかったりする。大学の図書館から本を借りるのも、二枚もカードを書かなければならない規則であったり、一週間で返さなくてはならない規則があったりする。

私達はこうして、無限に多くの規則にかこまれている。私達はそうした規則が規則として存在するというだけで、生活にわずらわしさを感じはする。しかしながらそうした規則は直ちに私達の生活の具体的内容を指定しているものではない、規則で命じられて三度の食事をするのでもなければ、規則であるから勉強するのでもない。百円札をもっていって「法学」を買ってくるのも、「クヴォ・ヴァディス」を見てくることも勝手である。私達がよしんば規則にとりかこまれて生活しているにしろ、私達が生きているのは、色と慾とにからまるこの生きた社会である。そして私達は、「富も名誉もいらない」聖人賢者なら知らず、凡人は財産の少ないよりは多いのを欲し、高い名誉を求める。

あるいは権力欲にもとらわれる。権勢欲は日本の政治界にはつきものである。古く歴史上にその例を求める迄もない。東條氏をはじめ多くの独裁者は、まことに子供らしい権力亡者であろうし、政党政治にもまたそれはつきものである。ことはひとり政治にとどまらない。係長は課長になりたがり、課長は部長になりたがる。また健康で文化的な生活をおくりたいというのも、私達の希望するところであり、そして充分な愛情生活をもおくりたいものである。若い二人の男女の愛情が妨げられれば、自殺という行動をとってあらわれることもあろうし、また何らかの反社会的行動としてあらわれることは、日々の新聞によってよく承知されるところである。政治家の性生活に対する不満は、独裁政治に導く危険を包蔵する、という興味あるテーマは、最近説かれたところであるが、その真実性は更に検討を要するとしても、私達各人はそれぞれこうした目標価値を追求する1。（どうしても適当な術語を見出し得ず、かかる未熟な用語を用いざるを得ない。英語では主としてはH・ラスウェルや、M・マクドゥーガルによって goal value という言葉がつかわれている。a desired event であるとの註釈を与えている。本稿はこの両氏の所説にしたがっているものではないが、便宜上「目標価値」の用語をつかって行きたい。）

もっともそうした目標を追求してゆく過程には、更にそうした目標価値自身が基礎になって、からまりあっている。たとえば、その経済的バックを支柱にして、国会議員に出ようとする人もいれば、学者としてかちえた名声のみをたよりに、その政治的手腕の如何にかかわらず、国会議員に当選する人もあるし、大臣になる人物もある。我々はまた、大臣や国会議員になることによって、どのような目標価値を獲得出来るのであろうか。まず第一に権力を得ることが出来ようし、その地位を利用して経済活動を行うことは別としても、その地位に伴う絶対的かつ相対的に高水準の収入を得ることも出来る。その人間的実質の如何にかかわらず、大臣、国会議員の地位にいると、一応人々は、「えらい人」として尊敬もしてくれるであろう。その他いろいろの目標価値を獲得出来るかも知れない。しかし、問題はここにとまらない。たとえば、総理大臣の権力地位を掌握するためには、何十、何百の権力亡者の要求をふみにじっているであろうし、愛情生活の結婚のかげには、とげられなかった思いになやむ多くの青年男女がいるかも知れない。理念的には、誰もがそのような目標価値を十二分に達成出来ることがのぞましいとしても、現実にはむしろ現在までもっていたその価値を奪われてしまう人さえ出てくるであろう。総理大臣は新しい人によってかわられ、他の男に走る人妻もある。それもまた各個の問題にはとどまらないであろう。望ましくはないにせよ、選挙には金はつきもの、政治運動に身代をつぶす人もあろう。名誉、人から受ける尊敬、そうしたものを一切犠牲にして、富をきずきあげていった戦後成金、あるいはまた、もっている一切の名誉も財産もなげすてて、一人にささげる愛情におのれの道を見出していった人もあろう。社会の目標価値は、相互に作用しあって、プラスにもなれば、またマイナスにもなる。それはその時々の事情によるものであった。

現在私達の生きているこの社会は、こうした目標価値の増減のプロセスと考えられる。私達はそれらの目標価値を可能な限り享受したいと思う。そしてそのように努力してゆくであろう。「えらく」なるためには勉強もしよう。生活を楽しむためには映画にも行こう。私達はそうした決定は私達自身の自由な意志と考えている。結婚するにも親の同意のいらなくなった今は、私達自身の決定によって愛情をみたすことも出来るであろう。しかし私達はそうした自由な目標価値の追求に何らかの制約を感じはしないであろうか。結論的に言うならば、私達が法規にとりかこまれて生きているということの意味は、法規というものが、この社会のプロセスに何ほどかの意味をもつであろうということでなければならない。

私達はうんとお金持になりたいと思う。しかし前であったならば、統制経済立法がそうした私達の行動をがんじがらめにしていたであろうし、利息制限法は、今でも高利による富の増殖をはばんでいるかも知れない。レクリエーションに花は手頃の愛宕山に遊びたい。しかし四八時間勤務の規則は私達を役所に金縛りにしているかも知れない。目標価値の増減に表徴される社会のプロセスに、法規は目標価値の抑制剥奪として私達にたちむかってくる。

ところがたとえば煙草をすってはならない教場も、休憩時間となれば紫煙もうもうとして誰もあやしまず、一週間の期限の借用本も、二週間となり一カ月となり、あえて咎められることもしない。講義には必ず出席しなければならないはずの学生を、昼日中の映画館に見出すこともまた不思議ではない。四八時間勤務のはずの公務員を昼間の料理屋に見出すことも不可能でないとするならば、そしてまた規則通りであるならば、戦後の苦境に大半は飢死にしていなければならない私達が、こうして生きながらえていることは一体何を意味するのであろうか。規則が存在するということが、直ちに目標価値の剥奪を意味しはしないということに他ならない2。

ところで人は社会的動物である。ということはいろいろの意味に解せられるであろうが、私達は自分の目標価値の増減に対して、自ら決定を行う以外に、私達はまず第一に家族の一員であり、仙台市の住民の一人であり、日本国民でもあるという事情。見方をかえて言えば、同時に私自身は東北大学法学部の一員であり、いくらかの学会の会員でもある。私は、――そして私達は、そのようにして、あらゆる位層において、社会とのつながりをもっている。仙台市長が、私達の所得の何パーセントかを市民税として徴集しようと決定するならば、私個人の意志に反してでも仙台市民たる私は財布の底をはたかなければならない。法学部の教授会の決定が、私に国際法の講義を一週三時間もつことを命ずるならば、それによって別に収入がふえるわけでなくても、その決定に従わなければならない。もっともそのことによって、私は私の知識をみがいてゆくというプラスを得ることは出来るであろうが。学部長になることによって、権力やまた人からの尊敬を受けられることを喜ぶ人もあろうし、かえって自分の学業という意味では、マイナスになることを憂うる人もある。しかしながら、そのいずれにしても、教授会の決定は、その学部に職を奉ずるものの求めている目標価値の増減にかかわってくる。そのことは、多かれ少かれ、あらゆる社会機構にとって、本質的なものである。

しかもまた、このことはひとえに自己の所属する団体の決定のみにからまるものではない。労働組合のストライキの決定は、雇用者に影響を及ぼすのみか、その少なからぬものは、一般大衆に直接の被害となってあらわれる。公企業のストライキが制限される所以であるが、電気会社の従業員のストライキによっては、大衆は文化的にして健康な生活を送るすべを見出すことは出来ないのである。ＢＣＧ注射の可否によって影響をうけるのは、ひとり医師会のメンバーにはとどまらないし、理髪業組合の料金値上げの決定は、理髪屋だけの問題でないこと、また明らかである。労働組合や職能団体などは、最近の政治学では「圧力団体」の名称をもってよばれているが、いわばその決定が社会一般に圧力を及ぼすものと考えられる。ことは圧力団体に限らない。たとえば、日銀の政策が大衆の日常生活に及ぼす影響の大きさは、我々が日頃経験しているところであり、国民体育大会を仙台で開くか、福島で開くかの国体協の決定は、仙台市民にとっても無関心な問題ではあり得ないはずである。

かくて、価値の増減として考えられる社会の推移道程は、そうした価値の増減を左右し干渉してゆく決定の作成過程であると考えられるであろう[3]。問題は、誰が、どのようにして、いかなる決定を下すか。そしてそれが私達の価値の増減の上に、どのような影響をもたらすであろうか、にかかっている。私は少しの飛躍をあえてして裁判所の判決が決定の作成過程に占めている地位に触れてゆこう。

1　この社会の目標価値の追求ということに重点をおいて、社会過程の分析を試みるのは、共にイェール法学校教授たるＨ・ラスウェル、Ｍ・マグドゥーガルなどに顕著である。この両氏は八つの目標価値をあげる。power, wealth, well being, skill, affection, rectitude, respect, enlightment の八つである。それぞれの意味について、ここに詳述することはさけたい。彼等自身も、価値のこうした分類のしかたが、完璧のものではなく、充分批判の余地のあるものとするが、しかし我々の文明の目標価値を表現するには、少なくとも最上のものと考える。この八つの目標価値は、ラスウェル・マクドゥーガル両氏のあらゆる論作において触れているところであって、代表的なものとしてはHarold Lasswell & Abraham Kaplan, *Power and Society* (1950) などがあげられる。特にそれぞれの目標価値の生成配分といったことに関しては、ラスウェルの著として発行されるべき未完稿の第一章に詳しい。Lasswell, *The World Revolution of Our Time* (1951) などでは、この八つという数が必ずしも絶対的ではないことを示している。イェール法学校教授F・ノースロップは、その未完稿 Contemporary Jurisprudence and International Law の中で、八つの価値の概念がきわめてあいまいなことを、強く攻撃している。もっともそれに対して、ノースロップ自身の立場は必ずしも明確ではない。私見によれば、ラスウェル、マクドゥーガルの上記の八つの価値のえらび方には、たとえそれがきわめてリアリスチックであるにはせよ、位層の違いの無視があるように思われる。もとより彼等はその八つの価値が、目標価値であると同時に基礎価値であり得ることを指摘している。そうとしても、彼等がこの民主社会の目標が maximizing of shaping and sharing of eight values throughout the globe――そしてそれこそが他ならぬ人間の尊厳であると飛躍するのであるが――とする時に wealth を shaping and sharing するのと、rectitude を shaping and sharing するのと、果して同様の意義をもつものと考えられるのであろうか。なお、この問題とラスウェル、マクドゥーガル両氏の根本的立場、政策科学の立場については、改めて筆をとりたいと思う。People using base values (8 values) to shape and distribute scope values (8 values) among people という図式を提示したマクドゥーガルの論文も、これと合わせて読まれるべきである (Myres McDougal, The Role of Law in the World Politics, 20 *Miss. L. J* (1948))。

2 high frequency of behaviors を「生きた法」としてF・ノースロップは取りあげている。エールリッヒのいわゆる法社会学は、パウンドなどを通じてアメリカに入り、U・ムーアなどによって根をおろしている。ノースロップの考え方は必ずしも明瞭には示されていない。実定法の基礎にある「生きた法」、そしてその基礎をなす自然法――一般的な言葉で言えば、むしろ文化の類型と言う方が適当かも知れぬ――という図式は、近い将来彼によっていずれかの雑誌に明らかにされるであろう。しかしながら、私にとっての不満は、それは同時にまた、戦後台頭した日本の法社会学についても同様であるが、文化のパターンあるいはまた実態調査などによる社会の究明では不十分なのであって、それに対する実定法規のからまりあいにも、充分眼をつけなければならない。

3 法規はそれ自体としては、直接私達の身の上にかかわって来ない。それは何らかの人の手を通して私達の生活にかかわりをもっている。自明の理ではあるが、自明でありながら今までの日本ではそれが黙殺されて来ている。"Legal machinery, we

must remember, never operates apart from human beings, judges, juries, police officials, etc." (Morris Cohen, *Reason and Nature* 424 (1931). また Legal principles have no meaning apart from the judicial decisions in concrete cases that can do deduced from them, and principles alone cannot logically decdie cases というのもまたM・コーエンの言葉である(Morris Cohen, *Law and the Social Order* 212 (1933))。なおM・コーエンは、F・コーエンの父。ロシアから帰化して一九四九年死去。

☆ ☆ ☆

法廷の判決は、あるいは甲が乙を傷つけたことによって、甲を懲役三年に処し、あるいは、丙の丁に対する債務不履行で、何万円かの損害賠償を要求する。

年末賞与一万円という会社側の決定に対して、労働組合は労働争議をもって、その増額を要求することが出来る。労働立法を改悪しようとする政府に対しては．ゼネストをもってその撤回を要求する。よしんばそれが議会によって承認されて、法律となったのちにも、その違憲性をもって、政府や議会の決定に対抗することが出来る。そして私達に出来ないことは、懲役三年や、また何万円かの損害賠償の判決——言いかえるならば、裁判所の決定に対抗することなのである(控訴の問題は、本章においては度外視している)。罰金刑を課せられることは、私達には大きな経済的損失であり、体罰を課せられることは、あらゆる意味において、私達の目標価値の喪失である。今まで築きあげた私達の名誉も権力も財産も、有罪の宣告によって、一挙にくずれ去っていくであろう。家庭裁判所の判事の決定は、私達の愛情関係に決定的な力をもち、百万円の損害賠償の決定は、私達を無一物にしてしまうかも知れない。公安条例違憲の判決は、労働者、学生に大きな自由を保証して、警察からその恐るべき弾圧の権力を奪ってくれるかも知れない。裁判官は、判決という決定を通して、世のもっとも偉大なる権力者である。彼等は世の権力者——大臣であり、議員であり、あるいは知事であり市長であり、あるいは総長であり学部長である——の中の、もっとも強力な権力者である。そしてそれは、単なる民主社会の約束ごとにすぎないのであるが。個々の判事が良識において政府当局より優れているという保証はなくても、廉直において労働組合員にまさるとは言えぬとも、彼等にはこの社会のプロセスにしたがって増減する具体的な目標価値の配分を決定すべき、大きな権力が与えられている。

甲の関心事は、「債務者が其の債務の本旨に従いたる履行を為さざるときは、債権者は其の損害の賠償を請求することを得」、という民法第四一五条の規定そのものにあるのではなく、乙に対する債務を履行しないがために、乙が自分を仙台地方裁判所に訴え出ると、自分は損害賠償を払うことを仙台地裁によって命ぜられるだろうか。自分が約束を破ることによって得るであろう利益が、法廷によって命ぜられる損害賠償によってマイナスにされるとするならば、甲は約束を破ることを思いとどまらなければならない。そのことは、余り怠けて「法学」に一つも論文を書かないと、教授会の決定によって、東北大学から追放されるかも知れないという見通しと、程度の差はあっても、本質的に異なるものではない。何故ならば、いずれも権威あるものの決定によって、私達の目標価値の剥奪が行われるのであるから。

小山書店にとっては、「猥褻の文書、図書その他の物を頒布もしくは販売し、又は公然之を陳列したる者は、二年以下の懲役もしくは五千円以下の罰金若くは科料（罰金等臨時措置法により五〇倍）に処す」という条文とは別に、『チャタレイ夫人の恋人』を出版することによって、裁判所によって何年かの懲役か、あるいは何万円かの罰金を課せられるであろうかということが大事である。小山書店は、英文学の中でも定評のあるロレンスの『チャタレイ夫人の恋人』の翻訳を企画するにあたっては、何よりもその採算を考慮に入れるであろう。文化事業だの何だの言っても、企業は利潤のないところに成立はしない。まず何よりも利益を得るという第一の要求がこの企画を試みさせるであろうし、同時に文化の向上に役に立つというならこの上なしである。従来の日本の読者層の傾向からいって、どれだけがこれにとびついていくのか、またこれだけの分量の本を邦訳すると何頁位になるのか、もし頁数がふえて当然定価がやや高目におちつくと、果して読者はこれを購入するであろうか。読者によって売れ行きもかわっていくであろうし、また宣伝方法も充分に考慮に入れなければならない。翻訳料も宣伝費もどれだけに決定すれば、利潤という面からは最大のところにもってゆけるであろうか。さてすべてを綜合した結果、×額の利益は確実にあがるという期待をもてたとする。そして普通であれば、かようにして小山書店は利益も得、良心的な出版業者としての名声もかち得てゆくであろう。ところがこの場合は、小山氏の、「私の仕事に対する信念は一言でいうと、人類文化に少しでもプラスになるという善意だ」、という良心にもかかわらず、正木弁護士の、「文芸作品のみの有する独特の感化力で、間違った考え方をしている人々に対し、彼らのうちにひそむ向上心に訴え、他の方法では実現し得ないような生物学的、哲学的覚醒を促すことが最善の道であることを示したもの」（いづれも読書新聞の切りぬきによる）という主張にもかかわらず、現在の検察庁の見識からすれば、あるいは起訴となるかも知れぬという予測は絶無ではなかったであろう。何故ならば日本人はシチュエーションによって物を判断する、とはしばしば言われたところであり、元来が色好みの検事諸公でも、法衣をまとうと豹変して道学者となること明らかであるから。書店が人類文化に少しでもプラスしようという意識があれば、検事の方には社会の正義と道徳を代表しているかの如き錯覚がある。追放にでもなって、弁護士になれば、翌日からでも小山書店の弁護を引きうけそうな人でも、検事の法服は、彼等に自意識の過剰を起させるであろう。

そしてその結果裁判所によって有罪の判決が下されるかも知れぬという予測も絶無ではなかったであろう。しかしながら注意されなければならないことは、担当判事がこの書を猥褻文書と判断することは、この書が客観的に猥褻文書であることを意味しはしないし、逆もまた真である。言いかえるならば、判決はあくまで裁判官の判断であって、事物の客観的価値を評価するものではない。言いかえるならば『チャタレイ夫人の恋人』が猥褻文書であるかどうかが、客観的に決定されるのではなく、決定されることは、単に裁判官が、裁判所が、猥褻文書と考えるか否かに他ならない。そして重要なことは、裁判官の主観的判断にすぎないにもかかわらず、二五万円と宣告された罰金刑は、小山氏にとってはきわめて大きな目標価値の剥奪を意味しているということに他ならない。かようにして私達の関心は、客観的な事物の判断ではなくて、実際に裁判所はどのような決定を下すか、ということにかかってくるのである。私達がこの社会において求めるところ、それが既に述べたように、目標価値を最大限に享受しようとする努力であるとするならば、そうした目標価値の剥奪を含む決定を見通すことによって、私達は自らの行動を注することが出来はしないであろうか。再び言うならば、法の定義が何であれ、法の本質がどのようなものであれ、私達にとっての関心事は、どの裁判官が、どのような決定をもたらすかにかかっている。

☆　☆　☆

判決の作成は、一般にはまず事実があり、法規があって、それを裁判所が適用することと考えられる。いわば事実Fに法規Rをかけ合わせたもの、即ちR×F＝D、このこと自体にあやまりはない。しかし何よりも注意されなければならないことは、裁判官の決定が事実と法規を投げこんで結果の出てくるスロット・マシンのようなものではないということである1。山積する事件の前に立っているのは、個性を失い、感情も殺してしまったようなロボットではなく——伝統的に私達はこういうものを裁判官に期待してはいなかったであろうか——怒り笑い、そして社会と共に喜び悲しみ合う一個の人間に他ならない。「人を殺したる者」というきわめて明らかな事実に対しても、死刑から懲役三年迄の裁量の余地は残されている。「往来の通行の妨害になるような行為」を禁止した条例の意味するところが、開店広告のビラの配布はさまたげないが、平和運動のチラシはこの規則に抵触するということは、全く決定者の——一時的には警察署長等、しかし終局的には裁判所の——判断に基づくにすぎない。「正当な補償」、「正当な理由」、「相当な注意」等は、現実の事態においで、どのような意味を有するのであろうか、それらはすべて裁判官の判断に委ねられるであろう。夫が外地にあって他の婦人と同棲している事実が、「不貞の行為」ではないが、「婚姻を継続しがたい重大な理由」であって、離婚原因たり得るとすることは、既に法律理論の問題ではなく、法律政策の問題である。「信義誠実」の原理には、「事情変更」の法理が、「所有権の絶対性」には「権利濫用」の法理や、「公共の福祉」の法理が対抗する。

同じ戦争も、片方に言わせれば聖域であり、他方に言わせれば侵略戦争。自衛権は憲法で放棄したのかと思っていると、案外それは天賦の権利で奪うべからざる基本権。したがって憲法が何と規定していようと、ちっとも自衛権の存在は変っていなかったりする。別にどちらが正しいと言うのではなく、法理論は、政策決定者に利用されるために存在する、という事実を見逃してはならない。法理論は、それを利用するものの政策に奉仕する機能をもつシンボルにすぎない。したがって、この場合法廷にもち出された問題について、裁判官が究極の決定者である限り、法理論は裁判官の決定に奉仕する役割をもつにすぎないのであって、裁判官を拘束するものではないということは、言いすぎであろうか。

もとより、法規のわくが、裁判官の決定に一つの要素となっていることは明らかであった。しかし問題は、そのわくの中でどのように決定するかということ、そしてまた具体的に眼の前にあらわれているケースについて、どのわくを利用するか、にかかっている。

私達は裁判所の、とりわけ最高裁判所の少数意見のもつ意味について考えて見なければならない。「死刑は違憲にあらず」という決定も、「死刑は違憲なり」という決定も、どちらも最高裁判所の判決であり得る。問題は何人の判事が前者に同意し、何人の判事が後者を支持し、そしてそのどちらが多数を占めて裁判所の判決となるかにすぎない。法律審としての最高裁に問題がもち出されるということ自体、その事件にからまる法理論の紛糾を物語るものであって、「右は裁判官全員一致の意見である」という記述がもし多いとするならば、それは判事の無能か、あるいは敗訴弁護士の無能かのいずれかでしかない。ということは、くりかえして言うならば裁判が法を適用するものであると一口に言われるにしても、その相対性は充分に注意されなければならない。先程の図式F×R＝DをF×R〔Judge〕＝Dと変えてみることが出来るであろうか。

ところでまた、一般に客観的と思われる事実についても、しかく簡単ではない。某月某日某時某分、一人の男が東京もはずれの銀行に入って行って、行員に毒を飲ませて、いくばくかの金を携帯して立ち去った。世間はこの帝銀事件の突発に驚いた。そしてやがて容疑者として、Hは検察庁に引かれていった。しかし事実は、過去の事実であって、あくまで明確な事実は、何人かの行員が死に、何万円かの金が盗まれた、そしてそれをしたのは「ある」男であったということである。その過去の事象はいくら証人をよび出してみても、再現されるものではない。宣誓をした上に述べる証人の証言が、統計的にきわめて不たしかなことは度々明らかにされている[2]。Aという証人は、その「ある」男は黒の洋服を着ていたと言い、Bは、灰色の洋服であったように思うというかも知れない。自分の身内のものについてすらも、度々眼鏡をかけているのか、鬚をはやしているのかなどの設問に、直ちに答えられないのが、私達の常である。裁判所にもち出される事実の多くは、証人のもっている、事実に対する推量にすぎない。判決の基礎となるべき「事実」は、実は真実ではなくて、真実であると信じて語られた証人達の証言等から帰結された、裁判官の主観的判断にすぎない。やや意地の悪い言い方をすれば、判事の「事実」認定は、判事自身と当事者を、一応満足させるものでしかないのであって、かつて存在した過去の真実とは、かけはなれたものであるかも知れない。松川事件の被告達は、汽車を転覆させたと、担当裁判官によって「認定」されたものであって、事実彼等がそうしたものであったか否かは、神のみぞ知ることに他ならない[3]。そうした経過は、この松川事件の第二審における検事側の左記の答弁書にもきわめて明らかである。

「裁判所が同一調書中諸般の情況乃至経験則に基き、その部分部分につき、真実なもの半ば真実なもの、または融偽なものと判断し、之に適当なる証明力を附与することは、それが不可分のものでない限り、其の自由裁量権に属するのであって、所論の証拠中同一書類の一部を証拠に引用し、他の部分を引用しないことは叙上の趣旨に出たものと見られ、操証法則上何等差支なく、原判決は違法ではない」(仙台高検山口検事答弁書――中央公論三月号)。

「事実」の認定における、裁判官の広範な主観的判断は明らかである。私はそれを裁判官の恣意であると言おうとは思わない。しかしながら、くりかえし述べるように、およそ過去に存在した真実とは無関係に、裁判官の主観的判断によってつくられた「事実」は存在し得るのである。しかもまた、裁判官によって考えられる「事実」は、訴訟当事者の言葉の魔術によっても曲げられる。

東大の構内に入りこんで警察手帳を取りあげられた警察官は、全治一週間の傷害を受けたという警察の発表。事実は、かすり傷の痕跡がきえるのに一週間位かかるという程度のものと言われるが、同じ負傷に対して、「単なるかすり傷」としての認定と、「全治一週間の傷」としての認定との間には、少なからぬへだたりがあるものと言わなければならない。この言葉の魔術は、あらゆる場合に言えることであろう。高射砲やタンクをかかえた自衛隊をもっているという事実にもかかわらず、「軍隊をもっている」という判断と、「警察隊しかもっていない」という認定は、その文字にあらわされた面だけを受けとっての感じは同じではない。

「わが党候補が自由党をおさえて、最高点で当選したことは、吉田内閣ならびに自由党の落ち目の姿をあらわしたものである」という右派社会党書記長の談話と、「この選挙で自由党が圧倒的な勝利を得たことは、自由党内閣に対する国民の信任の強いことをあらわしたもの」という自由党幹事長の談話(ともに三月一二日朝日新聞夕刊)は、同じく東京六区補選をめぐる見解なのである。

繰り返して言うならば、言葉のもつ魔術、そしてまた裁判所に提出される「事実」は真実ではなく、真実であると主観的に判断されたものにすぎない、という事情を、判決の基礎となる「事実」認定の問題として注目しなければならない。そしてそこに、法廷闘争の意味もあり、いかにして、裁判官に事実を「認定」させるか、ということに法廷技術もかかってくるであろう。かようにして上記のF×R〔Judge〕＝DのFは、裁判官の認識したF、即ちF〔Judge〕×R〔Judge〕＝Dと考え直されなければならない。

1　The life of the law has not been logic; it has been experience. これはO・ホームスの有名な言葉として、多く引用されるところである (Oliver Holmes, "The Common Law" 1 (1881))。
　R・パウンドも同じ線に沿うものであるが、彼にも次のような言葉がある。Law is not scientific for the sake of science. Being scientific as a means toward an end, it must be judged by the result it achieves, not by the niceties of its internal structure; it must be valued by the extent to which it meets its end, not by the beauty of its logical processes or the strictness with which its rules proceed from the dogmas it takes for its foundation (Roscoe Pound, Mechanical Jurisprudence, 8 *Columbia Law Review* 605 (1908))。F・コーエンもまたその処女論文で次のような名言をはいている「論理は飛び込み蓋を供しはするが、何らか特別のダイヴィングの成功を保証するものではない」、と (Felix Cohen, The Ethical Basis of Legal Criticism, 41 *Yale Law Journal* 216 (1931))。

2　たとえば、かつて駐米オーストラリア大使であったF・エッグルストンはパウンドに捧げられた論文集の中で、証言のあやまり多いことを述べている。そして全く正直でかつ先入見がないとしても、証言を信頼し得る程度は、六〇パーセントを越えるものではないとしている (Frederic W. Eggleston, *Legal Development in a Modern Community, Interpretation of Modern Legal Philosophy* 182 (1947))。人間の記憶の確実性などについての心理学の研究の成果を知りたいと思う。

3　事実認定が、客観的な真実とはかかわりなく存在する妥協的なものにすぎないことは、J・フランクのくりかえし強調するところである。事実認定に関する彼の論作はきわめて多いが、彼の論文集であるCourt on Trialにも若干見受けられる。たとえば、彼は事実認定における事実は、陪審員もしくは事実審判事の信じた以上のものではないとして、次のように述べている。A trial court's finding of fact is, then, at best, its belief or opinion about someone else, belief or opinion (Gerone

Frank. *ibid.* p. 22)。なおつい最近刊行されたニューヨーク州裁判事B・ボテン氏の著も興味がある(Bernard Botein, Trial Judge, 1952)。

☆　☆　☆

社会における決定作成のプロセスの中での判決の重要性、そしてその判決がむしろ担当判事によって、変り得る関数であるということ、法律学がもし科学であろうとするならば、判決は、言いかえれば権力機構としての裁判官の決定は、いかなる変数のもたらす関数であろうか、に注意が向けられなければならない。

科学者としての法学者のつとめは、法廷の反応がどのような要素によって影響を受けるかという点に向けられなければならない。もっともこのことが直ちに法律学をもって予言の学となし得るかどうかについては別問題である[1]。あらゆる条件変数を測定し得るならば——これは純粋に仮定の問題である——到達し得る結果を予測することは可能である。しかしその仮定自体は自然科学においてすらも可能ではない。地上のあらゆる物体は、地球の引力の影響を受けるということは、今リンゴの木に実っている「この」リンゴが必ずしも地上直角に落下することを意味しはしない。「この」リンゴが何時熟し切って落下するのか、その時の一陣の突風を予測することは、科学の可能な限界を越えていると言わねばならない。気象学の予知し得るところは、一九五三年の冬が大体において暖冬であるか、あるいは雪が多いかであって、一九五三年一月一日の仙台市の天候を今日予測し得るものではなく、進歩した医学の予言し得ることは、肥満したタイプの人は脳溢血に倒れやすいということで、「この」男が何年何月何日に倒れるということではない。科学の測定し得ない無数の条件変数は、無限の時間につらなるこの三次元の世界には満ち満ちている。法学者は——科学者としての——一九五三年一月一日に甲が乙を打ったら、一九五三年三月一日に丙という判事によって、一〇万円の損害賠償支払を命ぜられる、ということの予知を試みようとはしない。

気象学が、リンゴの落下を左右する一陣の突風を予知することが出来ないとするならば、法律学もまた、判決の朝に、判事が夫婦喧嘩で妻に打たれるかも知れない、という不可知の変数迄も予知はしない。しかし法律学にとって可能なことは、主としてはどのような条件変数によって、判決は左右されるのであろうかを知ることである、ということによって実は、法律学の理論物理学ないし理論経済学との相違を知らねばならない。

即ち、「物体は垂直に落下する」という原理、ないしは「生産をふやせば価格が下る」という原理。即ちあらゆる条件変数を昇華し去った後に抽出し得る基本原理を、気象学や法律学に求めることは不可能である。けだしそれは歴史的に生起する一回の現象に限られることであるから、問題は、したがって、基本原理の偏差を生ぜしめる条件変数の究明ではなく、いかなる条件が、その一回限りの結果を生ぜしめ得るかにかかっている。

そのような条件変数を、思いつくままに羅列するならば、

(1)　熟練の度　　最高裁判所でも誤判する。それほど法律が複雑だということにもなるし、それほど最高裁判所にも、法律技術に熟練していない裁判官もいるということになる。しかしまず、誤判などは論外である。誤判などではなくても、原告、被告両者から提出される証拠、証人等の採否をめぐる裁判官の技術的能力は、判決の上にも大きな影響を及ぼさずにはおかないであろう。

(2)　出身の階段　　司法官が主としてどの階段から出ているか。興味ある問題であるが、私の手許に資料はない。同かつて、陸海軍将校が主として中農の家庭から出ていたことにより、軍の思想が指導されていたことがある。同じことは裁判官の場合にも言えるのであって、農村の小作人の子弟であった裁判官と、地主の子弟であった裁判官の、農地問題に対する態度の相違、事業家、労働者そのおのおの子弟が裁判官になった場合の、労働問題に関係する判決にあらわれてくる差異は、おのずから明らかであろう。

(3)　政治的信条の差　　もとより裁判官は、積極的に政治活動をすることは禁じられているが、判事といえども選

挙権をもっていることは言を俟たない。自由党を支持するか、共産党を支持するかは、全く自由であって、それによって、労働問題、政治犯罪等々に対する判決が左右されるであろうことも、想像にかたくない。

(4) 年齢の違い　老人が保守的で、年齢が若いほど進歩的であるということは、もとより一概に言えることではない。しかしそうした大体の傾向はありはしないであろうか。それでなくても、昭和の初頭に学生生活を送った判事と、兵隊帰りの判事では、共産党問題に対する判決は、おのずから異ってくるであろう。

(5) 宗教の差　ひとり宗教に関係するケースに限らず、その寛容の度、あるいは死刑に対してもっている各判事の意見。更にはまた社会教育としての刑罰などに対する意見を左右するものとして、宗教のもつ意義も見忘れられてはならない。

(6) 個人的環境とでも言えるもの　家庭生活に恵まれているかどうか。たとえば、片親だけで育てられて来た場合と、そうでない場合。独身者と既婚者。結婚生活が幸福である場合と、失敗に終っている場合。一応満ち足りた私生活を送っている裁判官と、常に生活に不満をいだいて日々を送っている裁判官は、現実的にその判決がどのような違いをもってあらわれてくるかは別として、あらゆる社会事象には異なった反応を示すであろう。

(7) 個性にもとづく心理的構造の相違　たとえば判事が、きわめて高い権力的地位にあるものを被告としてもったときには、彼はどのように反応するであろうか。相手がたとえ、もとの宰相であっても、彼はその権力を恐れる必要はないであろう。何故ならば、少くとも彼の地位は、判決の如何にかかわらず、保障されているのであるから。しかし同じ捕虜を見ても、「おかわいそうに」という婦人もあれば、戦意を昂揚さす若い人もいた。被告のもつ権力に対する直接的反応ではなくても、判事の心の中には、おのずから被告のおかれている現在の地位に対する心理的反響がある筈である。ある判事は、共産党員にからまる刑事事件について重罪を科したがため、のち脅迫状になやまされ、神経衰弱気味であるとする。彼はそれ以後、眼に見えぬ暴力の力による恐怖を感じはしないであろうか。彼がその後何らかの計画的な集団暴行事件の審理にたずさわるとき、彼の心を制約するものが、彼のうちにひそみはしないであろうか。そうでなくてもまた、たとえば思想犯(かかるものが今日あり得べきではないが)の審理において、彼は被告から受ける威圧を感じはしないだろうか。「天皇機関説」という小説の中に、被告のM博士に対する、かつては教え子だった検事の、今は優位にたつほこりと、そしてまた師に対する――それも学問の浅さの意識から来る――おそれの交錯が書き出されているが、判事の場合にも同じことは言えはしないだろうか。「あなたの尊敬する人は？」というアンケートがある。政治家や軍人をあげて権力をあこがれる人、宗教家、慈善家をあげる人。学者をあげる人。その態様が様々であるだけに、判事もまたその尊敬するタイプの人に面したときに感ずる心理的圧迫。ことは被告にとどまらない。法廷に入って来た証人を一目見たときの生理的嫌悪は、その証言に対する信頼の度にも大きく影響してくるであろう。心理学的に言って、どのような類型に分けられるかは、不肖にしてつまびらかにしないし、心理学者、精神分析学者の教えにまちたいと思う2。以上のような要素――もとよりその他いろいろあげられるかも知れないが――は、判事の事実認定を、そしてまた法規の適用を左右する。しかしながら、実はそのようなことは、必ずしも裁判官に特有なことではなかったはずである。私達が日常些細な事を決する時に、法学部長が法学部の事務を処理してゆく時に、あるいは仙台市長が、総理大臣があらゆる政策を決定してゆく時に、それを左右するものは、同じような要素に違いはなかった。しかしながら、そのような要素が当然にあるタイプの決定――判決を生み出すということについては多くの疑問があろう。上流の家庭に生れて当年六〇歳、法律技術には習熟し、修正資本主義を信奉して自らは熱烈な仏教信仰者云々といった彼をとりまく要素の究明は、何ら必然的にある種の判決の型を導くものではない。むしろ問題はそうした社会的条件の中に、彼自身は自分のもつ絶大な権力をもって、社会に何を要求し、何を期待するのであろうか。もとよりそうした彼の主観的要求を抑制する要素も考えられなければならないではあろう。それはたとえば誰が見てもきわめて明らかな係争事実。甲が乙に対する契約を履行しなかったという明らかな事実。あるいは甲が乙を打ったという何人によっても疑われない事実。あるいはまた一点の疑いも残さない正当防衛や事情変更の原則の適用。そしてまた判決を制約するものとしての社会のテンポ。大阪高裁昭和二五年六月二九日の判決は次のように述べていると言われる(『ジュリスト』四号千種達夫氏の論説による)。「刑法一七五条にいわゆる猥褻文書の判定に当っては、社会習俗の変遷をも考慮すべきことは、控訴人の言う通りである。……一般人のかかる出版物に対する感度も相常鈍化の傾向を示し、猥褻性に対する社会一般の評価も又、昔の準縄で律することの出来なくなった事実は、認めなければならない。このことは、文書図書の猥褻性に関する法律的評判にあたっても、十分顧慮せられるべきことは勿論である」。裁判官の性問題に対する思想そのものに、この一〇年間の開きはなくても、世相はストリップ・ショーの小屋がけ時代から帝劇進出時代へとかわって来ている。しかもその変化は急激にはなしとげられたものではなく、漸次的なものであったとするならば、判事はそこに、社会のテンポによる一つの制約を受けとりはしないであろうか。

そのような制約にもかかわらず、しかし判決を導いているのは、それぞれの裁判官のもっている政策であり社会観である。あたかもそれは、政治家や大企業家や労働組合の幹部や、そしてまた総長や学部長たちなどのように3。社会が目標価値の増減のプロセスである、ということはくりかえして述べてきたのであったが、権力者はその中にあって、そのプロセスの調節統制を行うことが出来る。裁判官は何ものと自己を同一化して、その価値の増大をはかろうとするのであろうか4。労働者を「不逞の輩」としかみることの出来ない首相には、彼等のための目標価値の増大、言いかえるならば、彼等が健康にしてめぐまれた生活を享受出来るような政策樹立に従うべくもない。裁判官自体にも、いかに社会の目標価値が配分さるべきかに関する社会観はあるであろう。彼等には自らの社会に対する理想があるはずである。彼等はそうした理想へ向かって、自らの要求を政策を判決の中に具現してゆくであろう。もっとも効果的な面では、それが法律政令等の違憲合憲の判決にあらわれることは、周知の通りである。京都の公安条例を合憲とするのが正しいのでもなければ、違憲とするのが正しくないのでもない。公安条例を、あるいはまた種々の労働運動弾圧立法を合憲とすることによって彼等は自らを何と同一化し、何を期待しているのであろうか、違憲とすることによっては？　私達は、「公正な裁判」という言葉の魔術にだまされてはいけない。私達が期待し得るのは、公正な裁判ではなくて、「誰かにとって望ましい裁判」に他ならない。社会の目標価値を、この社会に生きている人々に、最大限に配分することが、この自由な社会の理想であるならば、そのような線にそっての裁判が、もっとものぞましい裁判と言わなければならない。

　裁判所は、「憲法の番人」などという言葉が一見もたらすひびきのように、中立的なものではない。また裁判官は、弓と碁と釣で表象されかねまじき消極的なものではない。警察予備隊の設置に伴う政府の行政処分は、合憲であるか違憲であるかであって、穏健公正な中立の立場というのがあり得るのではない。その行政処分を合憲とすることによって、裁判官は自ら日本再軍備への政策の先頭にたち、違憲とすることによって、日本の無抵抗絶対平和主義の政策をかかげる。

　社会のプロセスにおける偉大な権力者であり、かつ政策家でなければならない裁判官[5]　しかもそれがまた同時に一介の市井人であるという事実。私達の俗世界をはなれて住む「神の如き」審判官なのではなく、私達のお向いに住み隣りに住んでいる、「この世の権力者」なのだという認識。そうした認識から私達は改めてまた司法制度というものを考え直してみなくてはならないのではなかろうか。

1　法律学が、いわゆる判決予言の学であるか否かについては、紛々として議論の果てるを知らない。F・コーエンはこれを肯定しているようである。たとえばその論文の一節において次のように述べている。即ち、実際においては、大きな不確定の要素がある。しかし、経験は、法廷の行動の中には見通し得る統一性があることを教えている。もちろんその見通しは、単なる論理の問題ではなく、心理学、経済学、政治学の問題である、というように (Felix Cohen, "Transcendental Nonsense and the Functional Approach" 35 *Columbia Law Review* 829 (1935))。

H・ラスウェル、M・マクドゥーガルの場合は、より科学的にこの点の分析を行っている。即ち裁判官の反応は、その環境的要素 (environmental factors) と。志向的要素 (predisposing factors) の関数であると考えられる。彼等にしたがえば、前者に属するものとして、公正な第三者が見た係争の「事実」、両者の「主張」、両者によって採用される「標準」——たとえば、技術的な法理論だとか、政策だとか——志向的要素としては、階級、態度、技能、人格等をあげる (Harold Lasswell & Myres McDougal. Legal Education and Public Policy: Professional Training in the public Interest, 52, *Yale Law Journal* 238 (1943))。しかし両氏の未完稿の論説の中には、よりはっきりした説明が見出される。ところで両氏は、こうした要素の科学的研究によって、ある程度判決の予言が出来ることを言うのであるが、J・フランクはこれらの説に真向から反対する。先にあげたフランクの Trial on Court の中では、たとえば「コーエンのあやまりは、彼がもっぱら二次元的な法の思考にとどまって、三次元的な事実審の場を忘れていることである」(p.198) と言い、「ラスウェル、マクドゥーガルの致命的な弱点は、特定の事実審の判事が、未来のいつかの日に、特定の証人に対していかに反応するか、又その証言に対していかなる顧慮を払うかを見通し出来ない点にある」(p.209) としている。フランクの立場は、一貫して第一審——事実審の重要性の強調にあるのであって、彼自身としては、陪審制度の廃止論に傾いているが、しかもこうした判事の心理分析などによって、予言が可能であるとするならば、同様のことは陪審員にも——現在のアメリカの制度では——行われねばならず、誰がどの事件の陪審員にえらばれるかも分らないとするならば、無限の——事実上は不可能な心理分析の研究に終始せねばならぬことを警告する (Jerome Frank "Short of Sickness and Death": A study of Moral Responsibility in Legal Criticism, 26 *New York University Law Review* 545-633 (1951))。一言にして言えば、フランクの場合は、予言し得べからざる例外的要素が、例外と言うべく余りに多すぎて、むしろその方が常態であると考えるわけである。ただし注意しなければならないことは、フランクの、コーエン及びラスウェル、マクドゥーガルに対する論難にもかかわらず、彼等とても決して、未来の罰金刑の罰金額まで予言出来るとしているのでは、勿論ない。彼等の場合はむしろ法理論の解釈における先見性を考えているように思われる。その意味では、フランクの論難が十分正しいものとは言えない。しかし「事実認定」の重要性を強調するフランクの立場は、やはり注目するに価する。なおフランクはイェール法学校では、学期によってことなるが、主としては「事実認定」という講義を受けもっている。

2 裁判官の心理というのを強調するのは、アメリカの法社会学につきものと、言えないことはない。興味のあるのは、H・ラスウェルの引用例である。彼はX・Y・Z三人の判事をあげて、説明をすすめている。この三つの型の判事の分析は改めて興味あるものであるが、二〇数頁にのぼるものであり、到底ここに註として紹介するにたえず、他の機会にゆずりたいと思うが、興味ある方は原文にあたられたい。Harold Lasswell, *Power and Personality*, 65-88 (1948).

3 判決の基礎が、むしろその政策であることを強調したのは、O・ホームスに著しく、むしろそれ以後のことと思われる。たとえばマサチューセッツ州最高裁判事時代の各少数意見に数えられるものの中で、彼は次のように述べている。「判決の真の基礎は、政策及び社会の利益の考慮であって、単なる論理やまた争う余地もないような法の一般命題によって解決が得られると思うのは、おかしいことである」(Dis. op. in Vegclahn v. Gunter (1896) 167 Mass 92, Representative Opinions of Mr. Justice Holmes 304 (1931))。たとえばまた、前記The Common Lawの三六頁、Every important principle which is developed by litigation is in fact and at bottom the result of more or less definitly understood views of public policy; most generally to be sure, under our practice and traditions the unconscious result of instinctive preferences and inarticulate convictions, but none the less traceable to views of public policy in the last analysis.

4 M・コーエンは次のように述べている。「法規の意味は、社会の要求に照したjuridical creationである。それは立法者の意図だとか、法規の文字の本来の意味だとかよりは、事件のあらゆる条件を考慮に入れて、社会はどう行動すべきであるかを決定するものである」(Morris Cohen, Law and the Social Order 131 (1933))。

またM・ラーヂンも、法規は裁判官がのぞましい結論を得るために奉仕するものにすぎないことを強調する。M・ラーヂンはイェールその他の講師を務め、カリフォルニアの法学校の教授であったが、一九五〇年死去(Max Radin, The Theory of Judicial Decision: or How Judges Think, 11 *American Bar Association Journal* 357 (1925))。

5 同一化Identificationという概念も、ラスウェルの理論の基調をなすものであるが(たとえば、Lasswell, Power and Personality 108; Power and Socierty 71; McDougal, Role of Law 282など)、これはもとフロイドの精神病理学から由来したものであって、その詳細な検討は、最近日本においても心理学社会学の分野においてなされていると諒解している。

イェール法学校の教授F・ロデルは度々司法における政治家Judicial Statesmanということを強調する。現在のアメリカ連邦最高裁の判事の中で、これに値するものはブラック、ダグラス両判事のみとして、他の退陣を要求したことについては、かつてジュリスト誌上に少し触れたことがある。

☆　☆　☆

あとがき　このような雑な問題の展開をしなければならなかったことを、恥じなければならない。平易にと心掛けたことが、通俗に堕したことを恐れる。近い将来改めて充分の用意のもとに、再びこの問題を取りあげることを約して客舎におけるこの粗末な記述の諒解を得たい。それぞれ全く違う立場からではあったが、私にはじめて法律学の興味を目ざめさせてくれたイェール法学校の、H・ラスウェル、M・マクドゥーガル、F・ノースロップ、F・ロデル、E・ロストウの諸教授、F・コーエン、J・フランクの両講師、わけても個人的になみなみならぬお世話になったコーエン、ラスウェル、マクドゥーガル、ノースロップの諸氏には、感謝の言葉を知らない。

一九五二・四・一五・ニューヘヴンにて

『法学』一六巻四号（一九五二年）五五四―五七四頁

## 二　「法曹一元論」の盲点
### ——一つの提言

「法曹一元」という問題が過日の東北法学会で取りあげられ、この問題について素人でしかない私は、いろいろ興味のあることを学ぶとともに、いくらかの問題について考えさせられるところがあった。門外漢としての感想の二、三をここに拾いあげてみよう。

一

我々が今直面しているのは、具体的・現実的な問題、すなわち司法的正義の維持のために優れた裁判官を充分に確保したいという何人にも異存のないことのようである。そうして「法曹一元」ということで具体的に言われているのは、現在のいわゆるcareer judiciaryの制度をやめて、裁判官はその待遇を飛躍的に改善し、法曹経験者の中の優れた人材をもってそれにあてるべしということのように私には思われた。しかし、この新しい制度によって、果してすぐれた裁判官の確保という所期の目的を達し得るかどうか、そうしてまた、一体この制度が日本においてそもそも可能かどうか、私はいささか疑問を抱かざるを得なかった。

第一に、新しい制度による「法曹エリート裁判官」が旧制度による「生えぬき裁判官」より優れているだろうとかなり無批判に肯定されている前提には、疑問がある。アメリカの裁判官でも、日本でとかく神秘化して考えているほど優秀なものかどうか。いろいろと批判のある州裁判所は論外にしてもよい。全部をあわせても四百人前後でしかない連邦判事ですら、最高裁判所、それにニューヨークなどを管轄とする第二区の控訴裁判所の判事を別にすれば、この問いを肯定するにはいささかちゅうちょを要するのではないか。

第二に、出来上がった在野の法曹を得ようとするならば、裁判官の待遇を高めなければならないことは事実であろう。しかし、反面、これらの在野法曹がこれまでの地盤をなげうって任につくほどの魅力ある待遇を全国二千にのぼる裁判官に与えることは、財政上可能なことではあるまい。むしろ現在でも、日本の裁判官は見方によってはきわめて優遇されている。しばしば引き合いに出されるアメリカで裁判官の待遇がよいことは事実であるが、同時にまた、管理職行政官もよい待遇をうけていることも事実であって、国からの給与所得者としては、日本の裁判官は他国に比してはるかに優遇されていると言ってよい。裁判官の待遇を一般的に高めることは、他の官職との均衡を失することになるであろう。いずれにしろ、出来上がった在野法曹を待遇を餌に引き出すことは所詮実行可能なことではない。とすれば、なまじ新制度の採用は現在よりも裁判官の質を低下せしめることになりはしないか。

第三に、司法部内において、新制度をうけ入れる意識のきりかえが可能であろうか。普通の裁判官より管理職裁判官へ、田舎の地方裁判所長から大都市の所長へ、地方の高裁長官を二、三年ずつ務めて東京・大阪の高裁長官へというういわゆる出世意識が裁判官の中から抜け切れぬ限り、そうしてまた今日きわめてしばしば人事の停滞ということが非難の意味をこめて司法部内で言われているという事実がある限り、新しい制度は採用し得るはずはない。新制度においては、必然的にいわば昇進、栄転ということは原則的にはないものとされるだろうからである。私は、出世意識を司法部内に強いといって非難しているのではない。このような意識は、日本では、行政部においてもまた一般社会においてもきわめて根強いことは否定できない事実であって、「中央と地方」という対比の意識、万事につけての序列意識がすてられぬ日本において、司法部だけがそれから脱却することは至難であろうと思うだけである。

以上に述べた理由で、日本においてcareer judiciaryをすててアメリカ連邦司法のような制度に切りかえることに充分な必然性があるとは思えない、というのが私の感想である。しかし、「法曹一元」をいうことによって、実はねらいはもっぱら現在の裁判官の待遇改善ということにあると言うのならば、もちろん話は別である。

さて以上の感想にもかかわらず、現在の「生えぬき裁判官」の制度の弊害は、そこで不可避の若年裁判官の存在にあるのではないか。優れた裁判官というのを抽象的に論ずることは別にして、具体的に言えば、人を裁く立場にある裁判官は、人間として円熟した齢を重ね、法曹として豊かな経験をもつものでなければならない。全く仮りに、その年齢を四〇歳、法曹経験を一〇年としてみよう。その点について言えば、現在でも四〇年輩以上の裁判官に問題があるのではなかろう。まさにそうなるまでの彼等の二〇代、三〇代が問題なのである。二〇代、三〇代の、人間としてまた法曹として未熟な人達が裁判官（よしんば判事補という名であれ）として裁判を行うという今日の制度の弊害は、やはり本質的な改善を要求していると思われる。私は二つの制度を折衷したところにもっとも現実的な解決の道があるのではないかと思う。すなわち、裁判官採用に一定の資格、たとえば四〇歳前後以上の法曹経験者というような条件を課し、それから後は現在のcareer judiciaryに準じた方式をとってゆくのである。くりかえすように、所詮、裁判官からも日本的な栄進・栄達をぬきにすることはできることではない。他方、折衷制度の下で裁判官を採用する時には、彼等はまだ完成した名ある法曹ではないであろう。それだけに彼等は、人生と法曹の経験を背に、司法部のスタートラインに並ぶことができるであろう。

## 二

さて、裁判官層を支えるためには、幅広い法曹社会がなければならないことは言うまでもない。裁判官の供給源を主として弁護士とし、検察官などを副次的に考えるか、あるいは弁護士及び検察官を併列的に考えるかについて議論がわかれているように思われる。しかし、ここになお一つの大きな空白が等閑視されているのではないか、と私は思う。日本で法曹の名でよばれる人達は、裁判官でなければ、弁護士か検察官かのいずれかである。しかし、こうした理解によっては把握されないgovernment attorneyというものの重要性あるいは存在理由が日本においては不当に無視されてきたのではないか。今日、彪大な法規のほとんどは、行政官吏の手になるものであり、また日常多くの法律問題は彼等によって処理されている。事実、一部行政官吏の法律への通暁はなみなみならぬものがある。このことは行政委員会においても、また地方自治官庁においても同様である。にもかかわらず、彼等は法曹仲間には入れてもらえないし、その官庁の訴訟についても自ら法廷にたつ資格を与えられてはいない。何故ならば、彼等は司法試験→司法修習の道を通っていないからである。彼等は法律家としても質的に現在の裁判官、弁護士、検察官より劣っているわけではあるまい。ただそれらの特定の職業をえらばなかったのであり、その限り、法律の職務にたずさわっても、司法試験→司法修習の道は全く必要とされていなかったからにすぎない。

日本法律家協会における小林俊三氏の意見においては、検察官のあり方として、彼等が大幅に政府・公共団体その他の民事事件をあつかうべきであるとされているが、私は、検察官が他の官庁のやとわれattorneyになるべきではなく、各官庁がその法律スタッフとしてのgovernment attorneyをもちかつ養成すべきであると思う。このことは欧米諸国においては当然のことなのではなかろうか。たとえばアメリカ国務省には、六〇人ばかりのattorneyが、いわゆる官房法律部にあるいは各部局に配属されている。彼等はいわゆる外交官ではない。はじめから外交スタッフとは違ったルートで採用される。彼等はいつでも官を退いて直ちに在野法曹としても活躍できる有資格者である。彼等は外交政策の決定者ではない。しかし、法の解釈・運用を通じて外交政策の方向づけを行い、また国際訴訟において、国内の渉外事件において、訴訟代理人となる。彼等の最高のポストの法律顧問は国務省内できわめて高い地位をもっている。このようなことは、アメリカやあるいはその国務省に限ったことではない。欧米の法曹の中でも、一般にきわめて優秀な人材を集めているると考えられているこれらgovernment attorneyの実態を誰か専門の人が解明してくれるならば、必ずや日本の将来にも有意義であろうと思われる。

法曹の一体意識というものは、在野の弁護士、在官のgovernment attorney、そうして検察官の三者の間にあるべきであり、その基盤の上に裁判官組織がたつべきであろう。中でもgovernment attorneyは、法曹一〇年選手をもってあてる裁判官のもっとも有力な供給源となり得るであろう。このgovernment attorneyには国会の法制局スタッフ、国会各委員会の法律スタッフ、そうして最高裁判所の事務局スタッフや調査官が準じて考えられるべきであろう。そうして、裁判官というのは、本当に裁判をする法曹であって、単に肩書を示すものであってはならなくなるであろう。

さて、government attorneyの確立のためには、いろいろの前提条件が必要である。第一に、彼等は行政スタッフの人事行政からは別わくとしてあつかわれなければならない。彼等の地位は、二、三年でポストをたらいまわしにして栄転してゆく行政官とは異なり、あくまでも専門家のそれである。彼等はclerkにあらざるattorneyとして、一般より高い給与を受けるに値いしよう。もちろん検察官と同等に待遇されるべきであろう。

第二に、法律職上級試験と司法試験とを統合して、法曹登用の道をひろげなければならない。年々三、四百人のひとにぎりの集団がふえてゆくにすぎない日本法曹界と異なり、アメリカでは年々この何十倍かの法曹が巣立ってゆく。日本より人口の少ない西ドイツでもアセソアールとして世に出てゆく人達は、日本の何倍にもなるであろう。人の生命をあずかる医師は、日本においても年々何千人かが国家試験をパスして巣立ってゆく、日本人の資質は、法曹を生み出すのにアメリカやドイツより格段劣っているのであろうか。事実は、財政上の理由を別にして、司法の権威の維持、そうして弁護士の既得地盤の確保の要求によって、法曹人口が不当に抑圧されていることが問題であろう。

第三に、現在の大学における法学教育が果して法曹養成のためのものとして適当であるかどうかは疑問であろう。私は、卒業後直ちに法曹実務にとびこみうるアメリカ式の法学教育がいいとは思わない。しかし、年々尨大な卒業生を生み出しながら、結局は経済や商科の卒業生と同質化され、事務系という名でよばれるサラリーマンしかつくれない法学教育制度は改められるべきであろう。

『法律時報』三五巻一〇号（一九六三年）六二―六三頁

第三次国連海洋法会議（1974年）カラカス会期で、田畑茂二郎先生と

# 第二部　国際法研究回想

第三次国連海洋法会議（1974年）カラカス会期で、マラカイボ湖上にて

# 第一章　亡命とハイジャック

## 一　亡命者保護の国際立法

まえがき

自国領域内において外国人にアサイラムを提供することは、今日においては、原則的にまだ各国の国内法上の問題に他ならない。少なくとも一般国際法のものとはなっていない。しかし、アサイラムの権利を国際法上制度化しようとする試みは、公にあるいはまた学界レベルでかなり活発に行われてきた。本稿はそれを紹介しようとするものである。

## 一　国際法学会試案

国際的な学会などで、アサイラムの問題が犯罪人引渡しとの関連で取りあげられたことは少なくはない。しかし、アサイラムの問題をそれとしてあつかったのは、国際法学会(Institut de Droit International)であった。一九三九年に予定されたニューシャテル会議に先立って、アーノルド・ラエシュタタットが報告者に指名され、小委員会の意見を徴しながら、彼は試案条文を作成した。そこでの関係条文は次の通りであった。

第二節　国が自国領域において与えるアサイラム

第七条　すべての国は、自国の領域において、いかなる外国人もうけ入れ、滞留するのを許す権利をもつ。国の国際責任は、亡命者(refugee)の行為によっては、自国内の他のすべての個人の行為によるものと同じ条件でしか生じない。この規則は、場合によっては国が亡命者を追放し得る時にも、あるいは他国がそれを受け入れるのを拒む事実によって追放が不可能にされる時にも、いずれの場合にも適用される[1]。

大戦のためこのニューシャテル会議は流会となった。

戦後、最初一九四八年のブラッセル会議ではアサイラムの問題も議論されたが、いろいろな意見の相違のために結論を得ず、一九四九年のロザンヌ会議もさらにこの議論を延期して小委員会に付託することになった。既にラエシュタタットは没し、ペラッシ(イタリア)が報告者に指名された。彼の仮草案は委員の批判を得て修正され、ペラッシ草案は[2]一九五〇年のバーゼル会議で討議されることとなった。ここで注目すべきことは、ペラッシ草案がラエシュタタット草案と異なって、国は外国人の入国・滞在の許可にあたり、アサイラムを求める個人に対して人道(humanite)の義務を果たさなければならない、ということを積極的に規定したことであった。なおその他に、政治的事件のための大量移住については、他国はその相談に応ずる義務があるとされた点も注目されるであろう。もっともペラッシは、この草案を説明して、これが世界人権宣言と異なり、伝統的国際法のわくの中で問題を処理しようとしたものであると述べた。アサイラムを与える義務を国家に課さなくなったということである。

国はアサイラムを提供する義務があるわけではないという現行法の解釈については、ローターパクト（イギリス）、フランソア（オランダ）、フィッツモーリス（イギリス）、カストベルク（ノルウェー）、グッゲンハイム（スイス）など第一流の国際法学者達が賛成している。特にフィッツモーリスが立法論としても、アサイラムを与える国家の義務を定めることは時期尚早であるとし、アサイラムの原則には反対しないが、しかし、国はそれぞれの場合に自由でなければならないと述べ、アサイラムの定義がはっきりしていないのは、結局それが各国の自由裁量とされていることと無関係ではないと述べたこと、またフランソアが人々は人権を第一に考えるが、しかししばしば不当にも無視される国の権利も考えなければならないとしたことが、きわめて注目されるであろう。アサイラムを扱う草案はもっぱら在外公館・軍艦などにおけるアサイラムを扱うべきであり、テリトリアル・アサイラムを除くべきであるという提案もまた有力であった3。

結局、ペラッシ案を基礎として、一九五〇年のバーゼル会議が最終的に採決した決議、「国際公法におけるアサイラム」のうちの関係条文は次の通りであった。

第二章　国が自国領域で与えるアサイラム

第二条1　その人道的義務を果たすについて、自国領域でアサイラムを与える国は、そのことによって、いかなる国際責任も負わない。

2　国の国際責任は、亡命者の行為によっては、自国内の他のすべての個人の行為によるものと同じ条件でしか生じない。この規則は、場合によっては国が亡命者を追放し得る時にも、あるいは他国がそれを受け入れるのを拒む事実によって追放が不可能にされる時にも、いずれの場合にも適用される。

> 3　政治的事件の結果ある国からの逃亡者の出国がある時、他の国々は、もし必要ならば国際機関に訴えて、逃亡者に救援の手をのばすもっとも効果的な方法、彼等の領域で逃亡者達を配分するもっとも公平な方法、そうしてまた一般に、彼等の人道的義務を果たすためにとるべき措置について、相互に協議しなければならない[4]。

1 *Annuaire de l'Institut de Droit International,* tome 42 (1948), p.51.
2 Id., tome 43 (1950)–I, p.166.
3 Id., tome 43 (1950)–II, pp.198–256.
4 Id., p.375.

## 二　国連国際法委員会による法典化

国際法委員会がその一九四九年の第一会期において法典化の対象として選んだ一四のトピックの中には、アサイラムの権利、外国人の取り扱いがそれぞれ加えられていた。しかし、これらの問題が優先的に審議されるということはなかつた。

もっともこの第一会期において、「国の権利及び義務に関する宣言案」の審議に際し、委員アルファロ（パナマ）、ヒル（フランス）及びイエープス（コロンビア）は、次の条項がこの宣言に挿入されるべきことを提案した。

> すべての国は、アサイラムを提供する国が政治的性格をもつと考える犯罪のための迫害の故にアサイラムを要請するいかなる国籍の人にも、アサイラムを提供する権利がある。亡命者（refugee）の国籍国は、与えられたアサイラムを尊重する義務があり、それを非友誼的行為とみなしてはならない[1]。

この提案は必ずしも各委員によって充分に理解されていたとは言い得ないし、またこれについて充分な審議が行われたわけでもない。審議の概略を述べれば、次の通りである。提案者の一人であるイェープスは、これは何ら新しい要素をつけ加えるものではなく、現行の法を明言し、各国の慣行を裏づけしたにすぎないと述べた。スー（チャイナ）、サンドストレーム（スウェーデン）、コルドヴァ（メキシコ）、コレツキー（ソ連）などが、この提案を支持した。政治的亡命者の権利という原則を宣言の中に入れるべきかどうかについて議長がはかった後、これは肯定された。もっとも、ここで言われているアサイラムが在外公館や軍艦におけるアサイラムをも意味するものかどうかは必ずしも共通の理解があったわけではない。

さきの提案は表決に付され、第一のセンテンスは、八―三で採択された。第二のセンテンスにつき議長ハドソン（アメリカ）から他国の対応する義務を規定しているのはこの宣言案にふさわしくない旨の発言があり、イェープスは、その意味はアサイラムの提供が非友誼的行為とみなされてはならないことにあるとした。票決の結果、賛成なく反対七で否決された2。もっとも原案第一センテンスからなる新条文も、第二読会において、当時、国際司法裁判所においてペルー・コロンビア間に在外公館におけるアサイラムをめぐるアヤ・デ・ラ・トーレ事件が係属されることになっていたことにかんがみ、イェープス自らさしあたりその削除を提案するに至って、完全に宣言案からは削除されてしまった経緯がある3。

なお、この会期において、イェープスはアサイラムに関するワーキング・ペーパーを次回に提出することを要請された。しかし一九五〇年の第二会期において、国際司法裁判所のケースが未解決であるため、イェープスはその提出を延期したい旨を述べて、アサイラムはこの会期の議題には加えられなかった4。

その後、一九五二年の第七総会の第六委員会（法律）において、外交関係及び特権が国際法委員会において優先的に審議されるべしとの提案が審議されたとき、コロンビア代表は、アサイラムの権利についても優先審議が行われることを提案した。しかし、この修正提案は否決された[5]。

さらに、一九五九年秋第一四総会の第六委員会において、エルサルバドル代表は、国際法委員会が取りあげていた外交関係との関連においてアサイラムの権利の問題を取りあげ、これについての国際法の原則と規則の法典化を国際法委員会がなるべく早い機会に取りあげるよう総会は要請すべきであると述べた。その趣旨の決議案に対して、各国代表はおおむね賛意を表した。しかし、イタリア代表は、アサイラムの権利の問題が法典化され得るものか、またどの程度の法典化がのぞましいかを考慮すべきであると述べ、またイスラエル代表も、この問題は犯罪人引渡しとの関連で取りあげるべきで、犯罪人引渡しの明確化が必要であると述べ、それぞれかなりひかえ目な立場を明らかにした。メキシコ代表もまたラテン・アメリカに特殊なアサイラムの慣行が普遍的な法典化に適するかどうか強い疑問を表明した。ソ連代表はアサイラムの問題は第三委員会(社会・人道・文化)において審議されていることであって、国際法委員会の審議の対象とするような勧告はこの段階では適切ではないとして、エルサルバドル案に反対の意向を明らかにした[6]。しかし、票決の結果は六三—一—一二であり、ソ連は棄権にまわった[7]。この提案は本会議では五六—〇—一一で採択された。その内容は次の通りである。

> 総会はアサイラムの権利に関する原則の適用を均一化することが望ましいことを考慮し、かつ国際法委員会が第一会期において、本件を法典化項目にふくめたことを想起し、国際法委員会に対し、その適当と認める時期が到来次第、アサイラムの権利に関する原則の法典化を開始することを要請する[8]。

国際法委員会は、爾来この問題を積極的に取りあげたことはない。

1　*Yearbook of the International Law Commision*, 1949, p. 125.

2　Id., pp. 125–128.

3　Id., pp. 148–150.
4　*Report of the International Law Commission*, 1949, §23; 1950, §§12.
5　GAOR, VI Session (1952), VI Cmt., pp. 63. 73.
6　GAOR, XIV Session (1959), VI Cmt., pp. 10, 17, 21, 38, 46.
7　Id., p. 60.
8　GA 1400 (XIV).

## 三　国連における人権保護との関連において

国際法委員会による問題の法理的研究が将来に期待されている一方、国際連合は、人権問題の討議の道程を通じて、アサイラムに関する一般的国際法の成立に努力してきたということが出来よう。

### 一　世界人権宣言

人権委員会起草小委員会はその草案において、アサイラムに関する規定を次のように記した。

第一一条1　何人も迫害からのアサイラムを他国に求める権利をもち、かつそのアサイラムを他国で与えられる。

2　非政治的犯罪あるいは国連の目的及び原則に反する行為に本当に由来する訴追は迫害ではない。

(注　ソ連代表は第一一条の前記テキストのかわりに次のテキストを提案した。

「アサイラムの権利は、民主的利益の防衛のための行動の故に、科学の分野における行動の故に、あるいは国の自由のための闘争に加わった故に迫害された人にはすべて与えられなければならない」)[1]

人権委負会は一九四八年のその第三会期において、起草小委員会の提出した草案を審議した。採択された世界人権宣言案のアサイラムに関する第一二条が、先の第一一条と異なるのは、アサイラムを他国において「求めかつ与えられる権利」を各自がもつとした点であった。経済社会理事会はこの世界人権宣言案につき自ら決定することなく、これを総会にうつした。

一九四八年の第三回総会がこの宣言案を取りあげた。その第三委員会（社会・人道・文化）はきわめて多くの時間と精力をこの審議に費やした。アサイラムについて言えば、ソ連代表は、この条項が外国やドイツ占領地域に潜伏中の戦争犯罪人及びナチ分子に利用されないように、保護を受ける権利を有する者を民主主義を擁護する運動、学術研究に関する活動又は祖国解放運動に加わったため迫害された者に限定することを提案した。他方、フランス代表は、ソ連提案に反対、原案を支持しながら、「国際連合は、関係国と協力して、そのようなアサイラムを彼に保証することを要求される」という規定を追加することを提案した。ソ連提案、フランス提案いずれも否決された。イギリスの立場はより現実的であった。即ち、イギリス代表は、イギリスは迫害のためアサイラムを求めている人人には同情の念を禁じ得ないが、迫害からの保護の権利とは、アサイラムを提供し、犯罪人の引渡しを拒否する国家の権利であり、いかなる外国人もある国に対して入国する権利を主張することは出来ないとして、原案においてアサイラムを与えられる権利となっているのを、アサイラムを享受する権利と修正することを提案した。このイギリス提案は、アメリカその他が支持し、三〇―一―一二で採択された。ソ連圏諸国、いくらかのラテン・アメリカ諸国、それにフランスなどが棄権したのである。

第三委員会で可決されたアサイラムに関する条文は、本会議では全会一致で採択された。四八―〇―八で成立した世界人権宣言の関係条項は、次のように規定している。

第一四条1　何人も迫害からの保護（アサイラム）を他国において求めかつ享有する権利を有する。

2　右の権利は、非政治的犯罪又は国際連合の目的及び原則に反する行為を真の原因とする訴追の場合には、援用することはできない2。

（注――手もとにファースト・ハンドの公式資料が欠けているものについては、Yearbook of the United Nations, Yearbook on Human Rightsを使用した。国連年鑑、人権年鑑として引用する。）

1　『人権年鑑』一九四八年、四五九頁。
2　『国連年鑑』一九四八―四九年、五二四―五三七頁。なお、外務省資料をも参照した。

## 二　世界人権規約

世界人権宣言を採択した第三回総会は経済社会理事会に対し、人権規約及びその実施措置案を人権委員会が優先的に審議するよう要請した1。人権委員会は一九五〇年の第五回総会に、国際人権規約及びその実施措置草案を提出した2。しかし、ソ連圏の国々、またいくらかのラテン・アメリカの国々などは、経済的・社会的権利がふくまれていないことは、今日においてアナクロニズムであるとし、この草案に経済的・社会的・文化的権利を入れるべきだとする案が採択され、人権委員会は再び草案の検討を行うことになった3。一九五一年の第六回総会は、人権規約草案を、市民的・政治的権利に関するものと経済的・社会的・文化的権利に関するものとの二つにわけ、両規約を同時に総会に提出することを人権委員会に求める決議を行った4。人権委員会は、一九五四年三月、A「経済的・社会的及び文化的権利に関する規約草案」五章二九カ条と、B「市民的及び政治的権利に関する規約草案」六章五四カ条を作成した。アサイラムに関する規定はこのいずれにも見出されない。しかし、この問題が人権規約との関連で人権委員会あるいは総会において全然問題にされなかったわけではなかった。

即ち、既に一九四九年の第五回人権委員会において、フランスはアサイラムの権利の研究の着手とそのための国連の関係機関の援助要請を提案した事実がある。また一九五〇年の第六回人権委員会に先だってよせられたコメントのうち、ユーゴスラビアは、「民主的原理、国民解放、勤労大衆の権利あるいは科学・文化的自由の支持のため、また国連憲章の原則あるいは本規約の権利の達成支持のため、その活動の故に迫害されたものは、いずれの国においてもアサイラムの権利をもつ」という新条項の人権規約への挿入を希望した[5]。

人権規約案が総会の審議にうつされた後、一九五九年の第一四回総会の第三委員会において、前記B規約草案第一三条外国人の追放の審議に際し、ユーゴスラビア代表は、アサイラム及び犯罪人引渡しの規定がなくては外国人の完全な保護にはならないと述べた。そうして最近の国際政治情勢の進歩に伴い、多くの国々に受諾可能な規定をもうけることが出来るのではないかとし、「政治的犯罪のために訴追された人及び、特に、国民解放、政治的自由を支持し、あるいは国際連合憲章及び世界人権宣言にふくまれている目的及び原則の達成を支持し、その行動のために訴追されあるいは迫害された人は、いずれの国においてもアサイラムの権利をもつ。従って、そのような人は犯罪人引渡の対象とはならない」という具体的条文を述べた[6]。ソ連代表は、アサイラムをこの規約に規定することには賛成しながら、しかしアサイラムの問題は外国人の追放とはいささか異なるとし、自らがかつて人権委員会に提出した案文にもとづく新条項がこの規約に挿入されることをのぞんだ。アフガニスタンの代表も、アサイラムの規定が外国人の追放と一緒にあるいは独立にもうけられることを希望した。しかし、ユーゴスラビア代表はこの第一三条に対する修正提案の締め切りの時がすぎていることを理由に、あえて正式提案にまではふみ切ることなく、したがってこの段階では何らの決定もなされなかった[7]。

1　GA 217 (III) F.

2 人権年艦一九五〇年、四五八頁。
3 FA 421 (V) 国連年鑑一九五〇年、五二四頁以下。
4 GA 543 (VI) 国連年鑑一九五一年、四八一頁以下。
5 人権年鑑一九五〇年、四七一頁。
6 GAOR, XIV Session, III Cmt., p. 258.
7 Id., pp. 258–259.

## 三　アサイラム宣言案

前年の第一二回人権委員会の決定にもとづいて、一九五七年の第一三回人権委員会は、アサイラムの権利の問題を議題として取りあげた。この委員会に、フランスはアサイラムに関する宣言案を提出した。その内容は、アサイラムを与えることについての責任は、国連によって代表される国際社会にあること、世界人権宣言の原則に反して生命・身体・自由がおびやかされている人はアサイラムを求め得ること、アサイラムを与える国は何らの国際責任を負うものではないこと、そうして与えられたアサイラムは他国によって尊重されなければならないことなどであった。イスラエルからの修正提案も出された。委員会での問題は、世界人権宣言に追加するような宣言が適当かどうか、条約形式の方が望ましいか、そうして委員会としては総会がアサイラムの権利に関する条文を市民的・政治的権利に関する規約案にふくましめるよう勧告すべきかというようなことであった。実質審議に深く入ることなく、委員会は、コメントを求めるため、この宣言案及び委員会の議事録などを加盟各国及び避難民高等弁務官に送ることを要請した[1]。経済社会理事会はこのコメントの締め切りを一年のばして、一九五八年末とした。これらのコメントを得て、一九五九年の第一五回人権委員会はアサイラムに関する宣言案を取りあげた。議論の焦点は、アサイラムの権利というのが、アサイラムをうける個人の権利かそれともアサイラムを与える国の権利かということ、アサイラムの権利についての宣言の機能、そうして大量の避難民に対してアサイラムを与えた国々を援助するため、個別的にあるいは国連を通じて、最近に諸国がとった行為などについてであった。このような議論を考慮して、フランスは自らの提案を修正した。いずれの国も、世界人権宣言第一四条を援用し得る人にアサイラムを提供する権利をもつというように改められたのは、アサイラムに関する基本的観点の転換であったとも言い得るであろう。このフランス修正案は、その他、迫害あるいはそれに対する正当な恐怖のために国を追われた人々の安全と福祉に対して国際社会がこれを関心事とする責任があること、アサイラムを求めあるいはそれを享受する人は生命・身体・自由がおびやかされる国に強制送還されてはならないこと、そうしてまた、他国や国際社会は最初のアサイラムの国の負担を軽減しなければならないということを規定していた。なおイラクは何人も自国に帰る権利をもつという規定を付加することを提案した。人権委員会は再びこれら草案を加盟国その他のコメントを求めるべく配布することに決定した2。

一九六〇年の第一六回人権委員会は、二七カ国からのコメントを得て審議を行った。一方においてはアサイラムの権利についての特別の宣言は必要ではないという意見があった。即ちその権利は既に世界人権宣言の中に規定されているのであり、現在必要なことはそれを拘束力ある人権規約に含ましめることであり、さらにまた国際法委員会がこの問題の法典化を考慮しようとしている時、何らかの先入観を与えるようなことがあってはならないというのであった。しかし、他方、委員の多くは、アサイラムの問題が焦眉の急となっていること、コメントをよせた国の多くはこれを支持していること、国際法委員会があつかうのは法的側面で、人権委員会としては人道的側面からの問題を取りあげ得ること、そうしてまたこのような宣言は、アサイラムの規定が人権規約に挿入されるとしてもその発効には何年もかかるであろうのに比して、はるかに早く各国の承認をうけ得るであろうという理由で、アサイラムの権利に関する宣言の起草に賛成であった。人権委員会は逐条審議に入り、一九六〇年三月一五日、一二―〇―三で修正宣言案を採択した。同日、これを経済社会理事会、更に特に第三条についてコメントを同理事会に送り得るよう加盟各国にも送付することを決定した[3]。

経済社会理事会は一九六〇年の第三〇会期でこれを取りあげた。一般的にはこれを歓迎する空気であった。一九六〇年七月二五日、理事会は、チリ、フランス、イギリスの提案にもとづいて、人権委員会の採択した修正宣言案をこれまでの審議記録やコメントを付して総会に移送することを決定した[4]。

一九六〇年の第一五回総会は、これを第三委員会に付託したが、時間の不足のために次会期において充分な審議を行うことを決定した[5]。しかし一九六一年の第一六回総会の第三委員会も、この議題の審議に入ったが、またも時間の余裕がなく、問題は一九六二年の第一七回総会において実質的に討議さるべしとする提案が、委員会の採決を経て、本会議でも異議なく可決された[6]。このようにして国連総会で審議されることになったアサイラムの権利に関する宣言案の本文は、次の通りである。

第一条　国がその主権の行使にあたり、世界人権宣言第一四条を援用する権利のある人々に与えたアサイラムは、すべての他の国々によって尊重されなければならない。

第二条　迫害もしくは充分根拠のある迫害の恐れのために、その母国もしくは他の国を去ることを余儀なくされた人の地位は、国の主権及び国際連合の目的と原則に抵触することなく、国際社会にとっての関心事である。もしある国がアサイラムを与え続けることを困難と感じるならば、諸国は、個別的にあるいは共同して、さらに国際連合を通じて、国際的連帯の精神によって、アサイラムを与える国への負担を軽くする適当な方法を考えなければならない。

第三条　世界人権宣言にもとづいてアサイラムを求めあるいはそれを享受している人は、国家の安全あるいは国民の保護という著しい理由によるのでなければ、国境において拒否、送還、追放を受け、生命、身体、自由をおびやかす迫害の充分に理由のある恐れがある以上、そこに戻されたり留まらされたりするような結果に至らされることがあってはならない。国が上に述べたような措置のいずれかを適用すると決定した場合には、そのようにしておびやかされる人に他の国においてアサイラムを求めしめるため、適当と思う条件のもとで、仮のアサイラムを与える可能性を考えなければならない。
第四条　アサイラムを享受している人は、国際連合の目的と原則に反する行為に従事してはならない。
第五条　この宣言の何ものも、各自が世界人権宣言第一三条第二項に述べられている帰国の権利を害うものと解釈されてはならない。

一九六二年の第一七回総会においては、第三委員会が一一月二六日から一二月五日にかけての期間をこの審議にあてたが、ようやく前文及び第一条の審議を了えたにすぎない。第三委員会において一応採択された前文および第一条は次の通りである。

総会は、

国際連合憲章に宣言されている目的は、国際的平和及び安全を維持し、すべての国の間の友好関係を発展させ、経済的・社会的・文化的かつ人道的性質の国際問題の解決ならびに人種、性、言語または宗教に関して差別のないすべての人々の人権と基本的自由の尊重の助長促進について国際協力を得ることにあることに留意し、

その第一四条において、「一、何人も迫害からの保護（アサイラム）を他国において求めかつ享有する権利を有する。二、右の権利は、非政治的犯罪または国際連合の目的及び原則に反する行為を真の原因とする訴追の場合には援用することはできない」と宣言している世界人権宣言を考慮し、「何人も自国を含むいずれの国を

も去り及び自国に帰る権利を有する」と述べた世界人権宣言第一三条二項をも想起し、

世界人権宣言の第一四条を援用し得る人々に対して国がアサイラムを与えることは平和的かつ人道的行為であり、またそのようなことは他国によって非友誼的とはみなされ得ないということを認め、

アサイラム及び亡命者及び無国籍者の地位を扱っている現行の文書（条約）に影響を及ぼすことなく、国際連合の加盟国及び専門機関の加盟国は、その慣行において次の諸原則に立脚すべきことを勧告する。

第一条1　植民地主義に対する闘争を行った人々をふくめ、世界人権宣言第一四条を援用し得る人々に対して、国がその主権の行使として与えるテリトリアル・アサイラムは、すべての他の国々によって尊重されなければならない。

2、アサイラムを求めかつ享有する権利は、それぞれの犯罪に関して規定をもうけるように起草された国際文書で定義されている平和に対する罪、戦争犯罪、あるいは人道に対する罪を犯したと考える重大な理由があると考えられる人々によって援用されることは出来ない。

3、アサイラムの付与のための根拠を評価するのは、アサイラムを与える国である7。

前文のうち、第一パラグラフはソ連提案による修正を受け、第五パラグラフは亡命者及び無国籍者の地位という点でベルギー提案による修正を受けたものである。しかし注目すべきは、アサイラムを与えることを平和的かつ人道的行為とし、他国によって非友誼的行為とはみなされ得ないという第四パラグラフで、これはペルー提案にもとづくものであり、異議なく挿入を承認された。前文全体としては八二―〇―二、否定する国はなかったわけである。第一条は、先に記したフランス原案に比べれば明らかなように、かなり大幅の修正を受けたものである8。

第二条以下は、今秋の第一八回総会の第三委員会によって審議されることになっている。

1 ECOSOC, XXIV Session, Supplement No.4, pp.23–25.
2 ECOSOC., XXVIII Session, Supplement No.8.
3 ECOSOC., XXX Session, Supplement No.8. pp. 8–17.
4 ECOSOC 772 E(XXX).
5 GA 1571 (XV).
6 GA 1682 (XVI).
7 GA 1839 (XVI).
8 United Nations Review, vol. 10, No.1, p.78.

『ジュリスト』二八二号（一九六三年）四一―四六頁

## 二　亡命論ノート

まえがき　目下の身辺の事情から、亡命論についての立ち入った研究を行う余裕はない。この特集の機縁となった尹秀吉事件（東京地方裁判所昭和四四年一月二五日判決）に関し、私は東京地方裁判所の依嘱により、昭和三九年四月三〇日付で鑑定書を提出した。ほとんど五年も前のことである。本稿はこの私の鑑定書のうち、「政治犯不引渡」を扱った前半の部分を除き、「亡命」を扱った後半の部分を若干書き改めるにとどめざるを得なかったのは残念である。

### 一

亡命者の国際的保護は今日の国際社会においてきわめて顕著な現象である。これに関連して一般条約は成立しているか。問題になり得るのは一九五一年の「亡命者の地位に関する条約」で、加入国の数も少なくはないが、これは特殊な亡命者を対象とした限定的な条約の域を出ない。むしろ亡命者保護の一般的な性格をもつものは一九五四年の「テリトリアル・アサイラムに関する条約」である。しかし、これも実定的にはラテン・アメリカ条約としての効力を有するにとどまる。日本が今日何らかの条約によって亡命者保護の義務を課せられていることはない。

〔コメント〕

1　国際連合が一九五一年ジュネーヴに招集した全権会議で採択された「亡命者の地位に関する条約[1]」は、一九五四年四月二二日効力を生じ、一九六五年末現在では四八カ国がこれに加わっている。加入国は西欧、ラテン・アメリカ、アラブ、アフリカなどにわたるが、東欧ではユーゴスラビアが参加しているのみである。この条約でいう亡命者には特殊な定義が与えられている。即ち、ロシア、アルメニア、あるいはナチの亡命者を対象とした一九二六年、一九二八年、一九三三年、一九三八年、一九三九年の諸条約及び一九四六年の「国際避難民機関憲章」[2]の下で亡命者と考えられてきたもの、及び「一九五一年一月一日以前に生じた事件の結果、そして、人種、宗教、国籍、特定の社会グループの一員たること、あるいは政治的信条の故に迫害されると信ずるに足る充分な理由をもって、みずからの国籍国の外にあり、その国の保護を利用することが出来ないか、またはそのようなおそれのため、それを欲しない人、あるいは、国籍をもたず、前記のような事件の結果、以前の常住の国の外にあって、帰国することが出来ないか、あるいはさきのようなおそれのため、それを欲しない人」である（第一条）。ここで、一九五一年一月一日以前に生じた事件というのは、ヨーロッパのみに限るかそれ以外をふくめて理解するかは、加入各国が宣言をすることになっており、先の四カ国のうち宣言を行う国の間では両者相半ばしていると言えよう。加入国の数は多いが、やはりこの条約は特殊の亡命者を対象としたものに他ならない。

2　「テリトリアル・アサイラムに関する条約」は、全米機構（Organization of the American States）が一九五四年三月カラカスにひらいた第一〇回全米会議において署名され、同年一二月二九日に発効した[3]。但し、全米機構の加盟国たるアメリカは署名にも加わっていない。この条約は一九六五年末では、批准を終えたハイチ、パラグアイ、パナマおよびブラジルの間で効力を生じている。この条約は全米機構の一連の条約の一つにすぎないが、しかし、亡命者条約の一つの型を示しているものと言える。そこでは「信条、意見、政党への所属のために、あるいは政治的犯罪と考えられる行為のために迫害されている」者が対象とされている（第二条）。

## 二

それでは亡命者の国際的保護について、国際慣習法の成立を言い得るか。言い得るとすればどの範囲か。第一に、亡命者に対するアサイラムの提供によって国は何ら国際法上の責任を負うことはない。アサイラムの提供は国の権利である。しかし、これをもって国の義務であるとする国際慣習法の成立を言うことは困難である。right of asylumというのは国のアサイラム提供の権利であって、アサイラムを要する個人の権利ではないことについて学説もまた今日ほぼ一致しているとみることが出来る。

〔コメント〕

1　亡命者に対するアサイラムの提供が他国に対する侵害行為にならないことについて、地域的条約にすぎないにせよ、亡命者保護条約としての一般的性格をもつ前記一九五四年条約は次のように規定している。

第一条　国はすべて、その主権行使にあたり、適当と考える人を自国の領域に入国させる権利を有する。この権利の行使によって、他国の苦情を生ずることはない。

2　国際立法の過程においても、たとえば国際連合国際法委員会の一九四九年の第一会期における「国の権利及び義務に関する宣言案」の審議に際し、委員アルファロ（パナマ）、セル（フランス）及びイェープス（コロンビア）は、次の条項がこの宣言に挿入されるべきことを提案した。

すべての国は、アサイラムを提供する国が政治的性格をもつと考える犯罪のための迫害の故にアサイラムを要請するいかなる国籍の人にも、アサイラムを提供する権利がある。亡命者（refugee）の国籍国は、与えられたアサイラムを尊重する義務があり、それを非友誼的行為とみなしてはならない。

第一センテンスは多くの支持をうけたが、第二センテンスは他国の義務を規定するのは宣言案の性格上ふさわしくないということで否決された経緯がある[4]。

3　一九四八年国際連合総会において世界人権宣言が採択された過程において、アサイラムの提供を国の義務とすることに反対する一般的な空気が示されている。国際連合人権委員会起草小委員会は、アサイラムに関する草案において、「何人も迫害からのアサイラムを他国に求める権利をもち、かつそのアサイラムを他国で与えられる」と規定した5。一九四八年の人権委員会第三会期は、アサイラムを他国において「求めかつ与えられる権利」を各自がもつとした。国際連合第三回総会（一九四八）において、イギリス代表は、イギリスは迫害のためアサイラムを求めている人々には同情の念を禁じ得ないが、迫害からの保護の権利とは、アサイラムを提供し、犯罪人の引渡を拒否する国家の権利であり、いかなる外国人もある国に対して入国する権利を主張することは出来ないとして、原案において「アサイラムを与えられる権利」となっているのを、「アサイラムを享受する権利」と修正することを提案し、これをアメリカその他が支持して採択された経緯がある6。

4　世界人権宣言が単に「すべての人民とすべての国とが達成すべき共通の基準として」布告されたにすぎないことから、それを実効的な国際法規とするために国際人権規約の審議が国際連合において、十数年にわたって行われた。一九四九年の第五回人権委員会において、フランスはアサイラムの権利の研究の着手とそのための国際連合の関係機関の援助要請を提案した事実がある。また一九五〇年の人権委員会に先だって寄せられたコメントのうち、ユーゴスラビアは、「民主的原理、国民解放の勤労大衆の権利あるいは科学文化的自由の支持のため、また国連憲章の原則あるいは本規約の権利の達成支持のためその活動のゆえに迫害されたものは、いずれの国においてもアサイラムの権利をもつ」という新条項の人権規約への挿入を希望した7。人権規約案が総会の審議に移された後、一九五九年の国際連合第一四回総会の第三委員会において、B規約草案第一二条「外国人の追放」の審議に際し、ユーゴスラビア代表は、「政治的犯罪のために訴追された人及び、特に、国民解放、政治的自由を支持し、あるいは国際連合憲章及び世界人権宣言にふくまれている目的及び原則の達成のために訴追されあるいは迫害された人は、いずれの国においてもアサイラムの権利をもつ。従ってそのような人は犯罪人引渡の対象とはならない」という具体的条文を述べた。しかし、ユーゴスラビア代表はこの第一三条に対する修正案の締め切りの時がすぎていることを理由に、あえて正式提案にまではふみ切ることなく、したがってこの段階では何ら決定もなされなかった[8]。一九六六年一二月一六日国際連合総会第二一回会議で採択した国際人権規約の一つ「市民的及び政治的権利に関する規約」第一三条は、基本的には、「合法的に……領域にいる外国人は、法律に従って達した決定に従ってのみそこから追放することができる」と規定したにとどまる[9]。

5 その後国際連合は一九六七年一二月一四日テリトリアル・アサイラムの宣言をふくむ決議を採択した[10]。その前文及び第一条は次のように規定している。

世界人権宣言の第一四条を援用し得る人々に対して国がアサイラムを与えることは平和的かつ人道的行為であり、またそのようなことは他国によって非友誼的とはみなされ得ないということを認め、

第一条 1 植民地主義に対する闘争を行う人々をふくみ、世界人権宣言第一四条を援用し得る人々に対して、国がその主権の行使として与えるアサイラムは、すべての他の国々によって尊重されなければならない。

6 こうした公的なものとは別に、世界のもっとも優れた国際法学者を集めた国際法学会(Institut de Droit International)においては、その一九五〇年のバーゼル会議において、亡命者に対するアサイラム提供の問題が活発に議論された。国はアサイラムを提供する義務があるわけではないという現行法の解釈については、ロータ―パクト(イギリス)、フランソア(オランダ)、フィッツモーリス(イギリス)、カストベルク(ノルウェー)、グッゲンハイム(スイス)など第一流の国際法学者達が賛成している。特にフィッツモーリスが立法論としても、アサイラムを与える国家の義務を定めることは時期尚早であるとし、アサイラムの原則には反対しないが、しかし、国はそれぞれの場合に自由でなければならないと述べ、アサイラムの定義がはっきりしていないのは、結局それが各国の自由裁量

とされていることと無関係ではないと述べたこと、またフランソアが人々は人権を第一に考えるが、しかししばしば不当にも無視される国の権利も考えなければならないとしたことがきわめて注目されるであろう11。この会議で採択された決議「国際公法におけるアサイラム」12には、次の規定がみられる。

第二章　第二条　1　その人道的義務を果たすについて、自国領域でアサイラムを与える国は、そのことによって、いかなる国際責任も負わない。

7　学説をみても、亡命者に対するアサイラムの提供をもって国際法上の国家義務であるとする学説は、むしろそれを見出すことが困難である。アサイラムの権利と言われるものが個人の権利ではないとするのが学説の一般であり、例をあげれば、Oppenheim-Lauterpacht, *International Law*, 8th ed., vol. I, p. 677; Starke, *An Introduction to International Law*, 5th ed., p. 297; Abendroth, Asylrecht, *Wörterbuch des Völkerrechts*, Bd. I, s. 89; Evans, Observatons on the Practice of Territorial Asylum, *American Journal of International Law*, vol. 56, p. 148.

## 三

亡命者保護の国際慣習法の第二は、国はその権利にもとづいてアサイラムを提供した亡命者について一般外国人に対する以上の監督の義務を負わない。即ち、一般外国人に許されている程度の政治活動を亡命者に認めることによって、国には何ら国際法上の責任も生ずるわけではないということである。他方、国は亡命者の政治活動を認める義務はない。

〔コメント〕

国はその領域内において、外国に対する侵害行為が行われるのを防止する国際法上の義務をもっている。しかしそれは私人が外国政府の政策や体制を論難し批判することを抑圧する義務を意味するものではなく、国には私人による外国政府に対する革命のための宣伝を禁ずる義務はないとされる。しかしそれが軍事的な敵対行為に至るような破壊的なものについては国はこれを防止し抑圧しなければならないと考えられる13。

前記のことは在留外国人についても同じことであり、またそれにつき政治亡命者を区別する根拠は全くない。政治亡命者のその出身国の批判をふくむ言論あるいは結社は、少なくとも在留国がこれを禁じない限りは自由であり、それを禁じないことによって在留国は国際法上の責任を負うわけではない。

2　実定法としては一九五四年条約の規定、学者の立法案としては国際法学会一九五〇年決議が参考になろう。

＊一九五四年条約

第六条　次の諸条項を保留して、いかなる国も、外国人が政治的な亡命者であるという事実だけで、外国人に適用する立法、規則あるいは行政行為において、差別をつける義務を負うものではない。

第七条　国のすべての住民に国内法で認められている思想発表の自由は、亡命者によって第三国またはその政府に対し公然と表明された意見の故に、その国による苦情の根拠とはならない。但し、これらの概念が苦情を申立てる国の政府に対する暴力の使用を煽動する組織的なプロパガンダを構成する時は除く。

第八条　いかなる国も、他国が、その国内法がその領域内のすべての外国人に与えている集会結社の自由を政治的亡命者に対して制限するよう要請する権利はない。しかし、そのような集会結社が要請国の政府に対する暴力を助長することを目的とすれば別である。

＊国際法学会一九五〇年決議

第二章　第一条　2　国の国際責任は、亡命者(refugee)の行為によっては、自国内の他のすべての個人の行為によるものと同じ条件でしか生じない。この規則は、場合によっては国が亡命者を追放し得る時にも、あるいは他国がそれを受け入れるのを拒む事実によって追放が不可能にされる時にも、いずれの場合にも適用される。

3　国は在留の亡命者の行為につき、一般の個人のそれに対する以上の責任を国際法上負わないということは、国がその国内政策上あるいは外交的考慮から亡命者に対して、内国人あるいは一般外国人と異なる制限を課し得るということとは別問題である。亡命者の処遇について、今日なお国際慣習法上確定したところがあるわけではない。一九五一年条約は、亡命者の地位につき詳細に、内国民待遇、最恵国民待遇、一般外国人待遇を規定するが、これはあくまでも特殊事情の下における条約であって、一般的にこのような待遇を保証する義務があるとは考えられていない。アサイラムの提供はそれ自体が受入国にとっては大きな社会・経済問題でもあり、亡命者に対する保護の義務づけは、むしろ最少限度と考えられる。そうした意味においても、次項に述べるようにアサイラムを提供した亡命者に対しては国家的な重大な理由がない限り、国外に追放してはならず、また亡命者をいかなる理由によるものであれ、迫害のまつ国へ送還してはならないとすることが、少なくとも現在では人権保護の立場から国家に課せられる義務の限度であると思われる。亡命者の政治活動の制限は国際法上国の権限に属する。

## 四

亡命者保護の国際慣習法の第三は、国の外国人追放の権限に関連する。国はアサイラムを提供した亡命者を国家的な重大な理由がない限り、国外に追放してはならず、また亡命者をいかなる理由によるものであれ、迫害のまつ国へ送還してはならない。このことは当然に、引渡請求のあった逃亡政治犯罪人を引渡してはならないこと、政治犯不引渡をもふくむと考えられる。政治的理由による刑罰は政治的迫害の典型だからである。

〔コメント〕

1　アサイラムを与えた亡命者の追放の制限、亡命者の迫害国への送還の禁止、あるいは政治犯の不引渡についての国内法は今日おびただしい。政治犯不引渡のみに関するものは省略し、ここでは、より一般的な規定の代表的なものを記す14。これらによって今日の国際社会における規範意識を知り得るであろう。

(1)　西欧諸国の憲法

＊フランス一九四六年憲法前文

〔資料参照〕

＊イタリア一九四七年憲法第一〇条

〔資料参照〕

＊ドイツ連邦共和国基本法

〔資料参照〕

更に、国内法令で規定するものに、ノルウェー及びドイツがある。

＊ノルウェー一九五六年外人法第二条　反対の特別の根拠がない限り、政治的亡命者は、もし望むならば、王国でアサイラムを附与される。政治的亡命者というのは、母国において政治的迫害を恐れる正当な根拠のあるものである。政治的迫害というのは、その当人が人種、宗教、国籍、政見、特定の社会的グループに属しているということにより、あるいは政治的理由によって、生命、自由をおびやかすかあるいはその他重大な性質の迫害にさらされており、また当人が既におかした政治的犯罪によって重罪を課せられる恐れのあることである。

＊ドイツ連邦共和国一九六五年外人法　この法律は基本法第一六条に関連したもので、政治的迫害の犠牲者たる外国人がアサイラムの権利をもつと認められている。

この権利を認められて滞在する亡命者は、公共の安全あるいは公序という重大な理由なくしては追放されてはならず、また、一般に外国人は、その人種、宗教、国籍、特定の社会グループの一員たること、更に政治的意見の故にその生命、自由がおびやかされる国に送還されてはならない。

(2)　中南米諸国の憲法

＊コスタリカ一九四九年憲法第三一条

〔資料参照〕

＊エルサルバドル一九五〇年憲法第一五三条

　エルサルバドルは、国内法及び国際法で規定されている例外の場合を除き、自国に住むことを欲する外国人にアサイラムを提供する。これらの例外は、政治的理由によってのみ迫害されている人をふくんではならない。

＊ニカラグア一九五〇年憲法第五四条

〔資料参照〕

＊グアテマラ一九五六年憲法第四八条

〔資料参照〕

＊ハイチ一九五七年憲法第三六条

〔資料参照〕

(3)　社会主義国憲法

＊ソ連一九三六年憲法第一二九条

〔資料参照〕

＊ポーランド一九五二年憲法第七五条

〔資料参照〕

＊アルバニア一九五〇年憲法

＊ブルガリア一九四七年憲法

＊ルーマニア一九五二年憲法

＊ハンガリア一九四九年憲法

いずれもほとんど右に同じ。

＊ユーゴスラビア新憲法第六四条

〔資料参照〕

＊朝鮮一九四八年憲法第二六条

〔資料参照〕

＊中華人民共和国一九五四年憲法

〔資料参照〕

＊モンゴリア一九四四年憲法

＊ヴィエトナム民主共和国憲法

おおむね右に同じ。

＊キューバ一九五九年基本法第三一条

キューバ共和国は、政治的理由により迫害されている人々に、アサイラムの権利を提供する。但し、こうして庇護された人々は、主権と法を尊重しなければならない。国は政治的犯罪により有罪とされた人の引渡を許さず、また政治的犯罪により有罪とされたキューバ人で外国領土に庇護を求めた者の引渡を要求しない。基本法及び法律に従って国家領域から追放される外国の亡命者は、彼を要求している国の領域に送還されてはならない。

2　ドイツにおける国内判例は特にこの点において注目に値する。たとえば一九五七年のモロッコ市民の事件において連邦行政裁判所は、フランス軍からの脱走兵たる被告に対して、公序を理由に追放の処分にした警察当局の命令を是認しながら、しかし、被告はフランス及びフランス保護領に送還されてはならないとした。ここで問題になったのは基本法第一六条であるが、しかしそれは一般国際法のわくの中のものであると理解されている。一九五九年のユーゴスラビア人の事件において連邦憲法裁判所は基本法第一六条にいう政治的アサイラムの権利というのは、その国の政治体制のもとで自由、生命、財産を奪われるが故にその国では生活を続けることが出来ない外国人に与えられる権利であるとし、政治的迫害の概念はせまく解釈されてはならないという。そうしてまた一般国際法は政治犯にのみ政治亡命を限るというルールを知らないとも述べている。

3　特殊な亡命者を対象としたにすぎないが、一九五一年条約も次の規定をもつ。

第三二条　1　締約国は国の安全あるいは公序という理由を除いて、正規に在留している避難民を追放してはならない。

4　そのような避難民の追放は、法の正当な手続に従って得た決定にもとづいてのみ行われる。国の安全という重大な理由がない限り、避難民は自らの無実を証明する証拠を提出し、権限ある機関か、あるいはそれが特に指名した人の前に提訴したり、出頭したりすることが許されなければならない。

第三三条　1　いかなる締約国も、避難民の人種、宗教、国籍、特定の社会的グループの一員たること、あるいは政治的意見のために、その生命・自由がおびやかされるような領域の境界に、いかなる方法であれ、追放したり、送還したりすることは許されない。

4　とりわけ国際連合の一九六七年のテリトリアル・アサイラム宣言を無視することは出来ない。

第三条　1　世界人権宣言第一四条を援用し得る人は、国境において拒否、あるいはアサイラムを求める国の領域に既に入った場合には、迫害のまちうける国に追放あるいは強制送還というような措置に服することはない。

……

ばならない。いわば亡命先の国において国際慣習法に違反する行為が行われても、母国の外交的保護権の行使によって救済されることはなく、従ってそうした違法行為が国際場裡においては放置される可能性は少なくない。それだけに一層、この場合には亡命先の国における慎重かつ厳正な国内手続が要求されているものと言えよう。

1 *United Nations Treaty Series*, vol. 189, p.137.
2 Id., vol. 18, p.3.
3 UN. Doc., Yearbook on Human Rights, 1955. p.329.
4 UN Doc., Yearbook of the International Law Commission, 1949, pp.125-128, 148-150.
5 UN. Doc., Yearbook on Human Rights, 1948, p.459.
6 UN. Doc., Yearbook of the United Nations, 1948-1949, pp.524-537.
7 UN. Doc., Yearbook on Human Right, 1950, p.471.
8 UN. Doc., GAOR, XIV Session, III Cmt., pp.258-259.
9 UNGA. Res, 2200 (XXI): 16 December 1966.
10 UNGA. Res. 2312 (XXII): 14 December 1967.
11 *Annuaire de l'Institut de Droit International,* tome 43 (1950)-II, pp.198-256.
12 Id., p.375.
13 国際連合国際法委員会一九四九年の「国家の権利及び義務に関する宣言案」第四条は次のように規定している。「いずれの国も……自国領域内の組織が他国領域内の国内擾乱を挑発するために計画された行動をとるのを防止する義務を負う」(UN. Doc., GAOR, IV Session, Suppl, No.10, p.8)。
14 本稿で引用する憲法、法令のテキストは、次の文献からとったものである。UN. Doc., Yearbooks on Human Rights, 1946-1965. 宮沢編、「世界憲法集」(岩波文庫)。憲法調査会資料、「各国憲法集」。
15 See *American Journal of International Law,* vol. 54, p.424.
16 See Id., p.416.

17
この法律案のその後を調査する余裕はなかった。しかし、一九六五年四月二八日の外人法の中には、そのような明確な制度の規定は見当らないようである。

『法律時報』四一巻四号、二〇―二五頁

## 三　政治亡命と国際法

ベトナムの作戦に参加しているアメリカの空母が横須賀に寄港、その際に休暇を得て上陸をしたアメリカ兵のうちの四人が、ベトナム戦争に反対の立場から脱艦した。その所在は未だ確認されてはいないが、彼らは、日本または第三国に政治的保護を求める意図である、と新聞は伝えている。

この春四月には、韓国国籍をもちアメリカの軍務に服している者が脱走してキューバの大使館に逃げ込んだ件がある。また、昨年九月には北鮮の漁船平新艇の乗組員が監視員を殺して日本に密航するという事件がもちあがった。それればかりではない。韓国からの密航者、台湾からの留学生の亡命要請など、最近では、新聞紙上に、「政治亡命」、「庇護(ひご)権」、「アサイラム」などの言葉をみることは珍しくない。

政治亡命とは、自国の政治体制の故に、自己の自由、声明、財産をおびやかされ生活を続けることが出来ない者が自国を逃げ出し、他国の保護を求めることを言う。母国に対する忠誠義務を捨て、他面、母国からの保護をも断念しているのである。歴史的には、とりわけ第一次大戦中のソビエト政権の成立、それに続くナチ政権の出現、あるいはまた第二次大戦を契機とするいわゆる共産主義国家の台頭が、こうした政治亡命の集団化・大量化の現象をもたらした。こうした政治亡命者に門戸を開放し保護を与えることが、庇護(アサイラム)の提供として取りあげられている。

外国人の入国・滞在を認めるのは、原則として国の自由である。たとえ、自らの母国からは不法に出国して来た外国人、あるいは母国の意に反して帰国しようとはしない外国人についても同様である。その意味において、国は外国人に対して事実上のアサイラムを提供することが出来る。しかし、実際は、たとえば逃亡犯罪人引渡しの制度の一般化によって、普通の犯罪人が外国から逃亡して来た場合には、これを逮捕し引渡す義務を負うことが少なくない。国際法は、こうした普通の犯罪人からは政治亡命者を区別して、そこに何ほどかの特殊な地位を与えようとしている。

特に注目すべきものは、一九四八年の世界人権宣言である。この年、国連第三回総会が一カ国の反対もなく採択したこの宣言は、「何人も迫害からの保護(アサイラム)を他国において求めかつ享受する権利を有する」と規定した。世界人権宣言は、「すべての人民とすべての国とが達成すべき共通の基準」として布告されたものであって、それ自体は拘束力をもつものではない。しかし、この宣言は、各国の憲法や法律、あるいは司法部の判決、さらにまた国際的な文書にしばしば引用され、きわめて大きな意味をもつのであって、この世界人権宣言がいわゆる政治亡命を規定したことは重要である。

また、国連の人権委員会が一九六〇年に採択し、現在国連総会で審議されているアサイラム宣言草案も、アサイラムの付与は他の国によって尊重されなければならないと規定している。政治亡命者をかくまうことによって国は何ら国際法上の責任を負うことはない、アサイラムの提供は国の権利であるという考え方は、今はきわめて一般的なものとなっていると言える。

☆　☆　☆

政治亡命者へのアサイラムの提供は、国際法上の単に国の権利にとどまるのか、それとも一歩すすんで国際法上の国の義務なのか。言い換えれば、外国人の側に政治亡命の権利があるのか。世界人権宣言の採択当時、イギリス代表は、イギリスは迫害のためアサイラムを求めている人々には同情の念を禁じ得ないが、迫害からの保護の権利とは、アサイラムを提供する国の権利であり、いかなる外国人もある国に対して入国する権利を主張することは出来ないとして、宣言草案において「アサイラムを与えられる権利」となっているのを、「アサイラムを享受する権利」と修正することを提案し、アメリカなどの支持を得て採択された経緯がある。また、万国国際法学会の一九五〇年会議において、オランダの学者も、人々は人権を第一に考えるが、しばしば不当にも無視される国の権利も考えなければならないとしたことも注目をひく。今日なお、政治亡命者に対するアサイラムの提供をもって国際法上の国家義務、あるいは外国人個人に与えられる権利であるとする考え方を見出すことは困難である。

主としては西欧諸国の間で結ばれている一九五一年の亡命者条約も、アサイラム提供の義務を規定するまでには至らなかった。

☆　☆　☆

国際法のこのような段階にあって、政治亡命者の保護を自らの義務と規定する憲法あるいは国内法令をもつ国も少なくはない。一九五八年のフランス第五共和国憲法は、「自国のためのその行為の故に迫害されたものは、共和国においてアサイラムの権利をもつ」という一九四六年第四共和国憲法の前文を再確認した。一九四七年のイタリア憲法、一九四九年のドイツ基本法、さらにこうした西欧諸国ばかりではない。ソ連の一九三六年憲法をはじめとする共産圏諸国の憲法にも、またラテン・アメリカの国々の憲法の中にも、こうした規定を見出すことが出来る。

日本の場合には、憲法あるいは法律の中に政治亡命者へのアサイラム提供に関する規定は全くない。もっとも、出入国管理令のもとで、法務大臣の自由裁量によって政治的亡命者には特別に上陸あるいは在留を認める道が開かれていないわけではない。しかし、そこにアサイラムの保証がないことは明らかである。日本が将来おそらくは幾たびもくりかえされるであろう政治亡命の問題にどのように対処してゆくか。いわばそのような異邦人の受入れを国家利益にとってマイナスとみるか、それとも政治的信条の自由という人権の理念に高い価値を認めるのか。国家政策としてもう一つの試練に立たされているとみることが出来よう。

☆☆☆

アメリカ兵の脱艦という本件においては、昭和三五年の「アメリカ軍隊の地位協定」、そうしてまた、その実施に伴う「刑事特別法」にもとづいて、日本側が負うアメリカ兵の逮捕・引渡しの義務がまず当然に問題とされるであろう。しかし他方、これらの協定もしくは法律の規定は、日本国内におけるアメリカ兵の通常の刑事犯罪をカバーするものであって、政治亡命の場合をも規定するものではないという議論も主張され得るであろう。犯罪人引渡しの場合に政治犯は除外されるのは今日の国際法上の原則である。そうしてまた、純粋な軍事犯とりわけ脱走は政治犯として扱われるという慣行はかなり一般的である。万国国際法学会の一八八〇年の決議、国際刑事・監獄委員会の一九三一年の条約草案、またアメリカのハーヴァード国際法研究グループの一九三五年の条約草案も、脱走兵あるいは純粋な軍事犯罪人の不引渡しを規定していることは注目される。

『朝日新聞』(一九六七年一一月一七日(夕刊))九頁

# 四　ハイジャッキングに関するノート

## ――国際法学界の草案作成のために

### はじめに

三月末から四月はじめにかけての「よど号」乗っとりを契機として、日本においてハイジャッキングの問題が一般の関心をひくに至った。これに応じて第六三回国会も「航空機の強取等の処罰に関する法律」(法律第六八号)を制定し、機内犯罪に関するいわゆる東京条約を承認した。政府は五月二六日その批准書を寄託し、その結果、この条約は八月二四日に発効する。他方、国際的にみれば、ハイジャッキング防止のための何らかの措置をとろうとする動きは昨年からきわめて活発である。国際法学会(Institut de Droit Internaitonal)は、昨年九月、エジンバラの第五三回会期において、ハイジャッキング委員会を設立した。パリのパスティッド夫人教授、オックスフォードのウオルドック教授、イエールのマクドゥーガル教授、筆者らをふくむ一二名がその委員を依嘱され、マッギール大学の航空法及び宇宙法研究所所長のマッキーニー教授(あえて私事を述べれば、二〇年前のイェール大学法学部の寄宿舎におけるこの私のルームメートである)がそのラポルトゥールに選ばれた。問題の緊急性にかんがみ、国際法学会は、ハイジャッキングを明年九月の次回会期のアジェンダにあげている。そのため、ハイジャッキング委員会は、この秋にも第一次報告を作成することになっている。本稿においては、ハイジャッキングに関する国際的措置のこれまでを簡単に記し、将来の方途につき大方の御教示を得たいと思う。本稿執筆については資料面につき、国連事務局及び外務省国連局にお世話になり、またマッキーニー教授の質問状に負うところも少なくない。更に、この問題についての論文としては、アメリカのウエルズレー女子大学の教授エヴァンス女史のものが、『アメリカ国際法雑誌』一九六九年一〇月号にみられる。

## 一　ハイジャック（hi-jack）の語源

ハイジャッキングという言葉が法律面で用いられるようになったのは、一九二〇年以来のことと言われる。即ち、その年、アメリカでは憲法第一八修正（禁酒）が制定された。これによって、アメリカにおけるアルコール飲料の製造、販売、輸送、またその輸入が禁止されることになった。当時、ハイジャックとは、大量に運搬される非合法のアルコール飲料を横取りしたり、またそうしたアルコール飲料を運搬中のトラック、船その他の交通機関を盗みとることであったという。

## 二　ハイジャッキングの事例

飛行機乗っとりという意味でハイジャッキングが言われるようになるのは、主としては一九六〇年代になってからであるが、この一〇年間にハイジャッキングの例は枚挙にいとまがない。（イ）当初はキューバを舞台にするものが多いようである。しかし後には、舞台は中近東、地中海に移る。（ロ）他方、注目すべきことは、ハイジャッキングには政治的な意味をもつものが多いが、単純な刑事犯的色彩をもつものも少なくないことである。以下に若干の事例をあげてみよう。

(1)　もっとも初期の事件の一つは、一九六一年五月一日武装したキューバ人によるアメリカのナショナル航空のコンベーア乗っとりである。この航空機はフロリダ上空で乗っとられハバナに向かったが、キューバ当局は他の乗客と三人の乗組員がこの航空機で帰国することを許している。

(2)　一九六一年七月二四日には、政治的な意味をもつ事件が生じた。即ち、マイアミ発ダラス行きのアメリカのイースタン航空エレクトラは、三二人の乗客及び五人の乗組員を乗せたまま、銃をもった一乗客に乗っとられた。ハバナ到着後、一般乗客及び乗組員は一晩ハバナ空港のホテルに泊められ、翌日にはアメリカのパンアメリカン航空で帰国している。しかし、機体はカストロ政権によって留置された。これは一九五九年半ば以来二五機(うち一八機は反カストロ政権のキューバ亡命者によって乗っとられたものである)のキューバ航空機がアメリカの国内裁判所の決定にもとづきアメリカ司法当局によって没収されてきたことに対する報復でもあった。ケネディ大統領は八月一〇日の記者会見において、先の二五機のうち一四機は既にキューバに返還ずみ、九機は州の裁判所の判決履行のために売却されたものであると述べた後、将来このようなことがくりかえされないためには、キューバはアメリカの裁判所において主権免除を主張すべきことを示唆した。事実、アメリカ政府は、反カストロ政権の亡命者によってアメリカに運航されたキューバの艦艇に対する主権免除を認めてこれを返還した。これと引きかえに、先のイースタン航空のエレクトラは、八月一六日アメリカに返還されるに至った。

(3)　その後のキューバ向けの乗っとりは、もっぱら精神異常者などによるものであり、そのほとんどはアメリカ人である。こうした事件に際し、アメリカとキューバは外交関係が断絶しているために、ハバナにおけるアメリカの利益代表スイス総領事が返還のあっせんを行っている。乗客と乗組員はハバナに一泊の後、引取りにアメリカから来るプロペラ機で帰国するのが常である。キューバ政府によれば、ハバナ空港は乗客をのせたジェット機の離陸に困難であるという。なお機体は、必要な乗員だけをのせて空席のままアメリカに帰還している。その上でキューバ政府は、乗客及び乗組員のハバナにおけるホテル代、飛行機の発着料金などについての航空会社あての請求書をスイス総領事館を通じてアメリカ政府に送付している。乗っとり犯自身はほとんど例外なく、キューバ滞在を認められている。これがほとんどルーティンになっているので、アメリカの航空会社の乗組員は、ハイジャッキングに際しては抵抗しないようにという指示をうけ、またキューバへの地図、更にスペイン語の単語集までも持たされていると言われる。

(4)　一九六一年八月九日、その年の初めに精神病で医療を受けたフランス人が、メキシコからグアテマラ行きのパンアメリカン航空の航空機をメキシコ上空で乗っとってキューバに向かったことがある。これにはコロンビア外務大臣も搭乗していたが、カストロ政権は、メキシコ政府の要請に応じて、機体、乗客、乗組員を返還したばかりか、乗っとり犯を裁判のためメキシコに引渡している。この犯人はメキシコの裁判所で八年九カ月の刑に処せられている。

(5)　ハイジャッキングはその他、コロンビア、ブラジル、エクアドル、メキシコ、ペルー、ベネズエラなどの航空機にも見られたという。

(6)　中近東及び地中海方面における事態はより深刻である。一九六七年六月三〇日、一フランス人がスペイン上空において、イギリス人乗組のイギリス航空機を乗っとり、アルジェリアに向かった。乗客のなかにはコンゴの前首相ツォンベをふくんでいたのである。アルジェリアは乗客、乗組員を監禁した。イギリス人乗組員は九月二二日に、ベルギー人乗客も九月三〇日に、釈放されたが、いずれも刑務当局によって不当な取扱いを受けたという。ツォンベは遂に釈放されることなく、一九六九年六月二九日、アルジェリア当局の発表によれば、心臓麻痺で獄死した。

(7)　一九六八年七月二三日、イスラエル航空のジェット機がローマからテルアビブへの途中、イタリア上空でパレスチナ・アラブ人に乗っとられ、アルジェリアに着陸した。イスラエル人以外の乗客はただちに、イスラエル人婦女子は数日後に釈放された。その後、国際航空パイロット協会連盟がアルジェリア向け航空のボイコットをして圧力をかけたため、アルジェリアはイスラエル人の乗客及び乗組員がイタリアのアリタリア航空でローマに向かうことを許可した。機体はエアフランスの乗組員によってローマに運ばれている。しかし、イスラエルは裁判所で起訴されていたパレスチナ・アラブ人を同時に釈放した。これとの交換であったと見るべきであろう。

(8)　一九六九年八月二九日、パレスチナ解放戦線の一味は、アメリカのＴＷＡ航空のジェット機を一一三名の乗客ならびに乗組員を乗せたまま乗っとり、ダマスカスに飛来した。二人のイスラエル人乗客はシリア当局によって監禁され、イスラエルに監禁されていた一三人のシリア人との交換で、三カ月後にようやく釈放されている。

(9)　こうした政治的事件と異なる単純な刑事事件も少なくはない。ベトナム帰りのアメリカ海兵隊一下士官が一九六九年一〇月、ＴＷＡのジェット機を乗っとって、カリフォルニアからニューヨークを経てローマに向かったのなどは、その最たるものであろう。また、ごく最近の例では、五月三〇日、イタリアのアリタリア航空のＤＣ９がジェノバ、ローマ間でイタリア人によって乗っとられ、ナポリで給油の後、乗客二六人、乗組員四人をのせてカイロに着陸した。アラブ連合の警察はただちに犯人を逮捕、乗客、乗組員は無事保護されたと伝えられている。

(10)　外務当局が国会において行った説明によれば、民間航空機の不法妨害事件は、一九六八年で三四件、一九六九年で七二件とかなりの数にのぼっていることが知られる。

## 三　ハイジャッキング防止の国内法

ハイジャッキングの問題を特定してその刑罰を定めている国内立法はきわめて少ない。その先鞭をつけたのはアメリカであると思われる。

(1)　アメリカはその一九五八年の連邦航空法に対する一九六一年の修正 (Public Law 87-197, 75Stat. 466 (1961)) において、航空機の piracy (日本語としては従来から海賊という語をあててはいるが、ここで海賊という用語は適当であるまい) について、死刑もしくは二〇年以上の禁錮を規定した。また、この修正は、許可なく機内に隠匿した武器をもちこむことの処罰も定めている。

(2)　メキシコは、一九六八年一二月一九日に刑法第一七〇条を改正し、脅迫などによって航空機の目的地・経路の変更などを強要したものは五年ないし二〇年の禁錮に処せられることを規定している。

(3)　キューバの一九六九年六月一六日のハイジャッキングに関する特別立法 (*Int. Legal Materials*, vol. 8, p.1175) は興味がある。その前文において、ハイジャッキングが、一方ではその政治活動の故におびやかされている人々によって行われた場合もあったが、他の場合には、自国から逃げ出そうとする普通の犯罪人、精神異常者など、あるいはまたとうてい革命とは関係のないもっぱら個人的理由に動かされた人々によって行われたと述べている。このキューバの法律によれば、ハイジャッキングを行った者は、被害国の請求がある場合、その国がキューバとこの問題について同じ政策をとることにつき二国間条約を結んでいれば、平等と相互性にもとづいて、その国に送還される。キューバ国民がからんでいる場合は、キューバはその自国の法的措置を適用する権利を保留する。また、政治的理由によって死刑などの脅威から逃れるためにこの極端な手段をつかわざるを得なかった人に対しては、政治的亡命を認める権利を保留している。

(4) ブラジルの一九六九年一〇月二〇日の法令は、必ずしもハイジャッキングを規定したものではなかったが、航空機が許可なくして自国上空を飛行しあるいは自国に着陸することをもって国の安全に対する犯罪とし、八年ないし二〇年の禁錮刑を規定している。

## 四 ハイジャッキングに関連する現行条約

1 公海条約(一九五八年)

一九五八年の国連海洋法会議で採択された公海条約(一九六八年・条約一〇号)は、一九六二年に効力を生じ、現在、日本をふくめ四〇数カ国の間に有効である。なお、この条約は、「国際法の確立した原則に関する一般的宣言」として採択されたものであることは特記しておくべきであろう。この条約の中の海賊に関する規定の一部をひいておこう。第一四条――すべての国は、可能な最大限度まで、公海その他いずれの国の管轄権にも服さない場所における海賊行為の抑止に協力するものとする。第一五条――海賊行為とは、次の行為をいう。

(1)私有の……航空機の乗組員または乗客が私的目的のために行なうすべての不法な暴力行為、抑留または略奪行為であって次のものに対して行なわれるもの、(A)公海における他の船舶もしくは航空機またはこれらの内にある人若しくは財産……

結論から言うならば、公海条約の海賊の規定は、ハイジャッキングに直接関係があるわけではない。少なくとも、条約規定によれば、海賊行為とは、「他の」船舶もしくは航空機などに対して行なわれるものだからである。

2 航空機内犯罪に関する東京条約(一九六三年)

正式には、「航空機上で行なわれた犯罪及びその他のある種の行為に関する条約」と言われる、いわゆる東京条約が作成されたのは、一九六三年九月一四日、東京においてである。外国領域を飛行する航空機内で行われた犯罪の裁判管轄権についてのこれまでの様々の考え方に一つの統一をもたらすためにICAO（国際民間航空機関）が開催した会議の成果である。一二カ国の批准を要することになっており、アメリカが一二カ国目の批准を寄託した結果、一九六九年九月五日にようやく発効した。それまでに批准を終えていたのは、批准の順に記せばポルトガル、フィリピン、中華民国、ノルウェー、スウェーデン、デンマーク、イタリア、イギリス、メキシコ、アパヴォルタ、ニジェールである。その後一九七〇年五月現在では二二カ国に有効となり、日本に対しては一九七〇年八月二四日に発効することは先に述べた通りである。

この東京条約は、航空機内の犯罪について登録国に裁判権を認めるとともに機内の取り締まりに必要な権限を機長に与えることを内容とし、必ずしもハイジャッキングのみを対象としたものではない。しかしその第四章は「航空機の不法な奪取」と題し、その唯一の条文たる第一一条は次のように規定している。

第一一条―1　飛行中の航空機内の者が暴力または暴力による脅迫により当該航空機につき不法に干渉、奪取その他の不当な管理を行ないまたは行なおうとしている場合には、締約国は、当該航空機の管理をその適法な機長に回復させまたは保持させるため、あらゆる適当な措置をとる。

2　航空機が着陸する締約国は、1の場合には、当該航空機の旅客及び乗組員ができる限りすみやかに旅行を継続することができるようにするものとし、かつ、占有権を有する者に対し当該航空機及びその貨物を返還する。

## 五　一九六九年の国連ハイジャッキング防止決議に先立つ国際的な動き

ハイジャッキングに関連する条約国際法としては、公海条約を数えることは無理であり、実際は先の東京条約のみであろうが、これとても加入国の数の少なさに加えて、それ自体の内容も必ずしも充分のものとは言えないであろう。後に述べるように、国連総会は一九六九年秋ハイジャッキング防止に関する決議を採択するのであるが、それに先立って、国際的ないろいろの動きがみられる。

1　国際航空パイロット協会連盟

パイロットの国際団体である国際航空パイロット協会連盟（ＩＦＡＬＰＡ）は、先にも述べたように、一九六八年七月、アルジェリアに対しボイコットをもって圧力をかけ、乗っとられた機体及び乗客、乗組員を解放せしめ、また一九六九年八月には、ＴＷＡ機乗っとりに関し、シリアの首相と外相に対し、遺憾の意を申入れている。

連盟は、一九六九年三月には、アムステルダムの会議において、「移動の自由——民間航空機のハイジャッキング」と題する特別決議を採択した。前文で、各国政府が今行動を起こさないならば、国際航空は破局に直面するであろうとした後、乗っとり犯に対する適切な処罰を行わない国へのすべての空輸を差止め、またその国の航空機の運行を制限し、更に、空陸海を問わず、貨物の輸送の制限につき他の機関と協力することを明らかにした。また、この会議において、世界の関心を高めるために、世界的な規模での一二時間ないし二四時間のストライキを行うことが承認されている。

更にまた連盟は、そのメンバーがそれぞれの国に働きかけて、二国間の航空協定の締結または改正にあたって、乗っとり犯の逮捕・訴追ないしは航空機登録国への送還を明記するようにさせるべきことを示唆した。また(イ)東京条約が機内犯罪のみではなく機外犯罪も、また空中での犯罪のみではなく地上での犯罪も含ましめるよう、(ロ)更に着陸国は乗っとり犯を逮捕・訴追するかあるいは航空機登録国に送還するかの義務を負う旨の規定を新たに挿入するよう提案した。

一九六九年八月のＴＷＡ機乗っとり事件直後から、連盟は国連への働きかけなどによって、一層その動きは政治的なものとなった。すなわち、その九月一日の理事会は、ハイジャッキングが政治問題化しており、それが世界平和への脅威であり、国連が何らかの措置をとるべきであるというステートメントを出した。同時に連盟は国連事務総長への面談を申し入れている。

これに応えて、国連事務総長は九月六日、ジュネーヴにおいて連盟の代表と会見した。国連事務総長はそのあとで次のようなステートメントを出している。即ち、ハイジャッキングの問題は単に航空の安全の問題ではなく政治問題化していることにつきIFALPAと同感であると述べている。但し、問題を安全保障理事会に付託するについては特定国の要請が必要であり、連盟のメンバーがその自国に働きかけることはできるが、他方これを安全保障理事会の代わりに総会の問題とする可能性もあることを彼は示唆している。なお、ストライキはよい結果をもたらしはしないであろうとの見解を国連事務総長は述べている。

次いで九月一〇日カナダの航空会社パイロット協会はカナダ政府に対し、国連安全保障理事会が即時行動を起こすよう国連に対し申し入れられたい旨の要請を行った。カナダ首相は九月二二日に、政府も東京条約批准を急いでいることなどを明らかにし、右協会の要請を安全保障理事会及び事務総長にとりついだ。更にまた政府は、国連がいかなる措置をとるべきかについて多くの国連加盟国と協議中であることを述べている。

2　IATA

IATAは一〇〇以上の国際、国内定期航空からなる国際的な非政府団体である。一九六九年一月一三日、そのプレス・ステートメントで事務局長は、ハイジャッキングを海賊や集団殺害に匹敵する国際犯罪であると宣言することについての政府の支持を要請し、国連加盟国がこうした犯罪人に対して刑事罰を加えることを要請した。

九月二日には、航空機に対する不法な干渉の実際のケースとして、(イ)一番多いのは精神異常者によるもの、(ロ)少数の確信的な政治的行為、(ハ)政治的性質のものと言われながら基礎的要素はむしろ心情的なもの、と三つにわけた上、精神異常者に対する法が欠けていることについて注意を喚起し、他方、ＩＣＡＯなどの行っている条約起草の作業を歓迎しながら、条約によるる方法が時間ばかりを要して果たして実効的か否かに疑問を投げかけている。

なお、ＩＡＴＡは、一九七〇年三月九日にも、その執行委員会の特別会合において、民間航空機に対する侵害の流行防止のための措置をとることを訴えるステートメントを出していることもここに記しておこう。ここでは、政治亡命の要請を考える前に、ハイジャッキングを重罪をもって処罰すべき国際犯罪とみなす国際立法を行うことが示唆されている。

3　ヨーロッパ審議会(Council of Europe)

一九六九年一〇月二日、西欧諸国で構成されるこの国際機関において、勧告の動議が総会に提出されている。次のような内容である。

総会は、閣僚委員会が、加盟国が次のためのあらゆる可能な措置をとるよう呼びかけることを勧告する。

(A)　民間航空機における違法な武器の密輸を発見しかつ防止するため、
(B)　航空機及び乗客のゆうかい犯罪人を制止し、出来ればそれを処罰するため、
(C)　乗っとられた航空機、乗組員及び乗客を速やかに解放することを拒む国に対して制裁措置をとることを考えるために、
(D)　空のpiracyの増大してゆく脅威に対する集団的な国際行為をとるべく、国連及び他の適当な機関と協力するため。

## 六　ハイジャッキング防止への国連事務総長の努力

既に一九六八年の国連事務総長報告において、ハイジャッキングが国際航空の妨害をもたらしかねないことが報告され、航空の自由と安全の本質的条件として、国際の法と秩序が守らるべきこと、そうして、ハイジャッキングという不法な行為から何人も利益を得ることがあってはならないこと、この二つの原則が国際的に遵守されなければならないという事務総長の意見が述べられている。次いで一九六九年の国連事務総長報告の中では、ハイジャッキングが個人の利益のために行われてさえも深刻な問題なのに、それが政治化し、政治的行為あるいは報復の道具として行われているとして非難されている。そうして、ＩＣＡＯが何らかの勧告を行う以前にも、すべての国連加盟国は協力して、国際航空の安全が誤った個人や団体の無責任な行動によって妨げられないようにしなければならないことを、国連事務総長は訴えている。

実は、国連事務総長はこの前後において、いわば仲介的な役割を演じているのである。即ち、一九六八年七月のイスラエル航空の乗っとりに対しては、ハイジャッキングがプラスになることがあってはならぬという原則をつらぬくために、アルジェリア元首に対して、機体と乗客・乗組員の無条件の解放を要請し、また、一九六九年八月のＴＷＡ航空の乗っとりに際しても同様な仲介をシリアに対して行った。更に、国連事務総長は、八月三一日及び九月一日のステートメントにおいても、国際航空の安全と国際の法と秩序のために、すべての乗客及び乗組員ならびに機体の即時返還を要望している。国連事務総長がその直後においてＩＦＡＬＰＡの代表と会見していくつかの示唆を与えたことは先に述べた通りである。

## 七　国際連合総会のハイジャッキング防止決議

一九六九年一〇月三日付国連事務総長あての書簡で、アルゼンチン、ベルギー、カナダ、ドミニカ共和国、エクアドル、レソト、ルクセンブルグ、マダガスカル、オランダ、ニュージーランドの一〇カ国（後にブラジル、オーストラリアが加わる）の国連常駐代表は、総会第二四会期において、「空におけるpiracy」という議題の追加を要請し、その趣旨説明メモランダムに決議案を附加した。この決議案がのち若干の修正を経て総会決議となる。一〇月九日の総会運営委員会は、「飛行中の民間航空機の強制的進路変更」と名称をかえて、議題を採択し、これを第六委員会（法律）に付託することを総会に勧告すべきことを決定し、総会は一〇月一〇日、この線に沿った決定を行った。

第六委員会において、一一月一〇日、次の二八カ国は宣言案を提出した。さきに議題追加を要請じた一二カ国の他に、ボリビア、コロンビア、デンマーク、フィンランド、アイスランド、アイルランド、象牙海岸、日本、リベリア、ニカラグア、ノルウェー、ペルー、フィリピン、スウェーデン、アパヴォルタ、ウルグアイの一六カ国である。その後ニジェール、モリタニアが加わって三〇カ国提案となっている。その内容は、議題追加の時の趣旨説明メモランダムの決議案とほぼ相似たものである。

一一月一九日、オランダは共同提案国を代表して、この提案を説明したが、実際の討議は一二月五日に行われたのみであり、審議も充分には行われていない。共同提案国によって一部修正された提案は、即日、ロールコールの表決に附され、賛成六七、反対一、棄権一七で可決された。反対はキューバであり、棄権にはソ連をはじめとするソ連圏諸国、更に中近東諸国などを含んでいる。キューバの反対はやはり政治亡命者の乗っとりのことも考えれば、この決議が何ら問題の真の解決をもたらしてはいないということにあると言えよう。

本会議は一二月一二日、第六委員会によって附記された右の決議案を、討議することなく、賛成七七、反対二、棄権一七で採択した。反対はキューバとスーダンである。このようにして採択されたのが総会決議二五五一「飛行中の民間航空機の強制的進路変更」である。

その内容は、ほぼ次の通りである。即ち、⑴各国はその国内立法が、飛行中の民間航空機の非合法な干渉、その乗っとり、力もしくは脅迫による不当な管理というすべての行為に対する実効的な法的措置の適当なワクを定めることを確保するために、すべての適切な措置をとることを要請し、⑵各国がそのような行為を行った機上の人を訴追することをとりわけ確保することを要求し、⑶民間航空機の非合法な乗っとりを犯罪とすること、またそのような行為を行った人間を訴追することについてなど、適切な措置を定める条約を早急に準備し実効化しようとするICAOの試みに対して完全な支持を要求し、⑷各国が一九六三年の東京条約を批准もしくはそれに加入することを呼びかける。

なお、この決議に関連し、国連の動きは世論を喚起することであり、総会は本来ICAOの任務たる条約の立案をしようとするものではなかったこと、総会においてはこのテーマを技術的なものとし、政治的ハイライトのものとすることのないよう、あらゆる努力が試みられたことを国連事務次長（法律顧問）スタヴロプロスが一九七〇年三月三日ICAOにおいて述べていることが注目される。

## 八　ICAO（国際民間航空機関）の条約草案

ICAOにおいてはハイジャッキングの問題が議論されたのは、一九六八年九月の総会第一六会期においてである。総会はその会期において決議A16―17「民間航空機の不法乗っとり」を採択した。すべての国ができる限り東京条約に加入するよう勧奨し、また加入以前にも東京条約第一一条の原則に効果を与えるよう勧告している。しかし、東京条約もこの問題は充分にカバーしていないことから、理事会がこの問題の研究をすすめることを勧告している。

理事会は一九六八年一二月、問題を法律委員会に付託し、小委員会の設置を要請した。同時に問題は航空委員会、航空運輸委員会にも付託されている。法律委員会における重要なテーマとしては、⑴モデル国内立法と、⑵不法乗っとりの訴追を扱う新しい国際条約あるいは既存条約への議定書であった。理事会はまた、一二月一六日、決議によって、国際民間航空条約の加盟国が不法乗っとりを防止するあらゆる可能な措置をとり、できるならば、乗っとられた航空機の登録国と協力することを要請している。

航空機不法乗っとり小委員会は日本をふくむ一四カ国によって構成され、その第一会期は、一九六九年二月一〇日―二二日に開催された。この会期における研究の基本的な目的は、人々が航空機の不法乗っとりの行為を行わないようにさせること、更にこれらの人々の訴追、処罰をできる限り確保することにあった。そうしてそのためには国際条約によるべしというのが小委員会の意向であった。

この小委員会は、一九六九年九月二三日―一〇月三日の第二回会期における討議の結果、条約案を作成した。小委員会としては、この問題に関して法律委員会の審議の機が熟してきているという見解であったのである。

一九七〇年二月九日―三月一一日、法律委員会第一七会期は、ハイジャッキングを議題として取りあげ、小委員会作成の条約案を審議した。最終的に法律委員会が用意した条約案は、小委員会作成のそれを若干修正したものである。法律委員会は一七対〇で、この条約案を最終案として各国に送付さるべきであるとした。かくて条約案は理事会に送致されることになる。

この最終条約草案は、前文及び一〇カ条からなる。前文においては、乗っとりを犯罪として処罰の対象とすべきこと、この犯罪者の訴追及び引渡を容易にする適切な措置を定める緊急な必要があること、また、とりわけ一九六三年の東京条約の規定に追加すべき条項を採用することが必要である旨が述べられている。

第一条はいわば定義であり、第二条においても、その対象とする「飛行中の航空機」というのが、エンジンがスタートした時から着陸滑走の終わったところまでを意味し、この条約は、その航空機の離陸または着陸が登録国以外の場合にのみ適用されることが示されている。

さて、第三条では、締約国はこの犯罪を重罪の対象とすべきこと、第四条では、締約国は乗っとり犯罪がその登録航空機上において行われた時、及びその犯罪人を乗せた航空機が自国に着陸した時に管轄権を行使するに必要な措置をとるべきことを規定している（このことは、各締約国が国内法にしたがってその刑事管轄権を行使することを妨げるものではないとされる）。第六条は締約国にこの犯罪人の拘束を認め、第七条は、もしこれを引渡さない場合には、これを訴追するか否かの決定を権限ある機関に求めなければならないとしている。第八条は、乗っとり犯罪を逃亡犯罪人引渡条約における「引渡すべき犯罪」とすべきことを定め、なおこの犯罪は当該航空機の登録国または犯人搭乗のまま着陸したすべての国において発生したものとみなされることを定めている。第九条は、乗っとり犯罪が行われた場合あるいは行われようとする場合、締約国は、機長にその航空機のコントロールが回復されるようすべての適切な措置をとることを要求し、また着陸国は、この航空機の旅客及び乗組員が出来る限りその旅行を継続することを許し、また、機体及びその積荷を合法な所有者に返還しなければならないとしている。第一〇条は、締約国が、この犯罪に関する裁判について出来る限りの相互援助を与うべきことを定めている。なお、小委員会草案においては、締約国は、犯罪の発生事情、また前記第九条でとった措置及び犯罪人に関してとった措置なかんずく犯罪人引渡あるいは裁判手続の結果などについての情報をＩＣＡＯに通報すべきことを義務づけた条項があったが、ＩＣＡＯ非加盟国に対する考慮などから、最終草案においてはこの条項はおとされている。

なお、国連事務次長（法律顧問）スタヴロプロスが一九七〇年三月三日、ＩＣＡＯ法律委員会で行ったステートメントは注目に値する。彼によれば、ハイジャッキングの政治的側面が一般に重視されているが、政治的動機は多くのハイジャッキングの真の原因ではなく、乗っとり犯の多くは精神錯乱者かあるいは刑事訴追、兵役あるいは時には家族関係からぬけ出そうと思う者達であるという。彼らは政治亡命に値するものではなく、亡命の問題はハイジャッキングの条約案作成にあたっての大きな問題ではないという。真の問題は乗っとり犯の処罰を確保することにあるというのがその見解である。

## 九　ハイジャッキングに関する一九六九年の政府間会議

アメリカ政府は、一九六九年一二月一六日―一九日、主要民間航空会社をもつ一三カ国の代表をワシントンに招請してハイジャッキング会議を開催した。一三カ国とは、オーストラリア、ブラジル、カナダ、デンマーク、フランス、ドイツ、イタリア、オランダ、ノルウェー、スウェーデン、イギリス、アメリカ及び日本である。この会議の目的は、ハイジャッキングの問題を扱う国際的な試み、なかんずくＩＣＡＯのそれを補足し支持する方法について、非公式の意見を交換しようとするものであった。

この会議は非公開であり、その内容の詳細は公にされていないが、しかし、会議終了にあたってのコミュニケによれば、各代表はハイジャッキングが国際民間航空の安全に及ぼす脅威に対し深い関心を示し、これを抑圧するための各国政府の共同の関心を表明している。一致した意見としては、解決はあらゆる適切な方法によって求められなければならず、各国政府の効果的な協力による包括的なアプローチが不可欠であるということであった。討議された問題は、東京条約の早期かつ広汎な批准、ＩＣＡＯが審議中の新条約の早期発効の必要、民間航空への不法な侵害に対するＩＣＡＯの他の活動、乗っとり犯の処罰を確保するための犯罪人引渡に関する国際的取りきめ及び国内立法の機能、ハイジャッキング防止のための安全処置の助長、他の政府間の協力方法などであったと言われる。

## 一〇　ハイジャッキング防止に関する法的諸問題

さて、以上に述べてきたような経過を念頭におきつつ、ハイジャッキングの今後の法的問題点を拾いあげてみよう。

(1)　まず前提的問題として、ハイジャッキングというのは、そもそも、高度に政治的な事件なのか、それとも単なる刑事事件にすぎないのか。事実はこの両者の要素をふくむ故に、事態はきわめて複雑化してくるのである。

(2)　ＩＦＡＬＰＡのサジェストするように、ハイジャッキングというのは、飛行中の機内における進路変更の強制に限られず、むしろ空中、地上を問わず、更に機体、機の内外の乗客及び乗組員に対して行われる犯罪をもふくむと考えられるべきか。

(3)　ハイジャッキングの問題は、国際法による解決になじむか、あるいはむしろ、今日の政治情勢の下では、国内立法あるいは非政府機関の行動によってのみ実効的にコントロールされ得るか。

(4)　国内立法にたよろうとする場合、国際条約によってハイジャッキングの定義や最低の刑を定めるよう試みることは役に立つか。その場合、現行国内法の定義や量刑で適当なものがあるか。

(5)　一九五八年の公海条約の規定は別としても、海賊に関する現行国際法は、ハイジャッキングに適用され得るものであろうか。

(6)　とりわけ国連総会がその加入、批准を呼びかけている一九六三年の東京条約は、批准国の数は別としても、内容的にはハイジャッキングの適切な国際的コントロールの役割を果たし得るか。それとも特別議定書あるいは別の条約によって補足さるべきだとするならばその内容をどのようにしたらよいか。

(7)　実質的にみて、いずれの国がハイジャッキングの管轄権をもつべきか。管轄権を航空機登録国、犯罪発生地国、着陸国及び被害者の国籍国において競合させるべきか、それともいずれかの国が優先権をもつべきか。

(8)　ハイジャッキングに関する新しい国際立法を考える場合に、着陸国が犯人を逮捕、訴追するか、あるいは管轄権がありかつ訴追を希望している他の国に送還すべき義務に関する特別の規定を含むべきか。

(9)　犯人の引渡請求に関し、もし請求が訴追の管轄権をもつ国によってなされた時は、犯人引渡を自動的に行うべきか。あるいは政治亡命の要請がある場合その例外を認めるべきか。

(10)　乗っとり犯人に対する管轄権をもつ国際裁判所の設立を考えるべきか。

☆　☆　☆

管轄権の競合をめぐる高度に法技術的な問題と、国際法における政治犯罪の取り扱いというきわめて政治的な課題、この二つの接点にハイジャッキングの問題がおかれていると言えよう。

『法律時報』四二巻一一号（一九七〇年）一四〇―一四七頁

# 第二章　学際的視点からみた国際法学

## 一　自然科学と国際法

私は四年余り前まで大学の法学部で国際法の講座をあずかっていた。そのころ、日本の優れた自然科学者に接する機会に恵まれたことは私の喜びであった。もっともそれは私の方の片思いであったかも知れない。そもそも法律など、「この俗悪なるもの」とし、ほとんどが無関心の自然科学の先生方にとって、それが「国際法」となると、その存在すら念頭にはなかったであろう。

昭和三三年と三五年に国際連合は第一次及び第二次の海洋法会議を招集したが、国際法の一分野である海洋法に関心をもった海洋学者がその当時日本に何人いたであろう。これらの会議に政府代表団の末席に連なった私は、昭和三五年ウィーンの国際原子力機関から海洋放射能汚染の法的側面に関するパネルの委員に指名された。並行して原子力委員会の専門委員になった私は、新設の放射性廃棄物の専門部会で月に一度の海洋学、原子力工学の諸先生たちとの会合を楽しんだ。

昭和四二〜四三年に国際連合の海洋学・海洋技術委員会の委員、昭和四三〜四五年にユネスコ政府間海洋学委員会（IOC）の法律部会長を仰せつかった私は、更に昭和四三年から始まった国際連合の深海海底の審議（これが今の第三次海洋法会議の始まりである）に政府側として深く関与することになるが、こうして外国の自然科学者との交際は急速に増えた。私はとりわけ英米の自然科学者が国際社会の政治・法律構造に深い理解を示し、むしろその国際社会の発展に適合かつ寄与する自然科学を語るのに感嘆した。

そのころ私は、茅誠司先生の下で学術審議会の委員として学術研究の体制や条件の審議の間に、自然科学の碩学の方々の啓発を受け、その学問に対する迫力に畏敬を覚えたものである。しかし私は、一般に日本の自然科学者が欧米のそれに比べて、よく言えば純粋、悪く言えば世間知らずなのではないか、その意味でも一層interdisciplinaryな指向が必要なのではないか、という思いが捨てられなかつた。

行政官庁もまた科学技術一辺倒を避けられなかった。これは当時日本政府の海への対応の場が海洋科学技術審議会であることに象徴されていた。海の「科学技術」に関する審議会にとどまる限り私の出る幕ではないと駄々をこねた私は、この審議会がやがて海洋開発審議会になるに至って、和達清夫先生の下で国際分科会長を務めさせていただいた。ある政府間国際会議の後の政府に対する所感の中で私は、日本でも国際政治・国際法に理解のある自然科学者、科学行政官の養成が急務であることを述べたことがある。

資源開発の場としての南極が国際社会の意識に上るのは昭和四〇年代の半ばより前である。私は日本の自然科学者たちが南極における「科学観測」以外には目を向けようとしないのが不思議であった。外国では既に南極の「科学観測」のきれいごとではすまされなくなってきている現実を自然科学の偉い先生たちに訴えた。南極関係対策検討会議に資源分科会ができて、私は永田武先生の下でこれに参画する機会を得た。

原子力、海洋、南極、そうしてここに触れなかったが宇宙、これらの開発は今日ジャーナリズムを通じてようやく一般の関心事になろうとしている。それは自然科学の進歩に負わなければならない。しかし同時に、科学が社会の開発に寄与するためには国際社会のルールの制約を受けざるを得ない。もちろん国際社会のルールである国際法は固定したものではない。その制約を知りつつ、それを国際社会のためによりよくしてゆく努力が必要である。

自然科学と国際法の関りあいに対して自然科学者の一層の理解と積極的な寄与を願うことは、自然科学者にはやはり邪道と映るであろうか。

『学術月報』三三巻七号（一九八〇年）五頁

# 第三部　随　想

国際司法裁判所裁判官三期目就任にあたって

# 第一章　法学研究と外国語

## 一　外国語の難しさ

### 私の悩み

私がオランダのハーグにおかれている国際司法裁判所に赴任して、既に五年余りが過ぎた。「最も国際的」と思われる生活をしながら、未だに外国語の悩みは尽きない。

オランダに住んで、オランダ語はほとんど解しない。新聞を見ても分らないし、テレビも画面を見ているだけである。もっとも、ヨーロッパの小国は一般に、更に小国ではなくてもドイツなどもそうだと言われるが、とりわけオランダの場合、特にハーグやアムステルダムなどの都市では、日常生活では英語をつかって困ることはない。むしろオランダの人々は、外国人がオランダ語をつかうことを期待してはいないように思われる。店頭でオランダ語の片言をつかおうものなら、「あなたは英語は出来ないのですか」と、流暢な英語でやり返されるのがオチである。

私どもの裁判所の公用語は英語とフランス語だけである。着任すると各裁判官はどちらの言葉を選択するかをたずねられる。私の場合は英語であるが、現在の一五人の裁判官の中で、英語をえらんだもの一〇人、フランス語は五人である。いくらかの例外を除いて、たいていの裁判官はこの二カ国語を解するか、あらゆる文書は各自の選択した言葉で配布され、合議はすべて英・仏の同時通訳で行われる。しかし、国連の会議ですべての文書も、また議事も六カ国語を必要としているのに比べれば、簡単である。

過日、私はルクセンブルグにあるヨーロッパ共同体裁判所を訪れたが、そこでは実に七カ国語が公用語として用いられており、すべて判決なども七カ国語で公刊されるが、他方、裁判官合議はフランス語のみで、一切の通訳なしであるという。フランスがもっとも強力であった初期のヨーロッパ共同体の伝統を受けついだものであるが、従って、事実上は、フランス語の素養がその裁判所の裁判官の要件と言えよう。

私どもの裁判所では、英語もしくはフランス語の素養が不可欠であるが、ルクセンブルグにせよ、ハーグにせよ、こうした用語をふやすと裁判所の雰囲気がガラリと変ってしまうと言われるのも真実であろう。私どもの裁判所において、英語またはフランス語を母国語もしくは準母国語とするものが一五人のうちの過半数をはるかにこえる。文書を読むのにも他の裁判官の何倍もの時間を要し、的確な意見を起草するのも容易なことではないのが私の悩みである。

## 私のならった外国語

私は旧制高校ではドイツ語を第一外国語とする文科乙類で、ドイツ語の授業は週十時間ほどであった。四〇人足らずのクラスでこれだけつめこまれたわけであるから、さぞかしドイツ語がうまくなったかというと、そうではない。それでも戦争中の大学生時代、海軍に動員された時に数冊のレクラム文庫をもっていったりしたもので、今から考えるといささか気障ではあるが、当時の大学生の意識として不思議ではなかった。戦後になっても、当時のアメリカ占領下の英語一辺倒に反撥して、当時文学部におられたシンチンガー先生のもとに通ってドイツ語の会話をならったり、強制送還前の箱根のドイツ人収容地でドイツ人の世話係兼通訳のようなアルバイトを楽しんだこともある。南原繁先生の東大総長としての講演を集めた『祖国を興すもの』をドイツ語訳にして、そのお骨折でドイツに送ったこともあったが、そうしてドイツ語に馴れ親しんだ時代も、もう三〇年も昔のことになってしまった。私にとって今ではドイツ語で話をしたり新聞を読むことさえ思いの他のことになってしまった。しかも私の専門上ほとんどドイツ語は必要としないし、過去三〇年ドイツ語の文献さえ読むことなく過ぎてしまった。昨年ハイデルベルクに招かれての講演も、ドイツの学者たちとの交流も英語ですませてしまう。

今日では、ドイツ語は社会的にもまた一般には学問の世界においても、国際用語としての地位を失ってしまった。それにくらべて、フランス語の地位は高い。その点で、日本の国立大学の一般教養課程におけるフランス語その他の外国語にくらべての異常なまでのドイツ語偏重が、古い明治の伝統の名残りなのか、それともドイツ語教師の自衛のものなのかは知らないが、好ましいこととは思えない。

私のフランス語は、終戦直後大学生活にもどったとき、本郷の東大正門前の有斐閣の店頭に「フランス語教えます」の貼紙があり、その二階の空き部屋で数人で習い始めたのが最初である。『気違い部落周遊紀行』で有名だった、きだ・みのる氏の個人レッスンだからぜいたくなものであった。当時、本郷森川町に住んでいた『ファーブル昆虫記』の訳者山田吉彦氏のペンネームである。その後アテネ・フランセに通ったり、外務省でのフランス語のつかい手といわれた後の国連大使の鶴岡千仭氏の小石川の自宅でのレッスンを受けたりしたが、やはり学校で習っていないせいか、フランス語はなかなか身につかない。

かくて私のつかえる外国語は辛うじて、旧制中学から習い始めた英語ということになる。中学での授業は週五、六時間であったろうが、旧制高校では第二外国語としての英語は週三、四時間程度であったろう。私などは専門が国際法であり、アメリカの留学生活も長く、その後国際的な会議に顔を出す回数も他の学者よりは多かった。英語の難しさなどは解消したかに思われがちであるが、事実は大違いである。

## 国際場裡の外国語

外国語の不得手な私でも、日常の私生活における社交的な英語の会話に事欠くことは少ない。お医者さんに行って、「頭がズキズキ痛む」だの、水道の故障の修理に来る工夫に説明をしたりするなどは至難の業であるが、一般の社交程度ならば、日本人の場合でも、半年もアメリカかイギリスの学校生活をすれば支障はなくなるであろう。その意味においての日本の英語会話人口は、今日ではかなりの数にのぼる。フランス語などになるとその比重は著しく低下するが、それでも日常の社会生活を弁ずるに足る人は少なくはない。しかしそれで外国語が本当に話せることにはならない。公的な仕事を外国語で果せる人々になると、その数は著しく減少するのではなかろうか。

西側先進諸国のサミット会議などでも、各国首脳は自由に話し合っているのに、ひとり日本の政治家たちが自由な会話からはとり残されてしまうということを耳にする。もっともこうした会議の正式な議事は有能な通訳にたすけられるから、仕事の上では差し支えなかろう。また、外務省は当然としても、最近では通産、大蔵といった官庁の人々にはその方でも能力がある人か増えているという。しかし一般にはSilence, Smile, Sleepの三Sが国際会議における日本代表の通弊だという。私がはじめて、いわばひとり立ちで国際会議に出たのは、二〇年ほど前のウィーンの国際原子力機関の法律関係の会議であった。その時に事務局の人から、「日本代表の発言はいつも翌朝である」と聞かされた。既に前日に終わっている討議を一晩考えてやっと翌朝発言する時には、もはや誰も相手にはしてくれない。私は自分の発言が「六日のあやめ、十日の菊」になるまいと自戒するものの、これは容易なことではない。

国際的な学会でも同様であろう。日本から用意された原稿を読みあげ、あとは質問も討議も一切受けつけずというのがやはり未だに多数を占める。この点、自然科学の方は比較的その障害がなくなっているが、社会科学の分野では、なかなかそうした場での相互の交流は困難なようである。その中でもまして法律学の世界になると、経済学や政治学と違って、概念の共通項に欠けるところが多く、困難は倍加する。

もっとも、学者にも討論向きの人と書斎型の人がいることは、外国語という障害のない日本国内の学界内部でも同様である。討議をしながら自分の思考をまとめてゆくというのには頭の回転の早さが決定的であり、それ自体容易なことではない。別に討論向きがよいというわけではあるまいが、しかし、自国語でもないのに英語、フランス語をあやつって学会の討議をすすめてゆく外国の学者をみると羨望を禁じ得ない。最近ではこの点でアジア、アフリカの学者たちのそうした能力はおそるべきものがある。日本の学者としても、やはり国際的な学会がこなせればそれにこしたことはないであろう。

## 聞くこと、読むこと、話すこと、そうして考えること

国際的な学会は通訳をつければよいと言われればそれまでだし、また法律学の研究でも多くを外国語に頼る必要なしというのも一つの見識かも知れない。しかし、私どもの国際法の研究を別にしても、日本の法律学研究が、主としては比較法のアプローチにたつ以上、外国語の素養の必要は、日本の法律学者にとって、ほとんど宿命的なものとさえ言える。

外国語を聞くこと……私も未だに英語を聞くのがたいへん不得手である。もう三〇年も前、私がはじめてのアメリカ留学に出かけるとき、東大の国際私法の江川英文先生が「外国では自分の知っていることは聞いて分るが、知らなくて知りたいと思うことはなかなか分らないものだよ」と言われた。大先生でもそうだったかという安心感もあるが、この実感は今でも続いている。講演会などに行っても、結局肝心のところは理解出来ずに帰ることが多い。外国語の話を聞いて、「半分分った」とか「二分の一分った」というのは、本当は何も分ってはいないということであろう。私はこれまで日本の学会でも一切通訳を引きうけたことがなかったが、最近では若い世代にこれが出来るような人が育ってきている。外国語を聞く能力は音楽の理解力に比例するといった人がいるが、真実かも知れない。

外国語を読むこと……外国語の文献を読むことについては、日本の法学者は一応は誰もが及第点であろう。もっとも、日本の学者の書いたものにはことさらに目をつぶって、横文字でさえ書かれていれば、「原書」として権威ありげに参照引用したり、あるいは自分の頭でそれを考えようともしない学界一部の事大主義も困りものであるが、ともかく外国語で書かれたものへの配慮という意味では、日本の法学界は世界第一級である。しかし、今日の情報量を考えた場合に、多読、速読の必要は外国語についても言えるのであって、一冊の「原書」を机の上ににらんで一月も二月もかけて読むことはむしろおろかなことにさえ思える。もちろん「一冊の本」という勉強の仕方も

あるのではあろうが、おそらくは明治の頃の方法の遺産であろう。外国語で書かれたものを「原書」と呼びならわし、大学のゼミあたりで一時間に一、二ページずつを読む「原書講読」は今日の法学教育の一つの欠陥であるかも知れない。

外国語で話すこと……先にも書いたように、余り頭で考えることを必要としないような社交的なことを外国語で話すことは、たいして難しいことではない。もしそれさえ出来なければ、そもそもその外国語を修得していないことである。「読むことは出来るが会話は出来ない」、というのはウソである。私の今のドイツ語がそうであるように、外国語で話が出来ないのは、その言葉で読むことすらが未だ身についていないからに他ならない。しかし、外国語で聞いたり、読んだりというういわば外国の知識のインプットとは別に、今や日本の学問水準が高くなっているのなら、あるいは日本に関する知識の需要が世界で増大しているというのなら、アウトプットの努力がなされなければならない。内容のあることを外国語で話す困難は著しい。著名な数学者で長くアメリカの大学の教授をしていたK氏が、数学者でありながら未だに計算は日本語でしか考えられないと言ったことがあり、そういうものかと思ったことがあるが、私などは未だに物を考えるのは日本語であるから、いくらかは馴れて頭の中での日本語から英語への翻訳プロセスが早くはなっているものの、その英語の表現は稚拙になり、マンネリ化してしまう。内容も、従って幼稚になる。時にはしゃべる方にひきずられて、内容があらぬ方向にひとり歩き始めることがある。私が親しくしていたアメリカの著名な政治学者であったラスウェル先生は、自分は決してタイプに向かってものを書くことはしない、タイプを打つ手の早さに思考がひきずられておろそかになってしまう、ということを語ってくれたが、私どもが外国語で物をしゃべるときが、これに似ているのであろう。一回限りの講演は英語でしたこともあるが、継続的な講義などは私にとって思いの他のことである。

外国語で書くこと……日本の法律学の学者で外国で通用する人はまことに寥々たるものである。自然科学の場合は現在では、英語あるいはフランス語で論文を書くことは常識になっているというし、経済学の世界でも国際的な学者は多く育っている。それにくらべると、その点では法律学界の何と貧しいことであろうか。「日本の法律学が所詮は翻訳の域を出ないから、外国語で発表すれば、もとの夕ネが割れてしまうからさ」という人もいるが、そうばかりではあるまい。外国語で物を書くためには多くの努力がなされなければならない。書く場合には、考える過程において時間の余裕はあるものの、それでも自分のもつヴォキャブラリーが少なく、限られたつかいなれた表現、言いまわしが繰り返される結果、文章は単調、平板になり、発想も限られたものになってしまう。私なども結局は下書きは日本語でまとめてしまってから、横文字に直すわけである。

外国語で考えること……要はやはり外国語で考えることの難しさであり、それはまたその外国語を身につけていないことの結果であろう。所詮は全く語源を異にする日本語で育った私たちなのである。容易なことではないが、答えは平凡である。外国語を読んで読みまくり、それが身についたときにはじめて本当に外国語で自分の意見を語り、あるいは論文に記すことが可能になってくるのであろう。その意味では、まず読むことに重点をおく日本の語学教育があやまっているとは思えない。しかし、くりかえしになるが、それは一冊の本を読むことよりは、むしろ外国語に習熟することに重点を置くことを心掛けるべきなのであろう。

林大・碧海純一編『法と日本語』（有斐閣、一九八〇年）二〇二―二一一頁

# 第二章　書　評

## 一　エメリー・リーヴス「平和の解剖」
### ——世界政府論へ寄せて

おことわり　これは Emery Reves, *The Anatomy of Peace*, 1945 の一般的なレジュメではない。本のぬき書き程度の紹介ほど、無意味なものはないと信じているからである。これから述べられるのは、あくまでも私の立場であり、エメリー・リーブスが何を言っているかを知りたい方には、これは殆ど役にも立たないかも知れない。それらの方にはこの書を直接お読みになることをおすすめする以外にはない。もっともこの書の邦訳は、昭和二四年稲垣守克氏の手になるものが毎日新聞社より出版されているが、遺憾ながらきわめて杜撰なものであり、良心的な翻訳がまたれる所以である。

一

軍備を放棄したわが国にとって、永久の世界平和はまさに切実なわが身の問題として、考えられなければならないことは言うまでもない。しかし、我々はリーヴスの「平和の解剖」をよりどころにして、永久平和論がどういう立場から主張せられ、そしてそれが如何なる根拠によって世界政府論という形をとって唱えられているかということを少しく分析して、平和の問題への手がかりにしたいと思う。

まず、永久の平和論というのが、現在のみならずカントのそれにも象徴されているように、何時の時代にあっても、戦争のさなか、あるいは直後、そしてまた戦争の脅威にさらされている時に、華々しく唱えられているという事実を看過することは出来ない。一発の原子爆弾がこの大戦を終焉に導いたのであったが、来るべき戦争に使われるであろう偉大な威力をもった原子爆弾は、我々人類をこの地上から抹殺せしめずにはおかないかも知れない。来るべき戦争は人類の滅亡を意味する。一九四七年八月、スイスのモントルーで開催せられた最近の世界政府運動のもっとも典型的なものと考えられている世界連邦主義者第一回大会は、その宣言末尾において、「原子兵器は人類を破壊せしめんとしている。戦争は地上より一掃されなければならない」ことを謳わなければならなかったのである。我々は平和を欲する。人類の破壊を避けんがために“One world or none”こうした我々の平和の叫びが、とりわけ真摯なものでなければならないことは言うまでもないが、しかしそのことはそのまま永久の平和を保障するものであり得ないことは、当然と言いながら、何よりもまず注意されなければならない。

ユネスコ憲章が、その前文において、「戦争は人間の心の中において、始まるものであるから、平和の擁護は、人間の心の中において建設されなければならない」ことを謳い、かつまた「平和は、それが失敗しないためには、人類の知的且つ道義的連帯の上に築かれなければならない」、と述べた。私はそのような知的かつ道義的な連帯に信をおかないのではない。しかし、世界の大衆は何時の世に平和を求めずして、戦争を求めたであろうか。しかるに、世界の平和は幾度か蹂躙されて来ているのである。我々の問題は、理念としての平和、あるいは理想の世界政府ではなくして、現実に果して恒久平和は可能なのであろうか。そしてまたそれが世界政府の形を取らなければならないと言うのは正しいことであろうか。まさにこの問題は、戦争と平和の社会的基礎に直結するのである。

一九四八年七月一三日、パリでユネスコから発表された八人の欧米の社会科学者の声明は、「戦争が〝人間性〟そのものの必然的不可避的結果であることを示すようないかなる証拠もない」ことを指摘した。しかし、これに答えた日本の社会科学者、とりわけ京都の法学者達はもっと明瞭に、次の如くに述べている。〝人間性〟は、それを規定する歴史的社会的諸条件によって好戦的にも、また平和的にもなることを知らなければならない。そうした現実の諸条件を一切捨象し、単に〝人間性〟それ自体として抽象的、一般的に示すことは適当ではないであろう。戦争を〝人間性〟そのものに基く不可避的な結果であるかの如くに見る宿命説を打破するためにも、〝人間性〟の具体的な現れについてこの点の真の認識は絶対に必要である。結局、〝人間の問題は、（次の）社会組織の問題と密接にからみあっていることを知らなければならない〟と（傍点筆者）。欧米の八人の社会科学者によってもまた、平和の問題は、「単に表面的改革や孤立的努力によって、達成できるものではない。社会組織ならびにわれわれのものの考え方自体におけるさまざまの根本的変化が肝要なのである」（傍点筆者）ことが認められている（ユネスコの発表の平和声明、及び日本側の声明は『世界』の昭和二四年三月号に載せられている。）。平和の問題は、単に理念やイデオロギーの問題として取り扱ってはならず、とりわけそれは国際社会そのものの構造に関連した社会問題であることに注目しなければならぬのであるが、リーヴスも、「人類の歴史を注意深く研究するならば、戦争が人間本性に固有なものであり、それ故に永遠のものであるという憶説は皮相であやまっていることが明らかになる」（一二〇頁、邦訳一三一頁）として、戦争を人間性に結びつけることに反対するのであるが、その限りにおいてこの一般的理解はきわめて正しいものと言わなければならない。

戦争と平和の問題が、本質的に国際社会の構造の問題であるとするならば、そうした国家が本質的に戦争に結びつけられているものであるかどうか。久野氏はかつて、「われわれ人間がたとえ戦争的に構造づけられているとはいえないにしても、少くとも戦争的に条件づけられていることは否定し得ない」ことを述べたのであるが（久野収「平和の論理と戦争の論理」『世界』二四年一一月号）、われわれは国家の問題として、これをどう考えるべきなのであろうか。「どうしようもない絶望の基礎と、幾分の希望の基礎との間の相違」、そしてまた、「法則の支配と決意の余地」とが、こうした条件づけと構造づけの間にあるとするならば、国際社会における国家は、戦争に条件づけられているのであろうか。構造づけられているのであろうか。世界政府を論ずる場合に、そのことの検討が急務なのであり、我々はここでエメリー・リーヴスが国際社会における戦争の本質を如何なるものと考えたか。そしてそのことが妥当であるかどうかをみなければならない。

## 二

リーヴスは、まず世界の問題が如何に自国中心主義によって解釈されているかを詳しく考察する。「我々は民族国家中心の世界に生きている。我々は経済的、社会的、政治的問題を〝民族〟問題と見なしている。いかなる国に住んでいようとも、我々の政治的宇宙の中心は我々の自国である。我々の眼には、他のいかなる民族、我々の民族以外の如何なる問題も、世界の他の部分も恐らく回転しているその中心の不動の一点は我が自国であると映じている」（二六頁、邦訳二六頁）とするリーヴスには、われわれの生きている世界がコペルニクス式であるにもかかわらず、政治的社会的問題をトレミー式に考えていることが、まず問題なのである。資本主義であろうと、また共産主義であろうと、それらはいずれも、「固く閉ざされた場所の中で、互に争っている」（七五頁、邦訳七九頁）ようなものであり、「彼等は文句を言わさず同じ目的地に向けて運ばれているのであるから、もっといい座席、もっとひらけた景色、も少しよい気持等を争うのは、全く無意味なことである。車は民族主義であり、目的地は全体主義である」(同前)と考えられる。即ち、彼の意図は、「あらゆる進歩、あらゆる社会的経済的努力に対して、打ちかちがたい障壁をなし、あらゆる人類の進歩をその如何なる面においても妨げるものは政治的現状、即ち……「主権民族国家の現在のシステムであることを明かにしようとするにある」(七四頁、邦訳七八頁)。彼が言う所の、資本主義と社会主義」とは、「現在の個別主義の段階においてはともに、中央集権的、官僚主義的、全体主義的の政治体制に発展する傾向をもつ」(九四頁、邦訳一〇一頁)という理解に対しては、我々はここにそれを論表する余裕をもたない。しかしともかく、「個人主義的資本主義も、団体主義的社会主義も、共に民族国家の枠内では活動し得ないことは事実である。両者とも全体主義的ファッシズムに直進しているのであり、国家主義及び民族国家によって育成されるある特殊な条件の下に、ファッシズムをつくりつつある。……結局、経済機構が資本主義であろうと社会主義であろうと、近代ファッシズムは主権民族国家の枠内において、飽和点に達した産業主義と国家主義の衝突の必然的結果である」(一〇二頁、邦訳一一二頁)ことが問題のスタートになるのである。かくて、彼のこのような主権国家機構そのものに対する不信は、戦争の原因もこうした政治機構そのものに求めることになるのである。

「戦争は、平等の主権をもった一つに結合されない社会単位が相接触すれば、時と所を問わず起る」(一二一頁、邦訳一三二頁)。長い歴史をみても、社会単位を形成する人間集団が無制限の主権を行使する限り、そこに必ず戦争は起ったのであって、その主権が、一層大きい、あるいは一層高い単位に移されぬ限りやむことがないと理解されている。戦争は、何故平等の主権をもち、一つに結合されない社会単位が接触すれば、時と所を問わず起るのであろうか、それが実は問題であろうが、ともかくリーヴスが、戦争の社会的原因を、主権国家の併存と言うこと、そしてその絶対主権の行使に求めているということに対しては、敢えて異論をはさむことはないであろう。

彼はここで、世界政府の構想に転ずる。そして、各主権民族国家が、軍事、外交、財政、経済のようなもっとも重要な主権事項を世界政府に委譲することによって、はじめて真の平和が、達成されると言うのであるが、そのことを一二・三世紀の国家形成過程のアナロジーをもって説明するのである。国家の成立を、リーヴスは次のように理解する。「人民は安全と保護を求めて封建領主と契約を結んだのであるが、その結果は、意図に反して、永久の戦争、不安全、悲惨、および死をもたらしたものであることに気づく迄には長い時日を要したのであった。しかし、ついに人民は封建領主の権力を打破し、相闘争する領主の上に立つべき一つの政府、即ち封建的な制度を超越した法を創造し、かつ強制するに充分な力を有し、中間的な領主主権を除去して人民と中央政府の間に直接的な関係をつくりあげる政府をば、うちたて維持することによってのみ救われることを見出した。そこで人民は最高の法的規律を強制するに足る力をもつようになった王のまわりに結集するに至った」（一〇八―一〇九頁、邦訳一一七―一一八頁）。「五世紀の長きにわたり世界を支配した封建制度は、一三世紀の終り、交通機関の発達と共通意識の成長が、広大なる中央集権を可能にした時、崩壊し始めた。これらの新らしい諸条件に促されて、人民は封建政府に反抗し、王の主権の下に中央政府を樹立した。そして、人民を封建領主の主権的権力の維持のために、その利益に奴隷化した中間的社会単位の間のはてしない戦争を、きっぱりと葬り去ったのである」（一〇九頁、邦訳一一八頁）。

当時にあって、「もっとも広い地平線は……国家であり、国家の主権を言うことは、人間社会の主権を意味していた」（一三二頁、邦訳一四五頁）と考える彼は、こうした封建領主から君主への主権の譲渡という歴史的経験をもって、現在の民族国家から世界政府への主権の譲渡ということを、類推して考えるのである。しかし彼のさし示すそうした歴史的経験は、果して真実なものとして考えることは出来るのであろうか。こうした研究は、法制史学のそれに譲らなければならないが、少なくとも国王の中央集権化に対して、人民が積極的に寄与したとみることには、約六世紀の時代的ずれがあることを、注目しなければならない。一二世紀から一三世紀にかけての国家権力の集中過程は、英独仏において、それぞれ異なった特殊な形態を生み出しているのであり、これを一概に言うことは適当ではないであろうが、英仏両国におけるその過程は、ひとえに両国君主の集権制に基づくものに外ならないと考えられる。特にフランスにおいては、次第に世襲化しつつあった封建領主の所領に対して、主権はその自らの権力の基礎である直轄支配組織を拡充すると共に、封建領主の自由世襲権を否定することによって、一切の権力が王権に由来するという原則を確立しようとする。まさに国家権力は、主権の権力的基礎が一方的に拡充され、独立的権力を圧倒し、敗北していった結果として生れ出たものなのである。

「戦争は、平等の主権をもった一つに結合されない社会単位が相接触すれば、時と所を問わず起る」（前出）ということは間違いないとしても、そしてまた「これらの社会単位間の戦争は、主権的権力がより大きな、そしてより高い単位に移される時に止むものである」（一二二頁、邦訳一三二頁）ということが、その限りにおいては正しいとしても、中世末期の国家が、リーヴスの言うように、従来は封建領主に委ねていた主権を君主に委ねるということによって、いわば、低いものから高いものへの権力の移譲ということによって達成されたものではない。「論理的思索も歴史的経験も……民族間の戦争も永久に阻止する道が存在することに一致している。そして、両者何れも明確にそれこそはただ一つの方法であり、これのみがその目的を達成するものであることを明らかにした。すなわち、それはばらばらの相闘争する民族主権を、……法的秩序を創造しうる一つに統合した、より高い主権に結合させること」（一二五頁、邦訳一三七頁）であると、リーヴスは言うのであるが、少くとも、彼の強く指摘する国家成立の歴史的経験は、このような事実を示すものとは言い得ないのである。

## 三

では次にこのようなリーヴスの言う歴史的経験を離れるとしても、歴史上何らかの国家統一は、どのようにして出来たのであろうか。一三世紀の国家権力の集中を別としても、エジプト、バビロニア、ペルシャそしてまた蒙古等の古代の諸帝国は、明らかに契約によってではなしに、優越せる力によってきずきあげられたのである。

そのような権力支配による世界統一が、今我々が問題にしている世界政府論と、質的に異っていることは言う迄もない。しかし、歴史的経験の示す世界統一はそういうものではなかったのであろうか。国際連合において、世界政府の成立をみとめる理論の中には、この世界政府そのものに対する認識の大きな誤算を見出し得るのである。現在において、大国の、とりわけアメリカ合衆国及びソヴィエト連邦の拒否権を、したがって大国の優位を無視しての国際連合は考えられないのである。かつてPax Romanaにならった神聖同盟後のPax Britanicaに次いで、現在の国際連合をもってPax RussianaまたはPax Americanaになり得るとする考え方が、むしろアメリカの学者によって多く主張されているのである。ソ連の科学者達が、世界政府の運動はアメリカ帝国主義の世界支配をカムフラージュするものに外ならないと述べたのは(The Soviet Union and World Government; *The Christian Century* Feb. 11, 1948)偏見であること言う迄もないが、歴史の示す所が、そしてまた現段階においてなされる世界政府運動が、何らかの形において大国支配の形をとらざるを得ないことを指摘した点は興味がある。

リーヴスの所謂「地平線の限界」内における統一が、契約によってであるよりは、むしろ力によるものであったことは、歴史の示す所であったが、しかし現在そのような形になる永続的な世界統一が可能であるとは考えられない。そしてむしろ、それ故にこそ世界政府ないし世界連邦政府の問題が考えられてくるのである(F. L. Schuman, *Toward the World State* 1946, C. Brinton, *From Many One* 1948 p.89)。まさにリーヴスの説く所は、彼の主張するように歴史的経験の示す世界政府の可能性なのではなく、理論的な世界政府の問題なのであった。

## 四

リーヴスの言う、歴史的経験のアナロジーによる世界政府の可能は、必ずしも正しいものではないことは明らかであった。それならば次に積極的には、彼の世界政府論は、理論的にないし社会学的にはどのような評価を受けるべきであろうか。

「数千年間、我々は平和のためにたたかって来た。我々が未だかつてその目的を達しなかったということは、平和は達し難いものであるとの証明にはならない。それは、今まで我々が用いて来た方法手段が不適当であることを証明するもの」（二〇一頁、邦訳二二六頁）に外ならないとするリーヴスは、「新らしいものを古いものにつけ加えたり、結びつけたりすることによって、科学における大きな進歩を期待するのは無用のことである。……我々は根本から新しくはじめなければならない」（二七五頁、邦訳三一四頁）と確信する。彼は極度に国際連合を排斥する。『数個の絶対主権国家』を除いては、国際連合の安全保障理事会は何であろうか。その構成員たる絶対主権民族国家の現実以外に、安全保障理事会の現実は一体何であろうか」（二八〇―二八一頁、邦訳三二〇頁）とする彼は、「一つのことについては、はっきりしていいようではないか。即ち主権民族国家の連盟組織は一歩前進ではないこと、平和に向っての第一歩でも、第九九歩でもないということだけは。平和は法である。サンフランシスコの連盟は第二次世界大戦の悲しむべき流産である」（二七三頁、邦訳三一二頁）と言うのである。「人間関係を規律するのに法を用いた所では、常に平和が齎らされた。条約を用いた所では不可避的に戦争に導かれた」（一四九頁、邦訳一六四―一六五頁）。「条約内容は問題ではない――条約と言う考え方それ自身があやまっている」（一四七頁、邦訳一六三頁）のであり、「歴史は、人間をして社会的行動の道徳的原理と標準とを受諾せしめるためには、唯一の方法があることを明白に物語っている。その方法は法律である」（七八頁、邦訳八三頁）。「平和は法に基く秩序である。これ以外に定義は考えられない」（二四七頁、邦訳一六二頁）とリーヴスによって説かれたのである。

我々は、こうした法及び機構への過信を、少からざる世界政府論の中に見出すのである。「単一世界社会の結成、そして社会的調整を平和裏に遂行するに必要な、共通した法律と機構を与えること以外に、世界戦争の脅威をも世界的無秩序をも救うものは他にないであろう」（On Membership in a World Society）と言うデューイも、リーヴスと同様にそうした意見を代表する典型であろうが、果して法律と機構にそのような力はあるのであろうか。「多くの世界政府論者は、個人がかつて社会をつくり上げるに至ったのは、その同意を法に迄集成し、かつ法の強制のための何らかの機関をつくったことによってであると考えて、そうした例に従うだけでよいと信じている。しかしこの仮説は、それぞれの社会において権利の尊重と言うことが、法典よりは古いものであると言う歴史的事実、そして法の強制のための機構が効力をもつのは、社会が全体としてその法に暗々の裏に従い、強圧的な強制はただ反対する少数者のみに限られるような時になった時だと言う歴史的事実を無視している」（R. Niebuhr, *The Illusion of World Government Foreign Affairs* Apr. 1949）と説くニーバーが、更に、「単一の主権は普通の社会にとって、究極にして必要かくべからざる手段ではあるが、そうかと言って政府の力のみで統一を得ることは不可能である。……ある所の共通の歴史、これらすべては社会の結合に貢献するものである」（ニーバー、「光の子と闇の子」）とニーバーが述べたのは最近のことであった。

我々には、リーヴスを批判するために余りに反対説に道草をし過ぎたのかも知れない。しかし、なお最近にそうしたことを単に理論としてではなく、近代的民族の統一を歴史的に、実証的に考究した西洋封建法の泰斗マルク・ブロックの言う所に傾聴しよう。「民族はより交錯したものから生ずる。即ち、言語、伝統多かれ少かれよく理解された歴史的追憶、……そして各自は全体としてもとづく所は深く、既に古い縁つづきの関係にかなっている共通の運命の意識とから」（Marc Bloch, *La Societe Feodale: les classes et le gouvernement des hommes* 1940, p.239）と。現在の世界に、そうした「我々」という意識がないことが問題なのである。

## 五

我々は、リーヴスが「理論的思索も、歴史的経験も」(一二五頁、邦訳一三七頁)自己の考え方を裏づけると主張するのに触れて、第一に彼が封建領主→君主の関係を、国家→世界政府へと類推してゆくことについての、歴史的認識の欠陥を簡単に指摘した。歴史の示す世界統一は、そのような世界主権=世界政府ではなくして、大国支配によるものであった。むしろそうした歴史的経験のアンチテーゼとして、理論的に構成せられたリーヴスの世界政府論であったが、それについても我々は充分に問題としなければならなかった。社会学的考察をする国際法学説によっては、現状はまだそのようなものを生み出すに足る条件が整っていないこと、社会のインテグレーションは国家の領域にとどまることが主張せられているのであった。そしてまた、法律や機構が社会をつくるのではなく、むしろそれは社会によって生み出されるものであって、その意味において、リーヴスの説く理論は逆立したものと言えるであろうということに触れたのであった。我々は余りにも簡単にしか、問題点に触れることが出来なかった。そしてまた我々には更に考えなければならない多くの問題を残している。彼の言う世界法が如何にして、現在の国際法とは質的に異って、個人に、少なくとも国内的に妥当してゆくかについても、充分に問題とされなければならない。しかし、予定された紙数をはるかにこえて、私は筆を置かなければならない。

過去の戦争の経験は我々に、世界共同体の成立が、単に「望ましい」ばかりではなく、「焦眉の急」であることを告げた。もし我々が巨大なキャタストローフをさけようとするならば。しかし、その道は、リーヴスの考えるが如くに近くにあるのではない。我々は三たび、世界大戦の渦中にまきこまれなければならないのであろうか。我々は知っている。それが人類の破滅を意味するものであることを。しかし、我々は永久平和の道を知らないのである。私は、リーヴスの企画が無意味だと言うのではない。我々の真摯な平和の声は、世界のすみずみからあげられなければならない。あたかも踏みにじられ、吹き倒されながらも、すくすくと延びてゆく一本の草木の如くに。ある一人の牧師は、ひかえ目にこう述べた。「どんなことがあっても、戦争に対して『否』を告げる一本の葦でありたいと思う。今日の現状において、私のなしうることはただこの一事につきるのだ。このような一本の葦が、平和に対して一提題をするというようなことに、一体何の意味があるのであろうか。しかし、あの戦争の悪魔的な無意味さにくらべるならば、この私の無意味さの方が、よっぽどましかも知れない」（赤岩栄「平和への一提題」『一つの世界』二巻八号）と。幾度びも幾度びも押し流され、しかし撓まずに堤防を築いてゆく力が、リーヴスのもののみではなく、また我々の果しないつとめでなければならないのである。

『法哲学四季報』六号（一九五〇年）一一〇―一一九頁

## 二　横田喜三郎『国際法学』上巻、田岡良一『国際法講義』上巻

四月には京都大学田岡良一教授の『国際法講義上巻』、六月には東京大学横田喜三郎教授の『国際法学上巻』と、今年になって相次いで国際法の充実した概論書が出版されたことは、国際法を学ぶ私達にとって、この上ないよろこびであった。今、本誌によって、両教授の著書の紹介・批評をもとめられる。田岡教授は、私が今あずかる東北大学の国際法講座を創設し、これを長く維持された方であり、横田教授は、私の研究生活のスタートを指導された恩師である。未熟な後進の、もとよりよくこの両者を批判し得る限りではない。しかし、もしこの両著をもち得た国際法学界のよろこびをひろく伝えることが出来るとすれば、それは、この両教授につながる縁をもつ私のつとめであるかとも思いながら、筆をとる。そして、ここにはむしろ、両教授のもつ、きわだった特徴を取りだして、紹介するにとどめたい。

☆　☆　☆

『国際法講義上巻』『国際法学上巻』ともに、田岡・横田両教授のそれぞれ三〇年にあまる長い研究生活をかけられたその研究の結晶であることは疑いない。しかも両著書ともに、国際法の概論書としても、二〇数年の背景をもつものであった。

昭和八年、横田教授はその最初の概論書、『国際法上巻』を世に問われた。「第一に純粋法学の立場」と「第二に国際法団体そのものの立場」を貫かれたこの三八四頁の著書は、翌年出版された下巻とともに、第一編「国際法主体」、第二編「国際立法」、第三編「国際行政」、第四編「国際司法」というその編別も示すように、国際法団体の整然たる体系化を試みられたものであった。理論的にも従来の伝統的な観念を正面から批判し、独自の理論構成によって読者をして納得せしめずにはおかない気概にあふれ、当時の国際法学界に清新な風を送りこんだのである。昭和一三年には「新しい材料を加え、叙述の不備を補うため」に、上巻を改訂され、昭和一五年には下巻を改訂された。理論的な尖鋭さは幾分緩和されているが、それにしても、初版に示された基調が一貫していることは言うまでもない。

横田教授の『国際法上巻』を評して、安井郁教授は、これは「伝統的国際法学に対する果敢な改造の試みである」(法学協会雑誌五一巻―昭八)と述べられた。また、田岡教授は次のように評せられる。「〔横田〕教授の新著の特色は、……新味のある体系の外に、その新味ある内容である。大戦後著しき変革を蒙りし国際法上の新制度の事実的記述は、おそらく本書に前行するわが国の国際法教科書の何れにも比を見ざるほど豊富である。……教授の行き届ける事にわれわれは感謝しなければならぬ」と(『法律時報』五巻―昭八)。しかし横田教授の新旧両版を通じて、国際法団体を中心として説かれるその体系がユニークなものであるだけに、その独自性が高く評価される反面、その根本的基調がそのまま国際法学界にひろく受け入れられたわけではなかった。

安井教授は、「本書に描かれている『国際法団体』は余りにも《civitas maxima》の色彩が強く、現実の国際法団体とは構造を全く異にするように思う。かような『国際法団体』の立場より叙述された国際法理論は、必然に特定の主観的・政治的性格を有するに至る。かくては『現実の国際法規を客観的に認識』しようとする『純粋法学』の立場と決定的に矛盾するおそれを生ずる」(『国際法外交雑誌』三八巻―昭一四)という疑いを表明された。田岡教授が昭和一八年、その『国際法学大綱上巻』の改訂増補版の序文において、「国際法を国内法に近づけて説く方法が、この学問を世人に受入れられ易く、理解し易きものとする便宜があり、従って今日まで学者はややもすればこの方法を採用するに傾いたのである。しかし安易を遂うて国際法の実相を誤り伝えることを顧みぬこの方法は、結局において世人の間に国際法の権威を失墜せしめる結果を生む」とされ、さらにまた、「国内法に似せて国際法を説こうとする学者は、規範の根底をなす社会的・政治的事情について無頓着であり、国内社会と国際社会との事情の相違に深く心を用いないこと、あたかも土質の相違を弁えずして、一方の土地に成長する樹ならば、他方の土地にも育つべしと信じて移植する園芸家に類するものであることが多い」と述べられたことの中には、横田教授の著書に対するきびしい批判が含まれていたとみてあやまりないであろう。

田岡教授の概論書が公にされたのは、横田教授のそれにおくれること一年足らず、昭和九年のことである。『国際法学大綱上巻』であった。著書自ら言われるように、「国際法学伝統の尊重と新事実の正確なる把握」こそが、四三六頁に及ぶこの書の基調であった。昭和一四年下巻を出版せられた教授は、上巻の初版より約一〇年を経た昭和一八年、「その間に生じた国際的政治体制の変化や、新たに結ばれた条約……を取りいれて著書の内容を新らしくしようとする」意図と、「旧著……に述べた国際法学の基本問題……に関する記述が、簡に過ぎて難解であるとの批評を度々耳にするので、出来るだけ之を敷衍して平易に述べて見よう」との意図のもとに、改訂増補を行われた。新しい事実にもとづく修正は本書のすみずみにまで行われたが、この改訂増補版が初版ときわだって著しい点は、むしろ著者の意図された第二の点、即ち、国際法に対する基本的観念の再構成にあったと言うべきである。著者の抱かれるオーソドックスな理解はここでますます深められ、新しい理論構成からする攻撃に対して、伝統的な観念を防衛しようとする意図さえみられたのである。

田岡教授のこの著書は、制度の綿密な歴史的分析に裏づけられた重厚な学風によってきわだち、その徹底した実証主義と、忠実な伝統的国際法理論の尊重とは、本書をして、その後長く、もっともスタンダードな国際法の教科書たらしめるのである。当時、横田教授はこの書を評して、「一口に言えば、新しい法規と制度の実証的研究を特徴とする正統派国際法学の教科書と言うことができる。そして、かような教科書として、本書は極めて優れたものである。最近まで、よい教科書に恵まれなかった日本の国際法学界にとって、本書の出版は一つの大きな福音でなければならぬ」（『国際法外交雑誌』三三巻―昭九）と述べられ、安井郁教授は、「本書によって与えられたものは、約言すれば、伝統国際法学の優れた解明と適当な補正である。新しい理論の批判を経た伝統国際法学はここに現代化されて再生した。本書はアンチロッティの“Corso di diritto internazionale”がヨーロッパの国際法学界において持つところの地位をわが学界において保有するものである」（『国家学会雑誌』四八巻―昭九）として評価された。

昭和八年に出て昭和一三年に改訂せられた横田教授の『国際法上巻』、昭和九年に出版され昭和一八年に改訂増補された田岡教授の『国際法学大綱上巻』は、それぞれの下巻とともに、一方は純粋法学と国際法団体の立場にたつ、きわめて論理的かつ体系的な把握において、他方は伝統的な国際法学を尊重する重厚な学風のもとに、実証的かつ機能的な把握において、全く対照的な両極に立ちながらも、日本の国際法学界に新しい時期を画するモニュメンタルな意義をもつものであった。

両教授は、この他に、戦前にもそれぞれ小さな概論書を出しておられる。横田教授は昭和八年暮、即ち『国際法上巻』を出版された直後に、岩波全書の一つとして『国際法』（三二四頁）を公にされた。本書は国際法の一般向きの教科書として書かれ、叙述の順序を大体に一般の教科書のそれに従っておられる。「現実の実定国際法をそのままに把握すること、これを国際法団体そのものの法律秩序として見ること」という教授の見方が、ここでも基調になってはいるが、本書の意図は、あくまでも一般に使い得る国際法のテキスト・ブックというところにあった。田岡教授は昭和一六年、ダイヤモンド社の新法学講話の一つとして、『国際法』（B6判・二三三頁）を出された。ここでは、「従来の小型の国際法教科書に往々見られるサブ・ノート的役割」は二義的なものとなり、むしろ、「読者に『国際法とは如何なるものか』を伝える為に、基本的な重要さを持つと認むべき若干の問題を選りだして之を解説する主義を採った」と、著者によって述べられている。とはいえ、ここでも国際法の講義において述べられるべき主要な問題は概観されているのであり、それを貫く基調は、もとより『国際法学大綱』と異ならない。むしろそれをハンディなものとした書物であったと言うべきであろう。

戦後間もなく、即ち昭和二三年に、横田教授は、有斐閣全書の一つとして、『国際法』をあらわされた。著者自らも、「いままでも、他の国際法の教科書にくらべて、私はかなり根本的な修正を加えていた。……この書物では、それをいっそう強化し発展させた」と述べられる。たしかにこの書を貫く基調は、横田教授に独自なものである。しかし私達の注目をひいたのは、本書において、少なくとも形式の上で、かつての『国際法』上・下巻にみられた国際法団体を中心とした立場が一擲されて、ほぼ一般的な教科書の形式がとられたことである。「国際法の性質」、「国際団体」、「国家」、「個人」、「国家領域と公海」、「人・船・航空機」、「国際交渉の機関」、「条約」、「紛争の平和的解決」、「紛争の強力的解決」、「戦争法規」、「中立」という章別からは、ことさらに特異なものは感じられない。内容的にみても通説に対する充分な理解と尊重とが前提されている本書は、量的には全書判・三二二頁の小さなものであったが、繁簡よろしきを得、かつ教授の明快な文章と相まって、戦後の手頃な教科書として、もっともひろく利用されたものであった。田岡教授も昭和二五年、勁草書房法学普及講座の中に『国際法』を出された。A5判・二七二頁の本書は、かつての『国際法学大綱』上・下を圧縮し、また国際連合などの新しい資料を付加されたものであって、その根本的基調は「大綱」のそれをほぼ受けつがれたものであった。

その他にも、両教授の概論書をひろうならば、戦前に日本評論社の企画した新法学全集に、横田教授は紛争の平和的及び強力的処理をふくむ『平時国際法第二部』を、田岡教授は『戦時国際法』を執筆されたこと、昭和二三年に、田岡教授は田畑茂二郎教授と共著で、『国際法講話』をあらわしておられることを、つけ加えておかなければならない。

かくして、今年出版された横田・田岡両教授の概論書は、それぞれ二〇年にあまる期間にわたって、改訂補正されてきたものであって、まさに両教授のライフ・ワークとも称すべきものであると言わねばならない。

☆　☆　☆

田岡教授の『国際法講義上巻』は、先の『国際法学大綱上巻』の改訂増補版を、更に改訂されたものである。序論は「国際法の意義」、「国際法の分類」、「国際法と国内法との関係」、「国際法と国際私法・国際刑法・国際行政法との区別」、「国際法の歴史」の五つの章の他に、「国際法法典編纂問題」、「国際法の主体に関する論争」が傍論としてつけ加えられている。「国際法の歴史」が新たに独立の章として書き加えられたのは特異な点であるが、その他には、いくらかの加筆を除けば、わずかな字句の修正が試みられたにとどまって、内容的には旧版とほとんど異らない。本論においても、一般に理論上問題の多い承認論、領域論、国家責任論などについては、旧著と語句の修正を除いては異ならない。新著の特色は、主としては旧著における資料が最新のものとさしかえられ、きわめてアップ・ツー・デートなものとなっているところに求められるであろう。具体的に言うならば、本論第一章「国家および国家結合」において、「永世中立」の制度の中に安全保障の一方法としての現代的意義をみとめ、「国家結合」についてはは第二次大戦の前後を通じてのきわめて豊富な実例によって、自ら新たな分類方法を唱えられ、かつての国際連盟に代えて、一三〇頁にわたる「国際連合」の解説をこころみておられる。第二章「統治の空間的限界」においては、

「大陸棚」をめぐる問題が加えられ、また「接続水域」に関する国際連合国際法委員会の草案も説明されている。ダーダネルス、ボスポラス海峡やダニューブ河について第二次大戦後の制度の変化が述べられ、「国際航空」については、一九四四年のシカゴ条約にもとづいて説明が一新されている。国際連合のもとにおける新しい制度である信託統治についても三〇頁近い紙幅が割かれた。第三章「個人および国家機関」においても、「植民地現地住民の保護」について国際連合のもとにおける信託統治や非自治地域の制度が言及され、「労働条件の改善」を述べるにあたっては、国際連合専門機関の一つたる国際労働機構が解説されている。更にまた「世界人権宣言」への道程と「ジェノサイド防止の条約」が個人の保護に関する問題として付加された。外交使節の「庇護権」については新しいケースが加えられ、国際裁判所の裁判官や国際連合の職員などの「外交特権」も新たに説明されている。第四章「条約および不法行為」の中では、とりわけ「条約の登録」の制度が、国際連合においては、国際連盟下におけるその制度の不合理性をすくうものとしてあらわれてきたことが指摘され、また国際連盟とは違う意味をもつものとして国際連合における「現状の平和的変更」が言及されている。

以上に拾いあげられた点を一見しても分るように、田岡教授は旧著の体系を維持されながらも、新しい資料、とりわけ国際連合の成立ならびに活動に伴う新しい資料によって、五九二頁に及ぶ本書の体系の裏打ちを試みられたのである。わけても国際連合、永世中立については同教授に戦後独立の著書があり、また信託統治制度についても、戦前委任統治に関する著書をもつ教授は、その本質及び歴史にも掘りさげた解明を加えられている。しかしそれだけに、その反面かなり重要な問題について充分な説明がされていないきらいがないではない。湾や入江を除いた領海に二〇頁、信託統治には二六頁の紙幅が割かれているのに、公海制度についてはわずかに八頁余りの説明しかされていないのも、また不法行為の説明が七頁に圧縮されているのも、いささか不満を感ぜしめるところである。とはいえ、昭和九年に初めて公けにされた田岡教授の概論書の前半が、昭和一八年には主としてその理論的な部分において一層掘りさげられ、そして今日もっともアップ・ツー・デートな資料によって補完されたことは、日本の国際法学界の水準を向上させることに、大きな役割を演じたものと言わなければならない。

横田教授の『国際法学上巻』は、田岡教授の場合と異なって、全く新たに筆をおろされたものである。教授は序文で次のように述べられる。「大学を出てからすでに三〇年にもなる。その長い間、ずっと国際法を勉強し、講義もして来た。それなのに、まだ本格的な書物を書いていない。このまま死んでしまったのでは、自分としても心残りであるし、社会に対しても申訳がない」。そういう気持で書き下されたこの著書は、まさに横田教授のこれまでの研究の集大成でもあった。「叙述の順序は、だいたいに、一般の教科書のそれにしたがった。その点で、一般向きの教科書ということができる。そうはいっても、もちろん、私の根本的な見方が基調をなしている。その見方というのは、第一に純粋法学的な見方である。現実の実定的な国際法規を客観的に認識し、記述するということである。第二に、国際社会を中心とした見方である。国家のためという立場ではなく、国際社会そのもののためという立場で、国際法を見ようというのである。これらは、私の若いときからの見方であった」。このように教授は序文で述べられる。

たしかに国際法に対する教授の基本的な立場は維持されている。しかし少なからぬ点において、教授はきわめて大胆に自説を修正された。一、二の例をあげれば、『国際法上巻』初版においては、主権は国家に先天的に固有な最高絶対な権力であるとし、国際法におけるこの観念を否定されたのであったが、新著においては、国際法における主権を、「対内的に、人民と領土を最高的に支配することができること」、「対外的に、他の国や国際的な権力に対して独立であること」（三三九頁）として理解し、そのような国家の主権が国際社会の発達につれて制限されてゆく過程を、ザッハリッヒに分析されるのである。また国家承認の点についてみるならば、旧著初版においては、「承認の要件が充たされた場合に、国際法団体に属する国家は承認を行うことを要する」と解されている。新著においては、「諸国の慣行を見ると、承認を行わないために、国際法に違反したことになるとはされていない。政治的には、ある国が承認を行わないことに対して、不満を表明されることがあっても、法律上で、それが義務違反であるとか、国際法違反であるとか主張されることはない。承認を求める国でも、そこまで主張することはないし、承認しない国では、もとよりそれを認めない。このことは、諸国の習慣上で、承認の義務が認められないことを意味する。こうして、実定国際法上では、承認の義務はないといわなくてはならない」(二八二―三頁)と述べられる。旧著において示された、どちらかと言えば観念的な国際法団体の構成が、よりリアルな立場から再編成されているとみられるであろう。

形式的な点で言えば、これは昭和八年の『国際法上巻』の系譜にあるものではなく、昭和二三年の量的には小さかった「国際法」の基調を更に深め発展せしめたものである。「国際法」の約三分の一余りにあたる最初の部分を詳細に論じられ、更に「国際法の歴史」という独立の章を加えられた。五一〇頁に及ぶ本書は、「国際法の性質」、「国際法の歴史」、「国際団体」、「国家」、「個人」の章に分けられる。一般には国際法の客体として理解されている領域論以下が中・下巻にゆずられているだけに、本書はまさに横田教授の国際法の基礎理論を集めた感がある。しかも本書に論ぜられている部分の多くは、著者が既に独立のモノグラフィーにおいて論じられた著者の得意とされるところでもあり、適切に配分されたスペースに著者一流の明快な文章と透徹した理論によって展開されたその議論はまさに珠玉のものとも言うべきであろう。もとよりその法の論理が明快であればあるほど、私達は現実の国際社会の実相がそこに反映しているかどうかに、いくらかの疑念をもつ場合がないのではない。このことについては、また後にも触れる機会があろう。

なおこの横田教授の著書の特色は、日本のこれまでの研究に充分の考慮が払われていることである。「文献については、とくに日本のものに重点をおいた。……われわれの研究は、われわれの同胞の研究から出発し、それを継続し、それを発展させるのではなくてはならない。いままでの研究を顧み、これを引用することは、われわれの義務である。そればかりでなく、日本の読者にとって、外国の文献を見ることは困難で、大多数のものには不可能である。日本の文献こそ、引用すべきものは引用して、読者の参考に供すべきであろう」という立場に立たれて、横田教授は日本の文献をほとんどくまなく引用・参照されている。このことはきわめて大事なことであって、少なくとも、国際法の概論書に関する限り、日本の文献をひろく引用することは今日まで絶無であった。それは単に引用という技術的な事には限られない。日本の学者の業績は不当に無視され、またそのために日本では既にある段階に達した研究が見おとされて、通説というものも、むしろヨーロッパの通説がそのまま理解されていたきらいがないではない。横田教授がこの点に着目されて、過去半世紀にわたる日本の国際法学の精華を自ら明らかにしようとされた意義は、きわめて大きいものがあるであろう。

☆　☆　☆

以上に私は、最近出版された田岡・横田両教授の国際法概論書の成立のプロセスをみ、またその内容についてもいくらか触れてみた。そして以上に述べたところからも、両教授の歩まれた道が、全く対蹠的であることが察せられるであろう。しかし実は、国際法に対する基本的な考え方において、両教授には相容れないものがあるわけである。

国際法の本質論が、国際法の法的性質として論じらるべきかどうかはきわめて問題である。しかし、横田教授が、法における二重当為命題の意義をみとめ、国際法もその意味で法であるという立場をとられてきたことは、周知の事実である。昭和八年の『国際法上巻』においては、次のように述べられる。「国際社会に妥当する規範のうちには、確かに、法律規範の特殊な規範形式を有するものがある。一般に国際法規とよばれる規範がそれである。これらの規範は一定の主体が一定の要件の下に一定の行為を為すべきことを定める。もしそれが為されないときは、右の主体に対して他の一定の行為が為され得べきである。右の主体の責任を問い、救正を要求することができる。救正が拒絶されれば、ある場合には、国際裁判所に訴えることができる。一定の強力的手段をとることもできる。これを全体として見れば、一定の主体は一定の要件の下に一定の行為をなすべきであり、もしそれをなさなければ右の主体に対して他の一定の行為が為され得べきである。第一の命題は義務を定める。第二の命題は制裁を定める。これらの二つの命題は相互に結合され、義務と制裁の二重当為命題を構成する。それは正に法律規範の特殊な規範形式である。従って、国際法規は正当な意義における法律規範である」。この立場は昭和一九年のモノグラフィー、『国際法の法的性質』において、いくらかモディファイされながらも、国際法の法的性質は国際法と強制の関係という問題形式のもとに、一層強く主張されている。『国際法学上巻』においても、特に「国際法の法的性質」という項をもうけて、二〇頁余りにわたって詳述される。「一般的にいって、当為的な強制は、法の本質的な要素である。それればかりでなく、法を道徳から区別する特色でもある。この強制をもつものは、法としての本質をもち、道徳からはっきり区別される。国際法についても、もとよりそうである。それに当為的な強制がある以上は、法としての本質をもつものであり、法であるといわなくてはならない」（三三頁）。

田岡教授が、国際法は法であるか否かというはっきりした問題提起を行われたのは、『国際法学大綱上巻』（改訂増補版）においてであったが、それはそのまま『国際法講義上巻』に受けつがれている。「人間の社会に於ける規範の制定および強制に関する分業組織の発達は、この分業組織と関係をもち、従ってその存在が他の社会規範よりも確定かつ鮮明な一団の規範を、他と区別しようとする観念を生ずる。法という語はもっともしばしばこの観念を表現するために用いられる。この観念をあらわすものとしての『法』の語は、国際社会の規範に該当しないのは当然である」（一四頁）とされる。といっても、田岡教授は国際法をもって道徳規範とされるのでは決してない。しかし、「ある社会において、その社会固有の事情にもとづいて分化を生じた諸種の規範を、この事情の存せぬ社会の規範と比較するときは、どれをもって来ても、当てはまらないのは当然である」（一四頁）とされ、「しかしながら、もし立場を変えて、国際法が法学の一部門として取扱われていることが、適当か否かという点から問題が提起されるのであるならば、われわれの解答は異る。実際的技術的見地から問題は肯定され得る」（一五頁）。「右の点を注意した上で、伝統的に用いられる国際『法』という語をわれわれも踏襲しようと思う。またこの法によって社会各員のなすべきことを義務といい、各員のなし得ることおよび他にむかって請求しうることを権利という用語例をも踏襲しようと思う」（一八頁）と述べられる。田岡教授にとっては、国際法を国内法の立場から、その類推において考察することは許されないのであり、国際法の法的性質という問題意識は、全く無意義なものなのである。

実は、両教授のこのような問題意識あるいは問題設定の相違は、国際法・国内法の関係に関する理論にも、明瞭に反映する。

横田教授にとっては、国際法も国内法も「法」であって、そこに統一的な法律秩序が存在すると考えられている。そして、「国際法と国内法の関係を見ると、……国際法から国内法の有効性が引き出されると考えられる」（七二頁）。「実際において、国際法は、すべての国内法がその国で効力をもち、他の国では効力をもたないことを定めているのであって、これに基づいて、日本の国内法も、アメリカの国内法も、それぞれの国で効力をもち、他の国では効力をもたないのである。これを一般的にいえば、国内法は国際法に基づいて、それぞれの国で効力をもつことになる。そうしてみれば、国内法は国際法に基づいて効力をもつわけであり、国際法は上位に、国内法は下位に立つと言わなくてはならない」（七三頁）。このように横田教授は、自らもとられる国際法優位説を説かれるのである。

しかし言うまでもなく、横田教授は「国際法の全部が国内法の上位に立つというのではない。国際法のうちで、諸国の国内法の効力をそれぞれの国で認めるという規則が国内法の上に立つのである」（七三頁）。そして「かならずしも国際法がただちに国内法上でも効力があるというのではない。……国際法が国内法上でも効力をもつためには、……明示的または黙示的に、このことが国内法上で認められることが必要である」（七四頁）とされる。しかしこの点では、横田教授のとられる国際法優位説は、「通説（分立説）と同じである」（七四頁）。けだし、――横田教授の説明によっても――国際法・国内法の分立説においては、国際法と国内法が何らのかかわりもないものとはされずに、その抵触の場合には国家責任の問題が生じ得るとされ、また原則的には、「国内的には、どこまでも国際法規は適用されない」としても、「ただし、国内法上で、とくに国際法規の効力が認められたときは、この限りではない。そのときには、国際法規が国内法上でも効力をもち、国内の行政機関や裁判所によって適用される。そればかりでなく、このような規定のない国でも、国際団体に属する国としては、一般に国際法に違反する意志がないものと推定され、できるかぎり、国内法を国際法に抵触しないように解釈し、適用すべきであるとされている」（六九頁）からである。「ただ通説では、国際法と国内法がまったく別な法体系であると見るに反して、この説（国際法優位説）では、両者の区別はたんに相対的なもので、結局は合して一つの統一的な法体系を形成すると見る。この説でも、相対的な区別まで否定するのではない」（七四―五頁）。それにもかかわらず、何故に横田教授は分立説を否定し、国際法優位説をとられるか。それは、分立説において、「国際法と国内法がそれぞれ別な、互いに独立した法体系であるとされるが、それにもかかわらず、両者が抵触する場合には、なんとかして調和し、国際法に抵触しないように国内法を解釈し、適用すべきものとされる。このことは、結局において、両者が一つの統一的な体系に属することを意味するものでなくてはならない」（七一頁）からであると、横田教授によっては考えられている。

田岡教授は先にも述べたように、国内法が法であるというような意味において国際法の問題を取りあげる必要のないことを言われたのであったが、従って国際法と国内法の関係も統一的な法律秩序としてとらえる必然性はない。この点について次のように述べられる。「国際法と国内法の関係に関する学説の争いは、両者の効力関係に関する論争である」（四〇頁）。そして、「国際法と国内法とはその規律の対象とする事項が同一であっても、別種の規範である」（四一頁）とされ、しかし、国際法と国内法とが同一の事項を規律の対象として持つことは、二法の規定が矛盾を生じる場合があることを予想せしめる」（四一頁）。そして「いやしくも国家を拘束する国際法の存在を認める以上は、これと矛盾する国内法規の存在は認めてならないものとなる」（四二頁）。しかし、具体的に、「国際法と国内法との内容が違っているとき、その国の機関および人民の行為を支配する準則となるのは後者であって、前者ではない」（四五頁）。しかしこのように、「国際法は、国内法に変形せられてはじめて国家機関および人民を拘束するという体制」は、「現在の国際社会の発達段階に於ける多数の国の態度に鑑みて止むを得ない所として容認されているにすぎない」のであって、「理論上唯一の可能な体制として認め」られているわけではない。「かく考えれば、国際法の規定と国内法の規定とが違う場合に、国家機関や人民はどちらの法によって拘束されるか、という問題に対する答は、各国のとる体制によって異なるものであって、国際法の性質から演繹して一律の解答を引出すことはできない」（四六―七頁）。田岡教授は、国際法と国内法との効力関係に関するこのような見解は、「いやしくも国際法の存在を是認するかぎりは何人も到達せねばならぬ結論である」（四九頁）と述べられる。田岡教授はこの立場から二元論（分立説）と国際法上位論を分析され、「両論者が国際法と国内法の関係について考えている所は事質上同一である。相違はただ言葉の上のみに存在する。論争は言葉の争、比喩の争であり、同一の国際法観をいずれが正しく表現しているかという争である」（五四頁）。「両論者が抱く国際法観が同一である結果として、二元論と国際法上位説のどちらかを採るかは、国際法規の解釈に何等の影響をも及ぼさない」（五四頁）と結論されるのである。

以上の両教授の説明によってみるならば、国際法と国内法の関係は、まさに論理的な構成の問題として把握される限りにおいてのみ、学説の対立をもたらしているものとみることが出来よう。このことに関連して、更に国際法における個人の法主体性をめぐる両教授の論争を、興味をもってみることができる。

横田教授は昭和八年、その『国際法上巻』初版において、原則的には国家が国際法の主体ではあるが、個人も直接に国際法上の権利義務をもつ限りは、なお国際法の主体であるとして、国際法の主体は国家のみであるという通説を批判された。この考え方は、新著『国際法学上巻』においても維持され、更に敷衍されている。横田教授は、「国際法が直接個人について規定し、直接に個人の権利や義務を定めている場合も、個人を国際法の主体と」考える「広い範囲で個人を国際法の主体とする説」(四八〇頁)をとっておられる。その例として、「たとえば、外交使節の特権、海賊、戦争の規則の違反、戦時禁制品の輸送、封鎖の侵破のような場合」(四八〇頁)が挙げられる。「いったい、個人と国際法の関係ということは、法学的認識の問題である。与えられた法的素材を前にして、それをどのように理解し、説明するかという問題である。与えられた法的素材としては、外交使節が駐在国で特権をもつこと、海賊がどこの軍艦によっても捕えられ、処罰されることである。これらのことは、だれも疑わないこと、否定しないことである。ただ、これらのことを説明するのに、通説では擬制を用いたり、まわり道をして、やっと説明している。それさえも、精密に見ると実は十分な説明になっていない。法学的に、説明のできないところがある。しかし、擬制を用いたり、まわり道をしなければ、説明ができないのではない。国際法が直接に外交使節に特権を与え、直接に海賊行為を禁止しているといえば、それで十分に説明ができる。しかも、きわめて簡単に、明白に、十分に説明ができる。そうしてみれば、法学的認識として、この学説が優れており、適当であるといわなくてはならない」（四八六頁）。

この立論に対して、田岡教授は主としては二つの面から、これを批判されたのであった。即ち、その一つは次のような論拠である。「主体といい、客体というものは、個人、団体その他の事実をめぐって法規の織り出すいろとりどりの法的状態を分類し整理するため学者の与える名称であって、如何なる法的状態を主体と呼ぶかは純理より言えば学者の自由でなくてはならぬ」と言われ、横田教授の「特異な主体の概念及びよって生ずる個人主体説をも尊重」されながら、横田教授が「その抱懐する主体の概念を唯一の正しきものとし、個人に人格を認めざる通説を誤りなりと断ぜられる事を疑」われた（『法律時報』五巻―昭八）。田岡教授はこの問題が学者の便宜にかかわる相対的なものであるという立場をとられるのである。更に、田岡教授はその翌年の『国際法学大綱上巻』において、横田教授の立場をはげしく批判された。「自己が若干の術語に付与する意義が通説のそれとは異ることを自覚しつつ、通説のそれは誤にして自己の理解するところのみが、是等の術語の正しき意味なりと主張する人々」の存在を言い、「通説が国際法によって付与せられたる利益を自ら確保する手段を有するもののみを権利主体と名づくるをあやまりなりと言い、かかる手段を有すると否とを問わず、国際法の保護する利益の享有者を国際法の権利主体と呼ぶ事が正しき語の用語なりと唱える学者がある」として、先の書評において述べられた批判をくりかえされるのである。法律上の術語における法規上の用語と学問上の用語の分化を指摘され、前者には絶対的な態度を、後者には相対的な態度を要求される。横田教授との間に問題になっているのは後者であるが、田岡教授は自己のとられる「『主体』概念が唯一の正しきもの絶対に真なるものと主張するものではない」という相対主義の立場に立ちながら、なお「従来の国際法学の通説を補正せんと企つる者は」、国際法主体などの「学説上の用語に通説の付与せる意義を自らもまたひとしく採用することを必要とする」として、通説と共通の場に立った上で、個人は権利侵害の救済を確保し得る国際出訴権が認められている限りにおいてのみ、個人もまた国際法の主体であるという風に説かれるのである。

横田教授はその年、即ち昭和九年に、この田岡教授の説に再批判を行われた。横田教授は、「法規に使用された用語と法律学の使用する用語、実定法上で構成された概念と法律学の構成する概念が異ることを主張されるのは確に正当である」としながらも、「法律学の使用する用語は学者が任意の意義を付することができ、その構成する概念は単に相対的の価値を有するに止まることも同様に正当であろうか」と反問される。横田教授は「法律学者の選択する用語、構成する概念は……与えられた法律関係を適当に把捉し、叙述するものでなければならぬ。もしこれを適当に把捉し、叙述し得ないものであるならば、それは当然に修正されるなり、拋棄されるなりしなければならぬ」とし、「そこに学問の進歩があり、向上がある」と述べられる。今問題になっている国際法の主体については、「〔田岡〕教授がその主張〔通説〕を支持される理由は、すくなくとも表面にあらわれたところでは単にそれのみであり、従来の概念でもあまり差支なく与えられた法律関係を説明し得るから、それを攻撃することは不当であり、新たな学説に対して教授が示されると同様の寛容を、この新たな学説も従来の通説に対して示すべきであるとしておられる。しかし、新たな学説が従来の通説の概念は与えられた法律関係を把捉し、説明するに適当でないとし、みずからより適当な概念を構成したものとして、従来の概念を非難したとすれば、単に右の理由のみで従来の概念を維持しようとすることは不充分ではなかろうか」（『法学協会雑誌』五二巻―昭九）と述べられる。

田岡教授の新著『国際法講義上巻』の「国際法の主体に関する論争」という章は、先にも述べたように、既に昭和一八年の『国際法学大綱上巻』改訂増補版のそれの語句の修正にとどまったが、その初版よりは一層掘り下げた思索のあとをみることが出来る。そして、国際法の主体に関する論争が、「主体という言葉に付与せられる術語的意味が異るから」（一〇六頁）生ずるという相対主義の立場は、ここでも徹底してとられている。「各種の法は、その直接に規定する対象が何であるにもせよ、究極に於いて、人間の利益のために存することは変らない」（一〇六頁）。その意味からすれば国際法の主体は個人であるということも出来るが、しかしそれでは「国際法はその主体に関して、他の法に比して何等の特徴をもたないものになる」（一〇六頁）として、個人のみを国際法の主体であるとする考えをまずしりぞけられる。もし「法主体」という言葉によって、法が「何人を目指して作為不作為の義務を課するか、またこの義務を課せられた者がこれに違反した場合に、彼に向って法を援用して義務の履行を迫る資格を何人に与えるか……を指すものと解するならば、国際法の主体は国家であるといわねばならぬ」（一一〇頁）。田岡教授にとっては「法主体」という言葉に与えられる意義の相違が問題なのであり、「この相違あるが故に、個人は法主体なりやの問題に対して相反する答が生」ずるのであり、このことが諒解された上は、もはや論争は放棄されるのが当然なように思われる」（一一三頁）。そこで第二の問題は、「どちらが法律術語として正しく主体の語を用いているかという問題」（一一四頁）であるが、これについて田岡教授は、昭和八年横田教授に対して加えられた批判を貫き、学問上の用語としてならば、学者の思索に加えられる制約はないという立場をとっておられる。もちろんその場合にも、「もし伝統的に世界がある言葉に一定の機能を付して用いている場合に」（一一六頁）、その点について学者は拘束をうける。国際法主体をめぐる論争は、「国際法学上の主体の概念を国際関係に類推した場合に、両者のいずれがより多く類似性をもつかを争うに外ならぬ」が、「この事として観察するときは、通説即ち国家を国際法主体とする説に軍配を揚げねばならぬであろう」（一一六頁）とされるのである。

この論争に対して、何らかの評価を与えることは私の任ではない。しかしながら、私達にとって重要な問題は、まさに横田教授も指摘されるように、「個人と国際法の関係という……法学的認識の問題である」。そしてこの点について、横田教授は、先にも述べたように、「国際法が直接個人について規定し、直接に個人の権利や義務を定めている」ということに大きな意義を認められているのに対し、田岡教授はこれはっきりと否定されるのである。昭和八年の書評において、田岡教授は、「一般に条約によって私人の利益または行動が規定されたる場合に、常に私人が国際法上の権利義務を有する」ものではないという通説的立場をとられ、しかし例外的に、「私人に国際法廷に於て外国の国際法違反を争う資格を認められたる場合には、この限度において私人に国際法上の人格を認めざるを得ない」とされる。この立場は、その後一貫して田岡教授によってとられたところであり、新著においても、「国家間の条約がその時々の具体的必要によって便宜上設ける特別国際法的制度〔個人の出訴権〕を除いて、一般国際法上の問題としては、個人は、……国家と異り、自から直接に国際法上の義務者に向って、国際法を援用して義務の履行を迫る法的手段をもたないものであり、一般国際法はこの資格を国家にのみ認める」（一〇九頁）というところに、大きな意義を認められるのである。

この点について、たとえば田畑茂二郎教授は田岡教授と同じく、横田教授の説を次のように批判しておられる。即ちその昭和三〇年の『国際法上巻』によれば、「通説を批判する人々が通常なしているように、国際法が個人の権利・義務について規定しているからといって、それによって直ちに個人の国際法上の権利・義務が認められ、個人が国際法主体になったというふうに簡単に言うことはできない。何よりも、先ず第一に、そうした国際法の規定が国内的に妥当することが必要であるし、更に、その上、国際法の認めた個人の権利が果して国際的に個人自身の名において主張せられうるものであるか否か、また、義務の場合には、それが果して国際的な手続による制裁を予定しているものであるかどうかを考えてみなければならないからである」。もっともこのような田岡・田畑両教授の考え方に対しては、既に横田教授の著書の中に、答うべきことが用意されている。即ち、個人が国際法の主体たり得るのは、「権利や義務が国際法上で個人を通じて実現される場合」に限られない。けだし、「実体的な権利とそれを実現する手続上の権利と」は区別さるべきであり、「手続上の権利は国内法上の権利であるからといって、実体的な権利も国内法上の権利であるとするのは、適当と言えない」（四九一頁）からであると横田教授はされるのである。

こうしてみてくるならば、横田・田岡両教授の見解の相違は、単に法の主体の概念規定をめぐる問題にはとどまらないで、やはり国際社会の本質の理解につながるものであることを知るのである。

☆　☆　☆

以上に、「国際法の法的性質」、「国際法と国内法の関係」、「個人の国際法主体性」をめぐる、両著の問題点を拾い出してみた。ただし、これらの問題は相互に絡みあって、国際法学の本質につながる事柄だからである。ここに示された両教授の見解に、立ち入った批判を加える能力は私にはないし、またそれがここでの任務でもない。ただ私はつねづね次のようなことを考えている。

国際法は一つには、徹底した技術の学問として学ばれなければならない。そこに要求されるのは精緻な解釈学である。その解釈を支えるものが何であるかの点は措くとして、私は先例と各国の慣行に基礎をおく、優れたコメンタールの出現をのぞんでいる。アメリカはハイドの『国際法』三巻をもっている。期待されるのは日本のハイドである。

しかしもし、国際法が社会科学の一つとして学ばるべきであるならば、国際法の法的性質が問題にされるのではなくて、むしろ国際法会の社会構造自体が充分に検討されなければならない。そして、私達が国際法と国内法の関係をみる場合に、その規範論理構造、あるいは観念的な効力関係が主として問題になるのではない。また個人が問題にされるのは、観念的なその権利・義務の設定の方式に意味があるのではない。私達に必要なことは、国際法がどのようにして、国内的実施の保障を確保し得るかに他ならない。

国内法の立場からする国際法の国内的妥当の保障は、たとえば横田・田岡両教授も説明を加えておられる各国の憲法体制の変化、日本で言えば憲法七三条三項あるいは九八条二項の示すような国内体制を要として論ぜられるべきであろう。そして現実には、慣習国際法のそれから条約一般の国内的妥当の保障体制への推移が、私達の問題意識をかきたてるのである。そして私達はフランスの第四共和国憲法に大きな意義を認めることができる。また一九五〇年カリフォルニア州の裁判所が、その「藤井セイ事件」の判決において、カリフォルニアの外国人土地法が、国際条約たる国連憲章に矛盾するがために無効であるとしたことは、大きな意味をもつものであった。ミルキーヌ・ゲゼヴィッチが、その一九三三年の*Droit Constitutionnel International*をはじめ数々の労作において、「憲法の国際化」を説いてやまなかった意味は、決して小さいものではなかったのである。

しかしながら、現実には、そのような国際法の立場からする国際法の国内的効力の保障が、必ずしも充分に普遍性をもつものとはなっていない。そしてまた見落されてならないことは、国際法の国内的効力の保障が、国際法の側からはほとんどなされていないことである。世界人権宣言は一九四八年国際連合総会において、一国の積極的な反対もなく採択されたのであったが、しかしこうして規定された人権の保障の保障は担保されてはいない。国内法の立場からする自発的な保障以外に、国際法の側に国内的実施の強制の道は開かれていない。実は、そのような道をつけることの至難さが、今日、国際人権規約の成立を、ほとんど絶望的なものとさえしている。このことは、一九四八年のジェノサイド条約においても同様である。集団殺害の防止を規定したこの条約は、どのようにして、自らの立場でその国内的妥当の保障を各国にもとめ得るであろうか。そこに予定された国際刑事裁判所は、まだ成立すらしていないのである。組織化された国際連合ですら、国内事項に関するその干渉の排除を保障することなしには成立し得なかったことが、見落されてはならない。そこに国際社会分析の鍵がひそみ、国家主権の問題が今なお、いやむしろ今日一層、国際法学の根本問題として学ばれなければならない意味があるのである。私達はやはり国際法に特殊な、国家主権を媒介にする国際社会の重層構造を無視してはならないであろう。国際法学をして単にコメンタールに終らしめないためには——このこと自体がきわめて重要であることはくりかえすまでもないが——、概念分析をこえて、国際社会の構造分析に至らなければならないと思う。

☆　☆　☆

ここで私は横田・田岡教授の新著に対する詳しい紹介の筆をおこうと思う。戦前に両教授の『国際法』上・下巻、『国際法学大綱』上・下巻をもつことによって、わが国の国際法学界は、その歴史に一時期を画したのであったが、戦後一〇年、両教授の『国際法学上巻』、『国際法講義上巻』によって、更にその水準を一歩高めることになった。私は、還暦を迎えられるのもほど遠くはない両教授の御健康を祈りつつ、一日もはやくその続巻を完成されることによって、私達後進を御指導下さることを望んでやまない。

『國家學會雜誌』六九巻一一・一二号（一九五六年）五八九—六〇三頁

# 第三章　大学制度論

## 一　国立大学、学長選挙変革を――法人化で重み増すトップの役割

国立大学法人が二〇〇四年四月、一斉にスタートしたその一つ東北大学は、学長選考にあたっては学内構成員一般による選挙という旧帝国大学時代以来の方式をとらないことを決めた。これが全国の国立大学法人、とりわけ東京、京都、九州などの旧帝国大学で初めてのこととして全国のニュースになった。他の国立大学法人は依然として学内の広い構成員による学長選挙をしていると聞いて、私は驚いた。

## 広範な学内選挙　考える余地なし

新しい国立大学法人法の下で、各大学には学長を筆頭とする役員会のほかに、学長を長とする学内、学外同数の経営協議会、同じく学長を長としてもっぱら学内選出に限る教育研究評議会の機関があり、その他に、同数の学内、学外委員からなる学長選考会議が設けられた。この法の下ではもともと広範な学内選挙など考える余地はない。

東北大学は学長選考について「学長選を廃止した」のではなく、新しい法人化大学の制度の中で新たにベストの学長選考方法を「作り出した」ものとみるべきであろう。

私は国立大学法人が発足した昨年四月から、東北大学の経営協議会の委員を仰せつかり、また選考会議議長に選ばれて、学長選考の規則制定にいささか関わった。

一九七六年からオランダに住み、国際司法裁判所の判事を三期二七年務めて、昨年初めに帰国して間もなくのことである。ただし一九五〇年に東北大学に赴任し、それ以後講師、助教授、教授を二五年間務めたので、東北大学と無縁であったわけではない。

東北大学では現職学長の任期はまだあり、さしあたり学長選考の時期ではない。選考会議は、最初の仕事として学長の任期、選考方法についての規則を立案した。学内各部局の意向を聞き、他大学の例をも参照しつつ、半年近くかけて出来上がったのが、最近報じられた学長選考などの東北大学の新規則である。

新規則では、学長を再任なしの任期六年とし、協議会、評議会が推す各五人以内の候補者、更に学内の教授・助教授三八以上が推薦する候補者などを考慮に入れて、選考会議が一人の学長を選び出すのである。

任期六年というのは、学長がある程度腰を据えて仕事をするのに必要であろうし、他方再任に伴うかも知れない弊害などを考えての結果である。

私が思い出す東北大学でも、その古きよき時代以来、学内の一般選挙で選ばれた歴代学長は優れた教授であった。本多光太郎（金属学）、熊谷岱蔵（内科学）、高橋里美（哲学）、黒川利雄（内科学）をはじめ、国の内外で知られた碩学（せきがく）が、学内選挙で選ばれていた。

本多光太郎は戦前の時期に九年、高橋里美は戦後八年余りも、その任にあった。そのころは旧帝大でも、それほど大きな所帯ではない、群雄割拠の多数学部編成ではあったが、学部の垣根も低く、駆け出しの私なども他の専門領域の実情をある程度は理解していた。しかも、どちらかと言えば学長は大学の看板であって、有能な各学部の教授たちがこれを支えた。

しかし今は違う。旧帝大はいずれもマンモス化し、他学部のことどころか、自分の学部でも、学科や専攻が違う所の事情を知りはしない。

## 大きな学部に　票が固まる

今のような状態で、学長を大学構成員の、見識が必ずしも常に豊かとは言えない末端のスタッフにまで拡げて選挙で選び出そうとすれば、世帯の大きな学部に票が自動的に固まるのは避けられない。

近年の例がこれを示している。教職員を多く抱える工学部、医学部など出身の学長が続く。東北大学のことではない。全国の旧帝大で多かれ少なかれ同様の現象であると聞く。

工学部、医学部など人数の多い学部出身の学長が悪いわけではない。しかしこれからの国立大学が、全く性格を変えて、独立の法人格として経営管理を自前でやることが期待される限り、そのトップをこうした大学構成員の選挙という、マンネリでやっていける訳がない。

日本でも自動車の会社はトップを外国に求め、政府も閣僚に政治家ならぬ学界人を得る時代である。いつまでも「民主的」あるいは「大学の自治」という名のもとで、学内大衆の身びいき選挙に頼るべき時代ではない。

国立大学の法人化は、もちろん今なお賛否両論があるにしても、大きな狙いは、旧来のしかもかつての帝国大学以来の陋習《ろうしゅう》を打破することにあったはずである。学長の選出もその一つであることは、大学法人法をみても明瞭である。

学内の意見は十分に尊重される。そのための学長選考会議である。東北大学はこの方法によって、この大学の内外、国の内外、あるいは学界にとらわれない所から、真に適材を求めることができる。

ただし、この学長選考方法が有意義であるためには、学長選考会議の責任はきわめて大きい。選考会議自身が、学長選考という何年かに一回の機会に招集される選挙管理委員会ではなく、法人化大学では常置、必須の機関であることを自覚し、常に自ら研鑽《けんさん》し、その大学の学長の理想像を描き続けなければならないであろう。

もっとも、私が述べてきたのは、旧帝大あるいはそれに準ずる総合大学でのことである。専門領域が凝縮されている、あるいは規模の小さい大学、また五〇年前の戦後に、いくつかの学校を集めて新発足した大学では、おのずから事情が違うかも知れない。

『日本経済新聞』（二〇〇五年二月一九日（朝刊））三三頁

# 二　三〇年ぶりの帰国でみた日本の国立大学

## ――国立大学法人のかかえる問題

### 一．はじめに

まず最初にこの七月に逝去された第二分科の平野龍一さんに心からの哀悼の意を表したいと思います。終戦後数年まだ大部屋時代の平野さんは研究室を生活の根拠としておられ、私も同様、夕方になるとよく研究室から森川町の銭湯に一緒に出掛けました。裸の付き合いでした。その時から変わることのなかった「ひとに対する優しさ、温かみ」を忘れることは出来ません。

さて本日の報告、近来とみに不勉強な私には皆様方にご報告申し上げるような学問的な中身はなくなってしまいました。私の恩師であり本院の会員であった国際法の横田喜三郎先生は、よく私に「学士院の論文報告は学術論文である必要はない、一生を学問に捧げたものが、その過去を顧み、未来を見つめればよいのだ」、と語っておられました。「学術報告である必要はない」、こういうことだけは恩師の教えに忠実であろうとする本日の私でございます。

本日のタイトルが実は正確ではありません。私が本格的にオランダから日本に帰ってきたのは今年の一月、それまで三〇年ではなく、実際には二八年の在外居住でした。しかも、その間にかなり足繁く日本に戻っておりました。第一、私が学士院に選定されたのは一〇年前のオランダ在住の時ですが、それからこの部会での研究報告を四回致しました。その都度オランダから帰国した、と言うよりは帰国の機会に合わせて報告をさせて頂きました。そのうち三回は『日本学士院紀要』に掲載しております。最後に「国際法教授と国際裁判官の間」という話を二年半前に報告致しました。しかしそのときもまだオランダ在住でございました。これが私の最後であり、もう随分時間が経ったのだし、本格的に帰国したのだからと言われれば、その後の学問の蓄積がないからといって本日の義務を免れるわけにはまいりませんでした。

私は昭和二五年からの四半世紀、二五年を東北大学の教師として務めました。その間二度にわたる長期留学、七〇回の長短期の外国出張、しかも日本でも学問的な仕事ではなく、昭和四〇年代の文部省の学術審議会では三期を務め、第三分科の都留重人先生、第四分科で院長の長倉三郎先生などと一緒の時期に文部学術行政の一端にも携わっておりました。外務省を兼任し、またかなりの政府の審議会、委員会などにも関わっており、わが人生の第二・四半世紀、忠実なよき大学教授・学者であったわけではありません。

そうして昭和五一年はじめ、五一歳になったときからオランダにおける国連の主要司法機関である国際司法裁判所の裁判官を務めました。個人として国連総会、安全保障理事会で選挙されるものです。ここで国際社会の信任を得てはからずも九年の任期を三期二七年続けることになりました。しばしば日本に戻ってきていたとは言え、三〇年近く前に日本の国際法学界そうして日本の大学を離れ、日本を離れていたこの人生第三・四半世紀を終えた今の私にとって、今日出来ることは浦島太郎であった私が、三〇年にわたったオランダという竜宮城の生活の後に日本で何をみたかという印象でしかありません。

一カ月ほど前に事務局からせっつかれて苦し紛れに本日のご案内状に出ているタイトル「三〇年ぶりの帰国で見

た日本――国際法への理解、大学制度、そうして社会生活――」を届けました。私の専門とする国際法、大学制度、社会生活の三題噺をあげておけば、何かはお話しできるだろうという魂胆でございました。この数週間苦吟してきました。しかし与えられた時間ではとても三つの噺は出来ない。主として皆様にご関心があるかも知れない大学の問題を取り上げて、「三〇年ぶりの帰国で見た日本の国立大学」としてお話しをすることに致しました。

私が今日お話したかったのはこの春からスタートした国立大学の法人化、同じくロースクールをはじめとする新しい大学構想を私がどう受け止めたかということに他なりません。日本の大学が変わろうとしていることはオランダに住んでも日本からの新聞、雑誌などで知ってはおりました。しかし日本の学界を去って三〇年後の私には関係のないことと思っておりました。

昨年オランダを退任してさしあたりは仙台に戻って帰国後の健康チェック、身の回りの整理に入っておりましたときに、今年の四月から法人化される東北大学において経営協議会の委員を、おまけに総長選考会議の議長を引き受けるようにという話が降ってきました。医学系の東北大学総長に私はオランダを退任、帰国のときに名誉教授として表敬した以外には面識もありませんでした。何故三〇年近くも日本を離れ、そうして間もなく八〇歳に達する私がこのようなことを委嘱されるようになったかは、誰に聞いてもはっきり分かりません。ただ東北大学の信頼を私はうれしく受け止めました。

この数カ月、「国立大学法人法」という新しい法律、そうしてかつてはその教職にあった東北大学の最近のことを少し勉強しました。まだまだ生半可な知識にすぎません。しかも私の経験と知識はこの東北大学だけに限られています。しかし私には見ること聞くことすべてが新鮮であるとともに衝撃的でした。私個人は、結論から言えば、これでは明治大正以来の旧制帝国大学・旧制高等学校という日本のよき学問の殿堂としての「国立大学」は崩壊した、鳴り物入りの「ロースクール」が全く間違った方向でスタートしたとの感を深くしました。ちょうど本日与えられたこの機会に、学士院の会員、すべてが大学人である皆様方に新しい大学のこと、少なくとも私のみた新しい「法人化」大学への私の懸念をお話ししておくのもよいかと考えた次第です。

## 二．発足した国立大学法人

### 一　「法人化」がもたらしたもの

そもそも国立大学の「法人化」とは一体何であったのか。発足した国立大学法人東北大学をみますと、国立大学を独立法人化することで各大学の自治を尊重し、その自主性を認めると言いますが、実際はむしろ文部科学省（以下文科省とする）の支配を強化しただけではないかとの思いに駆られます。文科省は法人化大学に六年の中期目標を策定させ、中期計画実現のために走らせ、それによって大学を評価し将来の大学の格付け、予算なども支配しようとする。大学に効率化や生産性をもたせ、六年やそこいらで目に見える成果をあげさせることは基本的に大学の使命を冒涜するものではないか、企業としての競争によって大学を評価しようとするのはむしろ日本の大学教育制度を破壊するものではないかとの思いを深くします。

大学はあげて産学協同、金儲けの場になり、国際化の名のもとに、理工科系の成果の競い合い、ノーベル賞を競い、金（かね）になる特許を奨励し、成果主義の名のもとにニンジンを鼻の前にさげた馬の如く競争させようとする。金をえさに教授たちは鞭を打たれて追い立てられているのではないか。この法人化に、国家官庁・文科省の支配からの自由な解放を言いながら、実は文科省の一層の支配の強化をみる思いがします。所詮は競争させて予算的には文科省の配分と同じことをする。しかも独立法人ということで文科省の職員を大学の意思決定機構にもぐりこませて文科省の支配と管理をより強くしているように見受けられます。法人化によって大学が独立したのではなく、この経過過程ですべてが文科省指導の名のもとに行われたのではなかったか。

本来の大学は企業や会社とは違います。営利の会社とは違います。業績を挙げるためにこのような措置が大学にふさわしいものであったか私は疑問に思います。私には東北大学が学問の場であることをやめて、技術専門学校――Institute of Technology――一色になろうとしているのではないかとも思えてきます。東北大学だけの問題ではありませんが、私個人としては「法人化」の構想にはもちろんいくつかのメリットはあるとしても、実用主義、経営理念の度をすぎたとり入れで基本的には道をあやまったとの考えを強くしております。私に東北大学の今の任務を退けと言ってくれる友人もいますが、東北大学は今日の私を育ててくれた第二の母校であり、そうして金属の本多光太郎、医学の黒川利雄などの自然科学者や、第一部会に限っても哲学の高橋里美、美学の阿部次郎などの諸先生にならってあえて名誉市民に表彰して仙台に留まるように勧誘してくれる仙台市の好意にも応えて、もう少し東北大学の経営協議会の中に踏みとどまって少しでもこの大学をよくするように微力をつくすことが出来ればと思っております。辛口のことを申し上げますが、大学をそうして東北大学を愛すればこそと思っていただければ幸いです。

## 二　法人役員

平成一五年七月に成立した「国立大学法人法」（以下「法人法」あるいは「法」と略す）によって、東北大学は――東京、京都などほとんどの旧七帝大の例もそうですが――学長の他に、理事七名及び監事二名を置くことになっています。しかし東北大学は理事七名のうち二名をあえて「非常勤」として、先の東大総長、そうして産学協同、ヴェンチャーの経営者というアメリカ人のスタンフォード大学助教授の二人を迎え、「非常勤」監事として先の東大法学部長を招きました。私は、これらの方々にはそれまで面識もなく、その個人の方々についての何らかの評価をするのでもありません。また他大学で得たそれぞれの見識を東北大学でも生かしてほしいという願いは理解できます。しかし東北大学は本来「常勤」であった理事、監事のポストの三つをあえて「非常勤」としてこれらの人々を招いて法人の運営についての何を期待したいのか。

他方、「常勤」の五人の理事のうちの四人はすべて学内で学部長などを務めてここ数年「副総長」あるいは「総長補佐」という職責を与えられていた教授です。たまたま昨年度あるいはその少し前に学部長などであった四人の学者・研究者がそのまま法人「理事」になったプロセスは私は全く不案内で分りません。常勤理事のあとの一人は文科省から来ていたもとの事務局長です。事務局長をしばらく前におよそ関係が考えられない工学系の研究所の教授に任命した上で当時「副総長」に任じ、この四月から常勤理事にしたのですが、このことにいささか不自然なものを個人的には感じます。私には未知のその人個人のことを言っているのではありません。しかし本来、もっとオープンに必要があれば企業経営、大学運営の知識あるいは学問的な良識を法人「役員」に取り込むのが本来の趣旨ではなかったのでしょうか。

他方、私にはそもそも新しい制度において事務機構のヘッドが存在しないのも不可思議です。事務組織のヘッドは単独であるいは理事兼任としてでも存在しなければならないと思います。もちろん現在事務部局の各部長にはreport（日本語では「直属の」とでも訳すべきでしょうか）すべきそれぞれの担当理事がいるようです。しかし事務機構には事務機構内部からのreportを総合すべき人が必要だと思います。理事の一人は「副総長」ではなく、事務局長あるいは事務機構長の役割を遂行すべきであったと思います。東大はそうなっていると聞いております。そうでなければ理事とは離してやはり事務機構長のポストを置くべきであったと思います。大学の運営、管理の現場であるべき事務にはまとめがいない、バラバラといった印象を受けます。

もっとも東北大学は「総長主席補佐」という職をもうけて文科省からの人を受け入れました。何の「主席」であるか分りません。何人かいる教学系の「総長補佐」とはまた別のものなのでしょう。本来、総長の秘書役であれば、英語で言うpersonal (executive) assistant to the Presidentでしょう。あるいはpirvate secretary、例を言えば内閣における総理秘書官のようなきわめて重要なポストです。とりわけ学内外に対する総長の文書作成から行動計画の補佐役です。その職責は重要であり、法人組織の中でもそれなりの地位は与えられるべきですが、しかし法人の理事者でもなく教学上の「副総長」あるいは管理職でもあり得ない。まして総長代行ではない。総長秘書とでも言うべきでしょうか、彼自身は黒子であり、法人格の内外で公的に発言権をもつべきではありません。そうでなければ総理秘書官のひとりが週刊誌などでラスプーチンの名で非難されたようなことになるのを恐れます。

## 三　「理事」・「副総長」・「総長補佐」

東北大学では常勤理事五人の全員がすべて旧制度のもとでは教授の地位をもつ「副総長」あるいは「総長補佐」でしたが、この五人すべてこの新「法人」の常勤理事になることによって、教授の地位は離れました。他大学の資料は手に入らず、私の場合卒業生の一人、銀杏会の会員として送られて来る東大の資料しかありません。東大では理事七人は全員「常勤」であり、しかし自動的に「副学長」ではないし、理事の一人、前の事務局長は事務機構担当の理事ではあっても「副学長」ではありません。他方「副学長」職はすべて理事になっているのでもありません。なお東大では「副総長」という呼称はなく「副学長」というモデストな名称をつかっているようです。私は率直に申して「さすが東大」と思いました。くり返しますが、私は東北大学の役職につかれている方々個人について何らの偏見をもちません。しかし、私には東北大学は、法人の問題と教学の問題を混同してスタートしたようにも思われます。

東北大学において現在「常勤理事」イコール「副総長」の体制ですが、これが必要なことであったか。私は疑問に思います。そもそも理事は「法人法」において大学法人に必須のポストですが、「副総長」は単に任意ポストであり、法律上のものではなく、法人理事とは別であり、任務は研究教育機関の大学の教学上のもののはずです。法人の常勤理事が同時に全員「副総長」であるならば、そうしてそれ以外には「副総長」が存在しないならば、なにも「副総長」の職制を必要とはしないでしょう。大学「法人」の「常勤理事」全員にもっともらしい法人「大学」の「副総長」の肩書を与えているだけにみえます。

また「総長補佐」というものがあります。法制上のものではありませんが、教学上のものであるならば、そうして東北大学では事実すべてが旧制度のもとで現職学部長の中から何人かをピックアップしたもののようですが、きわめて作為的なものを感じますし、またむしろ「副総長」とはどう違うのでしょう。「副総長」よりは軽い任務を与えていたものでしょうか。「副総長」も「総長補佐」も教育研究機構における職責であり、法人役員ポストではありません。法人理事職ではない教職にあたる「副総長」がいてもよいはずです。もっとも学部長、研究所長兼務では「副総長」が務まらないと言うのなら、それも一理屈かも知れません。しかし私にはこの「法人化」の制度が本来の教育研究機関に「法人」の衣を着せただけのはずなのに、「役員」が法人そのもので、あとは使用人という「会社」意識が不当にこの教育研究機関に忍びこんで来ているように思われます。東北大学は何らかの混同をしてはいないでしょうか。

東北大学だけが他の大学と違った特殊な組織をとっているのか今の私には分りません。少なくとも東大は全く違います。他の大学についてはこのようなことがなかったのか、東北大学だけが文科省のおもちゃにされたと考えるのは穿ち過ぎでしょうか。

私は率直に申して「法人」を名乗るようになって、大学が法人一色になり、教学という大学の特殊性に対する配慮が欠けてしまっているように思えました。「法人法」は法人機構に対する配慮ばかりで、本来の教学の機関には十分の考慮を払っていないようにみえます。「会社に取締役がいてこれがえらいので、あとは使用人」という図式を大学にあてはめて「理事」が法人大学そのものであとの教育研究者はすべて一束の「職員」というこの「法人法」の考え方は根本的に間違っていたと思います。この四カ月の間、東北大学法人化の一画に参加していささか見聞きした大学運営に関して強く感じさせられたことです。

私のオランダ時代の友人で当時日本のある企業のオランダ支店長をしていたひとが、現在西の方のある大学法人の常勤監事になっておりますが、最近こういう手紙をよこしました。「現実が分れば分るほど月世界に到着しているような感じで、これはもう壮大で手前勝手かつ無責任な文科省の仕組みであると憤っておりますが、残念ながら如何ともし難いというのが我々同業者のコンセンサスではないでしょうか……。」現職の大学常勤監事の言です。

## 四　経営協議会

「法人法」で法人の必置の機関として規定されているものに経営協議会、教育研究評議会、それに学長選考会議があります。

経営協議会は「法人法」二〇条に規定されています。議長は学長であり、その二項によればメンバーの数的規制はありませんが、東北大学の場合、総長が指名する理事及び職員一二名、これに総長自身を入れた「学内委員」と呼ばれるのが一三名、そうしてこれらより少なくはない「学外委員」、「大学に関し広くかつ高い識見を有するもの」一三名が指定されています。

東北大学の場合、「学内委員」は総長を含み一三名ですが、これがまた五名の常勤理事のうちの四名、それ以外はすべて学部長などいわゆる部局長、管理職です。そうしてその全員が教育研究評議会のメンバーです。こうして「学内委員」のすべては執行部として大学運営に関わっているものであり、いわば大学のえらい人なのです。本来「法」二〇条二項二号の「学長が指名する…職員」はこうした趣旨ではなかったでしょう。

「学外委員」一三名に宮城県知事、仙台市長が入っておりますが、それは個人として選ばれているのか？あるいはex officioなのか分りません。欧米の大学ではこうした理事会あるいは評議会にしばしば州知事が個人ではなくGovernor ex officioで入りますが、それも多くの場合大学法人の設立がその州の権限のもとで行われるからであり、日本の場合は違います。東北大学の場合、地域との協力が必要であるという理由かも知れませんが、現職の知事、市長を個人名で経営協議会にとり組み込むことは賢明であったか。事実上はex officioのつもりでしょうが、趣旨を履き違えていたのではなかったかと私は思います。あと「学外委員」に、アメリカ在住のアラスカの大学の現役教授――二〇数年前に学士院賞を受賞した東北大学卒業のオーロラ研究の宇宙物理学者です。そうしてもと文科大臣、慶應義塾長を含み他大学の現役の学長二名、他大学の現役教授一名、実業界の人は日経新聞の現役社長、卒業生のKDDI社長をふくめて四名、それに私です。もちろん有能な方々の多士済々、皆さんそれぞれ立派な方々にお見受けします。職を退いた老齢者は私一人だけのようで、他の方々はそれぞれ現職にある多忙な方々のようです。私を含み、学外委員がどういう基準で選ばれたのかは分りませんが、そこには選択の基本理念があったのでしょうか。それともここにも文科省の意向が働いたのでしょうか。

東北大学の経営協議会は今日まで三回を重ねています。いずれも東京の丸ビルの中の東北大学分室で開かれました。「学外委員」の便宜を考えてのことだと思います。私はその発足のときたまたま入院中のために出席出来ず、まだ一回の経験しかなく、何ら客観的な評価が出来る立場ではありません。しかし記録をみても、いつも「学外委員」の出席は少なく、これに反して場外者、つまり委員外の理事、監事、主席補佐が陪席したのをみて、そうしてまた事務局の出席が多く、一体これは何なのだという印象を受け、異様な感じを受けました。しかも、くりかえしますが、経営協議会の半数の「学内委員」はすべて東北大学の法人役員あるいは教学面の管理職である、あるいは研究教育評議会のメンバーであるために、経営協議会の審議あるいは協議事項は何ら新鮮味のある事柄でもないでしょう。かろうじて他の半数の「学外委員」の存在が協議会には意味のあることであったでしょうが、その多忙な本務のためにその出席も相対的に少ない。圧倒的多数の学内委員、場外の理事者、管理職、事務職の中に一握りの「学外委員」がむしろ番外者のように座っているという感じなのではないでしょうか。

しかも大事なことは、そうして私がもっとも驚いたことは、この協議会における各委員の具体的な発言、提言は少なくとも議事録に一切記されない。これは情報公開法というものがあるから真実は記録に記したくないものなのだそうですが、「学外委員」の意見議論などがその場の聞き流し以上に大学理事側にどう受けとられたか、大学の政策にどのように反映されたかなど知るよしもありません。これではまさに協議会が「法人法」に規定されている「必要機関」であるということで、一時間余りの時間内で『学外委員』に最小限度の事業内容を報告した、予算請求についても了解を得た」という文科省むけの体裁を整える以上のものでなかったとすれば、およその設置の趣旨とは違ったでしょう。それにしても本来は法人としての経営意識あるいは産学協同意識の高揚をもってスタートした経営協議会ではありましょうが、事実はその機能を発揮するようにお膳立てはされているとはみえません。文科省も法人化のお飾り以上の期待はしていなかったとしても、これでは法人化によってむしろ文科省の支配が一層強くなっているという印象をもちました。

あえて言うならば、この経営協議会で意義があるのが「学外委員」であるならば、「学外委員」はもっと平素から直接間接に学内事情、教育研究実態、大学の全体像を知らされているべきではないか、そうしてインフォーマルな接触を「学内委員」そうしてまた大学法人役員あるいは教育研究者ともつことによって東北大学とのアイデンティティの意識をもってもらうことが必要だと思います。「学外委員」は皆さん多忙な人々だということは分ります。しかし「学外委員」を「法」で決められているものだから床の間に飾っておくという発想があったとすれば、これは意味のある組織ではないように思えてきます。

## 五　教育研究評議会

教育研究評議会については「法人法」二一条が決めています。定員の定めはありません。①学長の他に②学長が指定する理事、③重要な組織の長のうち評議会が定めるもの及び④評議会が定めるところにより学長が指名する職員となっています。

東北大学の場合、非常勤二名をふくむ七人の全理事は、上記②、評議会が定める各学部長（研究科長）、研究科長、病院長、あとは私にはよく意味の分らない何らかの組織の長、これは上記③に該当するのでしょう。それ以外はこれらの組織から平等に教授が一人ずつ、これが上記④「その他…評議会が定めるところにより学長が指名する職員」に該当するのかも知れませんが、少なくともこれは「法」二一条二項四号の趣旨ではなかったでしょう。あわせて五二名、東北大学の場合察するに各組織の群雄割拠の勢力均衡の意識から全く抜けきれていなかった名残かとも思われます。この評議会がいままでどういう機能をしてきたのか部外者の私は全く承知しません。各学内機構の代表の総会のようなものなのかも知れません。

「法」の規定にかかわらず、そもそもこの評議会は旧制度における学内意思最高決定機関であった評議会を引き継いでいるようにもみえます。しかし運営面については経営協議会にとられてしまっており、研究教育面において、事実は「法」に規定していない「副総長・総長補佐」会議があり、また「部局長」会議というものがあって、事実はそれに多くを依存しているとも聞いております。各組織代表の総会であるというのなら分ります。しかしそこでもなお役員管理職主導の教学総会であるとすれば、それが大学の法人組織の中でどれほどの意味があるのか疑問に思いますし、これもまたお飾りにすぎないのかも知れません。

## 六　総長選考会議

総長選考会議は「法人法」一二条二項―七項に規定されています。人数の制限はありませんが、経営協議会選出の「学外委員」と、これと同数の教育研究評議会選出の「学内委員」です。東北大学の場合はそれぞれ六名で、議長は委員の互選によることになっています。

この会議の「学内委員」はすべて教育研究評議会の選ぶその委員ですが、東北大学の場合、まず「学内委員」六名がすべて四月一日にたまたま学部長、研究所長であるというのは異常にみえます。少なくとも現在「法」二一条二項四号に該当する教育研究評議会の委員はおりません。「学外委員」六名は、アメリカ居住の大学教授、慶應義塾長そうして私をふくめて大学人の三人、それに三人の財界人です。

総長選考会議は文字通り総長選考という具体的目的のために設置されているものですが、そもそも総長選考というのは総長の任期の何年かのサイクルで起こることで、東北大学の場合、この会議は現在の創設期にあたってもっぱら総長選考などの手続きの規則づくりに忙殺されていると言ってよいでしょう。本来総長の任期などはこの法人のスタートから決まっているはずのものですが、これなども今私の肩にかかってきています。

そもそも、「法人法」が学長選考会議をつくったのは、従来のような学内あげての選挙のしきたりを変えようとしたからでしょう。私は従来の方法が私のイメージする大学に特に悪かったとは思いません。学内のいわば「碩学」総長です。私が東北大学に赴任した前後から東北大学で金属の本多光太郎、内科学の熊谷岱蔵、哲学の高橋里美、内科学の黒川利雄、生理学の本川弘一と続いた時期、この全員が日本学士院会員になっておられますが、それはそれでよい、しかしどうしても規模の大きな学部からあるいはいろいろな意味で名がひろく名が売れた学者の選出になります。私はそれでも結構だとは思いますが、新しい大学のイメージから言えば経営・管理の才能、統率力のある総長を選ぶ観点から少なくとも従来のように学部割拠主義の中から生まれてくる総長というイメージを排除しようとすることに主眼があったのだと思います。法人化大学はその責務をこの会議とりわけその議長に託したのだと思います。

実はこの「法人法」を読めば読むほど、選考会議議長に託された責任の重さを感じさせられます。ともかくこの「法」の中で、一人の個人で登場するのは「学長」と「学長選考会議議長」だけだという事実を何人が気づいているでしょう。他の協議会、評議会と違って、学長選考会議では「議事の手続きその他…必要な事項は『議長が』学長選考会議に諮って定める」ことになっています。なお私はあえて次の問題を提起しておきます。

総長選考の間、この選考会議は休眠でよいのか。「法」が大学の「必置機関」として規定していることの意味は重要であろうと思います。これは総長選考の何年かおきにad hocに構成される機関ではなく、「常置機関」として「法」にもとづいて設置されるものです。そうして東北大学においてどのようなイメージの総長が望ましいのか、それを考えるのがこの会議の任務だと思います。ある程度、常時、大学の運営、また研究教育状況を把握し、望まれる総長のイメージを想定し、広く潜在的人材の発掘にそなえていなければならないのだと思います。この会議はこれまでのようなad hocな総長選挙管理委員会と違うことを銘記しなければなりません。少なくとも「学外委員」の任期は長くして、経営協議会、教育研究評議会の現在の制度上短期にならざるを得ない「学内委員」の協力を得て長い目で総長選考の問題を考えさせるべきでしょう。それだけに学外委員には人を得なければならないことは当然です。

以上で、私自身が巻き込まれることになった大学の法人化、そうして東北大学における半年にも満たない短い期間での経験をお話ししました。制度自体の問題なのか、東北大学の運用の問題なのかにまだ判断はつきませんが、いろいろな意味でまことに問題の多い法人化であることは思い知らされました。

## 三．大学崩壊の懸念

私が本日ご報告しようと思いましたのはむしろ三〇年振りの帰国で気が付いた日本文化の一端を担ってきた伝統的な帝国大学本来の在り方の驚くべき、そうして無節操な変わり振りです。

### 一 教養部の遁走

明治以来の大学、高等教育制度が戦後のアメリカ占領下で一挙に崩れ、占領軍主導のもとに昭和二〇年代に新学制が発足したことで私共の世代は多かれ少なかれその影響を受けました。私は「帝国大学」最後の卒業生として昭和二二年九月に東京の大学を終え、昭和二五年に東北大学に専任講師として赴任し、すぐその足でアメリカのロースクール教育を受けて昭和二八年に東北大学法学部助教授として帰国、昭和三四年に教授になりました。その頃に戦前からの旧制の大学制度は全く新しい大学に取って代わられたのです。私はこの戦後の学制改革に常に批判的でした。そこには戦前のよき自由な旧制高校へのノスタルジアがあったこと、そして自らは戦争によってこのよき青春時代を犠牲にしてしまったことに対する悔恨があることも否定しません。しかし何とかよい大学を取り戻そうという願い、それは大きな声にはなりませんでした。それが、今回の三〇年ぶりの帰国で、昭和二〇年代以来私が憂慮していた大学制度がここ一〇年で更に改悪されたことを知って、衝撃的な思いです。

仙台に帰ってきて一番驚いたのは「東北大学から教養部が無くなっている、教養部教授が逃亡した」ということです。この一言につきるのですが、このためにはいくらかの歴史的背景から始めなければなりません。

戦後のアメリカ占領政策の大きな間違いの一つは、占領当局の無理解から日本の大学・高等教育を崩壊させたことです。多くの問題があります。本日は国立大学法人化の話しですから、ここでは私学の問題には触れません。また戦前から総合大学であった七旧帝大に限り、また戦後まで人文社会系をもつことがなかった北海道、大阪、名古屋の三旧帝大を外しますと、東京、京都、東北、九州の四旧帝大に限られることになります。

明治後期からの日本の大学・高等教育は三年プラス三年、つまり旧制高校での教養教育プラス帝大学部での専門・職能教育のあわせて六年で行われていました(医学部教育は措く)。占領政策はその無理解からこの六年の教育を教養一年半プラス学部二年半の四年に圧縮してしまいました。もちろん占領軍にはそんな意識はなかったのでしょう。旧制高校がliberal arts collegeだという認識がなく、これをアメリカのhigh schoolと短絡した無理解が問題でした。文部省が当時この大きな誤りを是正しようとせず、また帝大側にもその点のはっきりした認識はありませんでした。旧制一高はうまく抜け出して三年を四年の学部に拡大する道をある程度確保しました。東大教養学部です。ここには触れません。しかし「仙台の東北帝大と旧制二高」、「京都の京都帝大と旧制三高」、そうして「福岡の九州帝大と旧制福岡高校」の三カ所は何となく罠にかかってしまった、東京と違って地方の泥臭さがあったせいかも知れません。

これまで六年かけてしてきた教育を四年で済ませようとするのです。これは東大の場合も同じです。これが決定的なダメージでした。そうして吸収された旧制高校はなまじっか大学を称するばかりに、それまでの三年間に指導してきた人格教育、教養教育(liberal arts教育これが戦後の時期までの日本の高等教育の華でした)を一年半ばかりに短縮されました。これは学部側も同様です。これまでフルに三年かけてきた法学などの専門教育、あるいはより高度なフィロソフィー教育、文・理の教育、そうしてまた工などの技術教育を二年半に圧縮されました。

ここで脱線して補足しますが、旧制の四(金沢)、五(熊本)、六(岡山)、七(鹿児島)、八(名古屋)そうして他の都市名を冠する旧制高校(たとえば大阪、山形、高知など二〇余りの国立)、それにわずかな公私立の旧制高校は吸収元の帝大がないか、あるいはあったとしても、名古屋、大阪のように人文社会系をもっていない、それで自前で四年制学部を名乗るようになったことは覚えておかなければなりません。

東京はやや例外で、仙台、京都、福岡の場合ですが、「旧制高校」の教授として三年間の人格教育、教養教育の責任をもったのに新制の東北大学、京都大学、九州大学の一年半の「教養部教授」として半人前として扱われる。そこに不満が鬱積されたであろうことは容易に推察できます。かつて旧制高等学校の教授は誇り高いものでした。東京の一高にせよ、仙台の二高にせよ、京都の三高にせよ、全人格形成の教育者として学問の伝道者としての誇りです。たしかに占領下に押し付けられた教育制度が悪い。しかしそれにしても大学教育の基礎であるべきフィロソフィー教育（liberal arts 教養教育）、文・理の教育、人格教育がこれまでの三年から一年半に圧縮されていたそのことが問題でしたが、それすらもがこの一〇年くらいの間で霧散してしまったことを知りました。

私はこのたび帰国して、東北大学から教養部が全く姿を消して、私には意味不明の研究科をつくってその教授たちは大学院研究科教授におさまっていることに驚かされました。アメリカの教養課程は四年ですが、この undergraduate college（教養課程）に相当する教養部がなくなってしまった。この課程がアメリカのように四年がよいか、日本の旧制度のように三年がよいか、あるいは二年で足りるかはまた別の問題です。京都、九州がどうなっているか存じませんが、東北大学なども教養部逃亡の悪しき一例であると思います。

アメリカだけを例にとるのはよくないかも知れませんが、アメリカでたとえばイェール大学卒業、ハーヴァード大学卒業、プリンストン大学卒業というのは、主としてそれぞれイェールのあるいはハーヴァード、プリンストンの四年制 college（教養課程）の卒業の意味です。たとえば現在のアメリカの大統領選挙にあたって、ブッシュにせよケリーにせよ、大統領候補が誇りにしているのは彼らがともにイェールの college（教養課程）で教養を身につけたこと、イェール大学卒業生であることです。彼らがそこで得たのは法学教育でも専門教育でもない。彼らが名門イェール卒業と言われるのは教養課程としてのイェールの college なのです。そこで得る学位がまさに Bachelor of arts（文学士）、Bachelor of science（理学士）のいずれかです。ケリーは一九六六年の、ブッシュは一九六八年のイェール大学のBachelor of artsです。イェール大学のcollegeを卒業したあとで、ケリーはアメリカ北東部の地方大学でロースクール教育を受け、ブッシュはハーヴァードの経営学校に入って、それぞれ上級のプロフェッショナルな学位を得ていますが、彼らの誇りはそこではなく、イェール大学（college、「教養課程」）卒業なのです。

アメリカの大学生がボートにアメリカンフットボールに大学生活を楽しむのは教養課程学生、college学生です。学生はこの時代に哲学、歴史、文学、語学あるいはまた数学、物理、化学、生物など学問の一般的基礎を学び、フィロソフィーの基礎、教養を身につける。スポーツで身を鍛える。そうして文学士なり理学士なりの教養の学位をとって大学collegeを卒業するのです。そうしてこの教養課程を担当するDean of Yale College（教養部長）というのはそれが学生の人格の形成に責任をもつという意味でイェール大学内でのもっとも重要な要のポストです。

もちろんそうした教養、人格形成教育のあとの大学院課程での①高度なフィロソフィーの研究（advanced studies）の、②法学、医学社会あるいは個人の病理の専門家教育の、③工学、薬学、農学などの高度の専門技術教育が重要なことは申すまでもありません。しかし戦後の日本は、とりわけ最近の制度改革ではむしろこれにばかり目を奪われて、大学教育の本質である人間教育、教養教育を見失ったと思います。

日本ではまさに戦後五〇年の改革で過去を反省せず、最近の一〇年せっかくの大学教育の改善のチャンスを迎えながら、大学本流のフィロソフィーの教育者であるべき、教養部の教官たちが、「大学院教授」あるいは「研究科教授」の名に目がくらんで、魂を売ったことに現在の大学制度の根源的ミスの一つがあったと思います。この表現は酷であったかも知れません。私は教養部教官だけを非難するつもりではありません。文学部、理学部の教授たちは同じ専門の教養部教授を見下してきたという度量の狭さがあります。全学の問題であったのです。大学全体が総合的な立場から大学を考えることなく、教養教育、人格形成の問題を大局から判断する雰囲気はなかったのでしょう。

## 二　高度研究教育、専門教育の迷走

私が帰国して驚いたのは、学部長という呼称が研究科長と変わり、若い同僚たちが、東北大学教授から東北大学大学院研究科教授と称するようになっていることでした。これは先に述べた戦後の学制改革などと関係のあることであり、切り離して考えることはできません。

戦前での「三年の教養教育プラス三年の七旧帝大学部での高等研究教育もしくは専門教育」が戦後アメリカ主導のもとで「新制大学の教養部一年半プラス学部二年半、あわせて四年」に圧縮されたことは先にも述べました。他方で、いわゆる新制大学が先に挙げた以外の旧制高校や高等商業学校、高等工業学校、高等農林学校あるいは師範学校を母体にして無数に生まれて来ました。旧制帝大あるいは旧制商大、文理科大学などと無差別に四年制大学を作ったことによって、大学がもはや高等教育ではなくて普通教育になろうとしている。戦後五〇年の七旧帝大学部教授が新制大学に格下げされた自分たちのプライドを傷つけられたと感じたことに混乱が起きたと思われます。それに旧帝大における旧来の悪しき学部平等主義が纏わります。明治大正以来の法・文・経・医・理・工・農の学部構成、もちろんそれらは現在の眼でみればいわば大学院レベルであったわけですが、その学部平等主義が続いてきた。各分野のそれぞれの性質のちがいを戦後も気がつくことはなかったのです。

私の結論から言えば、①一つに文学部、理学部は私の言うフィロソフィー・学問の延長線上のものです。いわばフィロソフィーの高度研究です。②二つに法学・医学は違う、それは社会の健康をあるいは人間個人の健康をcureする技術のための専門職業教育であったわけです。「法学は学問ではない」と言えばこの席の多くの皆様には怒られるかとも思いますが、私は四〇年、五〇年前に東北大学の法学部の授業でよく申しました。「法学は学問ではない、社会医学なのだ。君たちは学問がしたくて法学部に来たわけではないだろう、君たちは法の技術を身につけて法の社会の医者である法曹になりたいのだろう。本当に学問がしたければ文学部か理学部に行け。」私は法学教育はsocial cure、社会の治療のための職人教育だといって憚りませんでした。いまでもその考え方は変わりません。医学もそうだろうと思います。③私は農学、工学など高度な専門教育の重要性の認識について人後に落ちません。そこでこそ産学協同、ヴェンチャー企業の高度な教育が行われましょう。

私が言いたいのは、一般的に言えば文学部、理学部などが人格形成のフィロソフィーの本流であって、教養部と一体となってフィロソフィーの基礎から更にその高度な研究advanced studiesまでを守るべきであると思います。学問の主流はフィロソフィーであり、そうしてその基礎をたたき込むのが、大学の教養部教育であるならば、その先の高度研究は文・理の大学院で行うべし、ということです。その意味で教養部と文学部あるいは理学部の一体化は私の在職中から言っていたことでした。理学部の数学の先生と教養部の数学の先生をあわせてどうして大きな数学の部門をつくれない。文学部の英文の先生と教養部の英文の先生を一緒にしてどうして大きな英文教室をつくれない。その方が大学で教養部から大学院にかけてもっとヴァライエティに富んだ数学なり英文学の研究教育が出来るだろうのに、むしろ優れた学問の成果が得られるだろうのに。

法、医はもともと専門のLaw School、Medical Schoolで行うべきでフィロソフィーの上級研究コースとは本質的に異なります。また産学協同の高度なプロの教育を主要とする工・農などもフィロソフィーとは違います。そもそもProfessional Schoolとフィロソフィーの Advanced courseの見分けがつかない、これがこれまでの日本の大学教育での悪しき学部平等主義から来る基本的な欠陥でした。時間の余裕もなく、経済学また法学部の中にあった政治学の問題には触れません。あるいは経営学の問題もあったと思います。ここでは立ち入りませんが、それぞれの学問領域の違いを無視して学部平等の考え方を見直そうともしないでこの一〇年の新しい制度改革に入った不見識はどうしたことだったのでしょう。

大学として①教養部そうして文・理の学部を学問研究の中枢において、②あとは法、医の社会あるいは人間の救済のためそれぞれの完結した専門教育に励む。③更に工その他の分野で産学協同も結構ですし、特許も結構です。私が本日はこの問題にこれ以上深入りする余裕はありません。ただ東北大学ではこうしたことも考えずに、悪しき学部平等主義に引きずられ、教養部に逃走され、意味不明の学内再構成が行われたように見受けられます。

## 三　ロースクールの暴走

私は、もう一つ全国に突然雨後のタケノコのように族生したロースクールに驚かされました。東北大学もその一つです。大学法人化とともにここ数年ロースクール構想が叫ばれてきたことは新聞などで知っており、何を馬鹿なと思い、とても実現はしないだろうと高をくくっておりました。このたびの帰国で私は東北大学をふくめて全国の多くの大学が人と金の実に膨大な無駄遣いしてロースクールを発足させていることを知りました。何らかのきっかけで道がずれてきたように思われます。

法学教育は戦後の占領下の学制改革の時から間違っておりました。先の四旧帝大の例に戻ります。戦前からこれら旧帝大（そうして当時の中央、早稲田、明治、法政など有名私大）では、法学教育は三年間の教養教育（旧制高校あるいは予科）のあとに三年間の完結した教育として行われてきました。それが占領下の学制改革で一年半の教養教育のあとの二年半で行われるようになりました。この不条理を私はイェール・ロースクールの教育を受けて東北大学に戻った五〇年前から言い続けてきました。当時まだ二〇代の若造の言うことなど耳を傾けてくれる人はおりませんでした。

戦後の学制で言うならば教養課程レベルでの法学教育はいらない。法学教育に必要なのは、それに先立つ教養の充実したcollege教育である。これは医学教育についても同様に言えることでした。弁護士、医師である前に「人」

であることです。法学教育、医学教育はcollege（教育課程）を終えたあとのpost-graduateのレベルで完結した職能教育としてのみ与えられるもので、under-graduateレベルとは無縁である。これがロースクールである。法学教育はただロースクールでのみ行われるべきである。当時私はこれを法学校、法学院という名前で呼んで学部とは区別しておりました。

先に述べたようにかつての三年間の教養教育を一年半で済ませようとした誤りと同様にかつての三年間の法学教育を二年半で済ませて来た戦後教育制度の誤りです。ただこれだけのことをどの大学も文部省もまた社会も五〇年間考えようともしなかったのでしょう。今回なぜ、何よりもまず「法学教育の三年」を取り戻そうとはしなかったのでしょう。

いろいろ問題は複雑ですが、まず第一にそもそも法曹人口の増大という太鼓を誰がたたいたのでしょう。まず一体社会はそれほど法曹を必要とするのか。かつて昭和三八年に私は「法曹一元論の盲点」という論文を書きました。前から日米の法曹比較のときにいつも隠されているのは日本における膨大な会社法曹、官庁法曹の存在です。日本では偏狭な法曹意識から実務弁護士以外はこれを法曹とは考えない。大学の法律の教授でも法曹とは考えられない。他方、アメリカでは区役所にも町役場にもlawyerがいるのです。こうした根底の違いを無視して数合わせで日本法曹の少なさを言う。日米法曹人口の比較など根拠もないことだと私は申しました。残念ながらこの論文は掲載誌が『法律時報』という超一流の法律雑誌であったのに何の反応もありませんでした。

第二に、もし日本の弁護士、裁判官、検事という日本で考える狭い意味の「法曹」の数を増やしたいならば、これまでの司法試験の採用者を増やせばよい、それでは質が下がると言うのならば、それこそ大学での法学教育の質の問題にかかわります。なぜ戦後の誤った法学教育二年半を戦前のように三年に戻さない。そうして何故法学教育の質を上げない。それこそがロースクールなのです。戦前から国立では四旧帝大、それにかなりの数の私立大学で法学部がありました。戦後には北海道、大阪、名古屋の三旧帝大、そうして多くの新制国立大学（たとえば広島、金沢、岡山など）更に実に多くの私立、公立の大学が法学部を設置しました。数に不足はありません。質に不足があったのです。自分たち法学部教授が自らの講義の質を高めようともしないで、今日になっていわば実務界丸投げでエキストラに実務法曹予備校のようなロースクールをつくろうとする。馬鹿なことです。

二年半という中途半端であった学部法学教育をロースクールに改組してそこで完結した三年の法学教育をすればよい。それだけのことです。文科省あるいは大学の画一主義から法学教育を解放すればよいことです。先に申しましたが、悪しき学部平等主義のもとで全学右へならえで、法学部教授は法学研究科教授を名乗り、それでも足りないで実務界頼みでエキストラにロースクールをつくり、定年間近の判検事を高給をもってかき集め、片手間の実務弁護士を教授に採用する。東北大学だけのことではありません。よくもこういう予算があったものです。

また、法律「実務」教育が足りないと言われますが、実はそれこそが司法研修所の役割であったろうのに、今や、法務省は司法研修所の役割を縮小して自己の責任を大学に押し付けようとしているかにみえます。法務省の責任を軽減して大学に負わせようとする。大学はそうしたしわ寄せを被っている。私はこれもまた大学が法務省の謀略にかかったのではないかとの思いを深くします。

私はロースクールが無用だと言い、あるいは廃止せよなどと言っているのではありません。しかし法学部、法学研究科、ロースクール、法学教育にこんなに余計な組織はいりはしません。日本には国公私立ふくめて戦後に無数の法学部ができました。数に不足はありません。そこでの法学教育の質が低すぎたということです。自分たち法学部教授が自らの講義の質を高めて、今までの法学部を三年のロースクールにして優秀な教授を集めればよい。もっとも法学教育にせよ、また医学教育にせよ、その前に法曹として医者としての必要な人格形成のために欠くことの出来ない教養教育の教養部に逃げられているのでは笑い話にもなりません。

それにしても各大学はいかに無用の経費をつかっていることでしょう。そうして私はこのような拙速の制度のもとで、今年から成立した六〇、七〇のロースクールの多くは数年にして消滅してゆくと思います。もちろん東北大学がそうあってほしくありません。ただ東北大学も馬鹿なことをしたものだという思いは捨てられません。しかし今からでも遅くはない、法人化で少しは自由になった大学は今こそもう少し自由な発想から真の法学教育を考えてロースクールへの移行を考えるべきだと思います。

## 四　全学的な大学構想について最後に

予定していたより長い長広舌になりました。最初にこの春から全国一斉に始まった大学法人が何かを考えました。特に産学協同、企業ベンチャーを入れて企業間競争の原理を導入した、私はその発想が誤りであったとは申しません。しかし大学の本質、少なくともこの一世紀にわたって日本の大学教育を背負ってきた旧帝大があるいは限られた数の私立大学が育ててきた大学の本質、理念をかくも容易に変えてしまってよいものか。もっとも法人化そのものに罪はないかも知れない。

更に私は教養部の遁走、学部・大学院の迷走、ロースクールの暴走のことを申しました。私は、①人間形成のための教養教育、②その分野でのフィロソフィーの高度の研究（文・理）、③豊かな知性の上に行う法律家、医師などの社会、人間救済の職能教育（法・医）、④そうしてまた高度の専門技術教育（工・農・薬など）（そのなかにはもちろん産学協同も企業ヴェンチャーも入るでしょう）、そうしたものの調和の上に真の総合「大学」があると思います。

もし、現在の大学が法人化によっていくらか自由を得たならば、大学は初心に帰って理想の真の「総合大学」の構築を始めればよい、東北大学は過去の伝統に戻って人間形成のフィロソフィーの充実（文・理や教養部の強化も含む）の強化を中心に据え、法・医などの職能教育の充実、高度な専門技術教育の強化そのための産学協同、ヴェンチャー企業などに向けての体制つくりに向かって努力してほしいと思います。申すまでもないことですが、大学が世界の最先端を行く研究機関であるべきことに何らの疑いをもちません。世界の研究の尖端を行く研究と学問形成、人間形成の基礎をもつ教養教育とは大学の中で何ら矛盾するものではありません。

大学が大学のことを全学的視野でみようとはしない。自分の部局の視野でしかものをみられない弊害だと思います。相変わらずの横並びでしかものを考えない悪弊から来ていると思います。法人化という今度の学制改革はこうした根本を考えもせずに、大学の基本理念としてのフィロソフィーの重要さ、専門教育の重要さに一顧だに与えず、ひたすら企業経営の論理をもちこんだものと思いを深くするばかりです。

私の親しい同僚が申しました。「これで東北大学は滅んだ。」そうではないと思う。私は東北大学のＯＢとしてもフィロソフィー学問を中心において、人間教育をしっかりやる大学であってほしいと願っております。せっかく与えられた法人化による各大学の自由です。全学的にみての理想の大学像を中期計画でも何にでももち込めばよい、各部局のエゴの固まりのような現在の構想をもう一度根底から考え直す叡知を大学はもち合わせていないのでしょうか。

いろいろ偉そうなことを申しました。竜宮城から戻ってまだ一年にもならず、私には実は自分自身が全く大学の現状に無知でこういうことを申しているのではないかというためらいがあります。私の無知、無理解が私にこうした暴言をはかせたのだとすれば、深く詫びなければなりません。

『日本學士院紀要』五九巻二号（二〇〇五年）一〇七―一二七頁

# 第四部　内外の法学者の回想または追悼

# 第一章　わが国の法学者の思い出

## 一　ハーグ時代以後の田中先生と私

田中耕太郎先生が国際司法裁判所の判事としてハーグにお住まいになられたのは、昭和三六年春から四五年はじめまでの九年間である。時に夏、冬の休みに日本に帰国されて、麻布鳥居坂の国際文化会館に逗留され、またイタリアなど南欧に御旅行になることもあったが、九年間のほとんどを国際司法裁判所の真向いのアパートで過ごされた。一階はCafé de la Paixになっていた。その四階のお宅のひろい窓からは、マロニエのこずえごしに国際司法裁判所のある平和宮とその美しい前庭がのぞまれる。居間にはピアノがおかれ、となりは書斎兼食堂になっていた。昭和三三年、現職のまま亡くなったイギリスのローターパクト (Lauterpacht) 判事が住んでいたところであるという。このアパートには他にもオーストラリアのスペンダー (Spender)、ギリシャのスピロプロス (Spiropoulos) の各判事が居を構えていた。

私は、先生のハーグ御在任中にいろいろな用事で日本からハーグを訪れた。六、七回にもなろうかと思う。また先生がハーグの任期を終えて帰国されてから、一度だけ外国旅行をされたことがある。昭和四六年初秋のユーゴスラビアへの旅であった。一〇日間の行をともにした私には楽しい旅であったが、先生にとっては最後の御旅行となってしまった。こうして先生の晩年の国際的な御生活の中で、私は親しくおつきあい頂く機会に恵まれたのである。

終戦直後、政治学科の学生であった私は、一度だけ田中先生の特別講義を拝聴したことがある。当時、先生は既に文部大臣であられたのだと思う。先生の最高裁長官時代、たまたま来日した私の恩師イェール大学のマクドゥーガル (McDougal) 教授を案内して長官室に伺ったことがある。それ以外に直接お目にかかったこともない私が、先生をハーグのお宅にはじめてお訪ねしたのは、昭和三七年初夏のことであった。

これには裏話がある。その頃ハイデルベルクの街角でたまたまお会いした最高裁の田中真次調査官に、「近くハーグに出かけるので田中耕太郎先生にお目にかかりたい」と話をした。それから一、二週間後アムステルダムのスキポール空港に着いた私は、ハーグ訪問をすませてこれから帰国の途に着こうという田中調査官に再会した。田中真次氏は私に、「田中先生にあなたのことを話したら、あの最高裁判所批判を書いた小田君だろうと言っておられましたよ」と告げられた。その一〇年も前、田中先生が最高裁長官をしておられた頃イェール大学に留学していた私は、ブラック、ダグラスなどの連邦最高裁判事に傾倒して、アメリカのような優れた少数意見の乏しい日本の最高裁判所を『ジュリスト』誌上に何回かにわたって、かなり辛らつに批判した。当時の五鬼上事務総長の反論もあり、エスカレートしたところで、宮沢先生がジュリスト巻頭言でこの議論にピリオドを打たれた。これを記憶しておられると知り、いささか気の重い私であった。ハーグに数日間滞在した私は、ある日おそるおそる田中先生のお宅に電話をかけた。横田先生の門下で東北大学の国際法を担当していることなどを申しあげたのだと思う。すぐ来るようにとのことでお宅に参上した。まったく打ちとけたお話しぶりで、ハーグの御生活のこと、国際司法裁判所の一年間の御経験、そしてその頃審理中の「国連の平和維持活動の経費」の勧告的意見のことなどをお話しになった。かつての私の最高裁批判のことは一言もおっしゃらなかった。その日、大使公邸からの到来ものの豆腐があるからと言って、奥様の手料理の御馳走になった。

この時の田中先生御夫妻の暖かいおもてなしに味をしめた私は、それからオランダを訪れるたびにお宅にうかがった。

国際司法裁判所のおかれている平和宮の一隅には、大正末期に設立されたハーグ国際法アカデミーがある。夏の二カ月近くの講義が中心であるが、世界の若い国際法学者のメッカでもあろう。昭和四〇年、コロンビア大学のフリードマン(Friedman)教授を長として私をふくむ数名の将来計画委員会が設置され。何回かハーグに通い、そのたびに田中先生にお目にかかった。昭和四〇年七月のときは、その直前までの「南西アフリカ事件」の審理のことなどをお話しになり、これが国際司法裁判所としても最大の事件になろうと言われ、また新しく始まった「バルセロナ・トラクション事件」の膨大な資料に悩まされていることなどをもらされた。

その数日後、私と一緒に滞在していたフリードマン教授の懇望によって、私は同教授を案内して再び田中先生をおとずれた。フリードマン教授はドイツの出身で大陸法に詳しく、また国際法学者としてのみならず、法哲学者としても世界に著名である。田中先生は、若き日のドイツ留学の思い出を述べ、ラートブルフ、ラベル、ヌスバウムのことなどをなつかしく語られた。また。その前年パリ大学モランディエール(de la Moraniere)教授への論文集に寄稿された「国際法から世界法へ」(Du droit international au droit mondial)の抜き刷りを書斎から取り出され、jus cogens論などもこの両大家の間で話しあわれた。ホテルへの帰途フリードマン教授は、日本にかくも造詣深い学者が居られるのかと歎息した。このフリードマン教授も昭和四七年秋、ニューヨークの自らの属するコロンビア大学の構内で、ゆきずりの兇漢に刺され、不慮の死を遂げた。

昭和四一年の七月、ハーグに着いた私はすぐに先生のお宅に伺った。「南西アフリカ事件」本案判決の数日後であった。請求国エチオピア、リベリアの請求の法的権益を欠くとして本案を棄却した裁判所の意見に対して田中先生は反対意見を述べ、実質に立ち入って南アフリカ共和国の南西アフリカ(今のナミビア)におけるアパルトヘイト政策を不可とされたのである。Café de la Paix で田中先生はいくらか上気ぎみに判決のことをお話しになった。「裁判所長スペンダーは、私が実質について意見を述べたことを宣言の中で暗に非難しているようだが、それは当たらない」とも述べられた。フリードマン教授など私と一緒に滞在していた国際法学者はいずれもが田中先生とジェサップ(Jessup)判事の反対意見がこの事件における白眉だと言った。

昭和四三年、北海の大陸棚の境界線をめぐって、ドイツとオランダ・デンマークの紛争は国際司法裁判所に提訴された。ドイツ政府の主任弁護人を依嘱されていた私は、この年の一〇月、口頭審理のために、秋色濃いハーグに着いた。この時は、訴訟当事者としての私は、裁判官としての田中先生をお訪ねすることをためらった。しかし、着いたその夜、藤崎萬里大使(現駐タイ大使)の公邸に、たまたま国際私法統一会議に出席中の池原季雄教授ともども御一緒にお招きをうけることになった。田中先生は、「ドイツ側に君の名を見て驚いたが、しっかりやるよう」と激励された。

法廷の初日、La Court(ラ・クール)(開廷)と叫ぶ廷丁の声とともに、両方の当事国関係者、傍聴人が待つ中を、ブスタマンテ(Bustamante)裁判所長を先頭に列をなして入廷する一七人(当事国裁判官二人をふくむ)の裁判官の四番目に先生はおられた。先生は既にかなりの先任になっておられたのである。壇上の裁判官席にはブスタマンテ裁判所長の向かって左にコレツキー(Koretzky)裁判所次長、その次が田中先生、更にモレリ(Morelli)判事と続く。その向かい側に位置するのはオランダ・デンマークである。ドイツは右側に位置したので、私は所長の向かって右に並ぶフィッツモーリス（Fitzmaurice）判事、ジェサップ判事などに対面することとなった。しかし。田中先生は着席されると、チラッと斜めのドイツ側で訴訟代理人イエニケ（Jaenicke）教授の隣に坐る私を見られた。それが無言の激励のように思えた。

私が冒頭陳述を終えた夜、たまたま裁判所長の呉越同舟のレセプションで、田中先生は私の陳述が他の判事によい印象を与えたようだと話をして下さった。そして、「今日の裁判官会合で、ドイツの弁護人は大変若いようだがとの話だったので、まだ五〇にはなっていないと答えておいたけど、いいでしょうね」と言われて、私は苦笑した。先生のお話しぶりから、ジェサップ判事、モレリ判事などと殊の外御親交が厚いように思われた。ドイツ側が本拠とし、私が泊っていたホテル・ヴィッテブルクには、この両判事御夫妻も長期に泊っておられ、さして大きくもないホテル故、食事どきにはよく隣のテーブルなどになったが、この両判事御夫妻が常に私に大へん好意的であったのは、先生のおかげであった。法廷も終りに近い頃、先生に夕食のお招きをうけた。今回は公的な立場だからと御辞退する私に、先生は、「弁護人が裁判官を招待したら問題だが、その逆はかまわないよ」と言われて、いろいろ慰労をして下さった。もちろん裁判の内容には一切触れられなかった。

一カ月に近い法廷での生活に精魂をすりへらし帰国した私に、勝訴の見込は全くなかった。外国でほとんどすべての人々がドイツの敗訴を予言し、その判決は年内にも下されるであろうと予想していた。しかし、その年の暮、イタリアのアマルフィから田中先生の絵葉書を頂いた。その地で判決作成に没頭している、と。判決が遅れているのはあるいはドイツに分があるのかという思いがふと私の頭をかすめた。翌昭和四四年二月、仙台の研究室に外務省から電話で「北海大陸棚事件」のドイツ勝訴のことと田中先生が反対意見を書かれたとの知らせがもたらされた。その後、外国の友人達は、「お前は勝ったが、田中判事を説得することは出来なかった」と私をひやかした。しばらくして田中先生御夫妻にお目にかかった時、奥様が、「あなたは裁判に勝ち、主人は言いたいことを言ったのですからいいじゃありませんか」と言われたのを今でも思い出す。

昭和四四年夏、この法廷生活から一年近くたって私はハーグに戻った。二〇年近く前、聴講者として講筵に列し、数年前にはその将来計画にたずさわったハーグ国際法アカデミーの教壇に立つことになったからである。その初日、私を受講者に紹介された理事長カストベルク（Castberg）教授とともに、田中先生とジェサップ判事が来賓席で並んで私の講義を最後まで聞いて下さった。この三人の碩学を前にして、私はその光栄に感動した。五日間の講義を終えた日、田中先生は、前年の裁判の時には裁判所の中を見るひまもなかっただろうからと、先に立って裁判所のなかを案内して下さった。控室にある安達峰一郎先生のレリーフ、常設仲裁裁判所評議会の部屋、そして日本が寄附した西陣龍村のつづれ織の壁掛を見て、平和宮のすぐ近くにあるメスターク美術館に私を伴われた。ほとんど人影を見ることもないこのオランダ一九世紀後半の絵を中心とする静かな美術館が先生にとっては日頃憩いの場であったことを、田中先生はかつて随筆に記されたことがある。

田中先生が万国国際法学会（Institut de Droit International）の準会員に当選されたのは昭和四二年ニースの会期においてである。戦後、横田、江川両先生が当選されながら、江川先生は逝去され、当時、日本の会員は、昭和四〇年ワルソーの会期で正会員に昇格された横田先生だけであった。会員選挙は会期の初日に行われるが、田中先生は御当選のこの年には御出席にならなかった。その次の昭和四四年エジンバラの会期に横田先生は出席されず、田中先生だけがハーグからはじめて御出席になっていた。この会期に準会員の候補に推されていた私は、その頃、ユネスコの会議のためにパリに滞在中であった。とうてい当選おぼつかないとは思うものの、気になるその初日であった。その日の夕方、ユネスコ本部の会議室にいた私に、ユネスコ駐在の中江要介参事官が電報を持参された。Congratulations for your great success, Tanaka という電文を私は今でも覚えている。万国国際法学会事務総長バスチード（Madame Bastid）教授から当選電報が届くより数時間前のことであった。その夜パリから電話をした私に、田中先生は一両日でもいいからエジンバラに来るようにとおすすめ頂いた。約一週間後、ユネスコの会議を脱け出した二泊だけのエジンバラであったが、「今日は君の祝賀会をやろう」と言われて、先生御夫妻は、宿舎カレドニアン・ホテルで立派な宴をはって下さった。

万国国際法学会の次の会期は昭和四六年クロアチアの首府ザグレブであった。田中先生はこの時は既に国際司法裁判所の任期を終えて東京に帰っておられたが、奥様とともに遠くこのオーストリア・ハンガリーの古都に赴かれた。御令息もパリから合流された。私は国連海底平和利用委員会を終えてジュネーブからザグレブにまわり、宿舎ホテル・エスプラナードで御一緒になった。この会期にも横田先生は欠席され、一〇日近くの間を私は田中先生のおともをして暮した。会場では先生はいつも裁判所時代の同僚コレツキー氏と並んで坐っておられた。「彼とはローマ法のことなどをよく話すのですよ」とおっしゃって、はた目にも大へんよく気の合う御友人同志とうつった。

ザグレブの会議のあと、田中先生御一家とこれも既に国際司法裁判所を退任しておられたジェサップ夫妻と私は、数日の休暇を楽しむためにアドリア海のドブロブニックに向った。その飛行機の中で田中先生はいくらか気だるそうにお見受けした。この時既に発熱しておられたのである。翌日には皆で船に乗ってピクニックに行こうと楽しみにしていた私は、ホテルについて間もなく奥様から電話で先生が三九度余りの発熱だと伺った。ユーゴスラビアの田舎でのことである。御令息がついておられたのがわずかなすくいであった。医者の往診も受けられ、熱はすぐに下がった。翌日のジェサップ夫妻と私に田中先生御令息だけの一日の船旅は、楽しみも半減していた。その一両日後、ロビーなどにはおりて来られるようになった先生を残して、ジェサップ夫妻はニューヨークへ、私はチュニジアを経由して東京へと帰途についた。すっかりお元気になられた先生は、はじめの予定を変更されながらも、思い出多いハーグで約一週間を過ごされた後、帰国された。昭和四六年九月の中頃である。田中先生にとって、これが最後の外国旅行となってしまった。

九月の下旬、帰国された先生から仙台に電話を頂いた。当時ＩＬＯ事務局長をしていた万国国際法学会のジェンクス（Jenks）夫妻のために席を設けるからといってお招きをうけ、紀尾井町の福田屋で横田先生と私とで御相伴にあずかった。すっかり健康を回復されたようにお見受けしたが、私が田中先生にゆっくりお話を伺ったのはこれが最後であった。このジェンクスも昭和四八年秋、ローマに元気な姿を見せた直後、急逝された。

万国国際法学会の昭和四八年ローマ会期はその創立百年の記念でもあった。イタリアは先生がもっとも愛された国である。親友モレリ判事の夫人の出生地シシリアへの昭和四一年の旅はもっとも印象が深かったと思われ、「こころ」の昭和四二年新年号に「シシリア紀行」を記されている。この田中先生と同時に退任された親友モレリ判事を会長として、かつもっとも愛されたイタリアの地でのこの会合に、田中先生はどんなに御出席になりたかったかと推察する。しかし、もう御健康は長途の外国旅行を許さなかった。横田先生とともにこの会期に出席した私に、モレリ夫妻、ジェサップ夫妻、フィッツモーリス夫妻その他、どれだけの人が「コータローはどうしておられる」、と話しかけてきたことであろう。

田中先生御逝去の後、今年の七月の国際司法裁判所の「アイスランド漁業事件」の判決の冒頭、ラックス（Lachs）裁判所長は先生の追悼を述べたという。田中先生の晩年は、まことに国際人としての御生活であった。単調なハーグの御生活では特に一緒に裁判官に選出されたジェサップ、モレリ、コレツキー、ブスタマンテの諸判事と家庭的なつきあいも重ねられた。時々の御旅行がお楽しみでもあった。そうした先生の晩年に親しくおつきあいを頂く機会を得た私にとって、先生は学界の大先生であるよりは、慈父のような存在であった。（昭和四九年九月二五日記）

鈴木竹雄編『田中耕太郎　人と業績』（有斐閣、一九七六年）三〇三―三一〇頁

## 二　田岡良一名誉教授の訃

大正の末期東北帝国大学法文学部法科の発足にあたってその最初のスタッフの一人であった田岡良一先生が昨年五月八七歳で亡くなった。田岡先生といっても、もう同窓の中でも知る人は少ないであろう。東北帝国大学を去られたのが昭和一五年、半世紀近くも前のことである。そうして私の知る限り戦後も仙台を訪れることはなかったと思う。

明治三一年高知県の生れ、明治の思想家田岡嶺雲の子である。その出生から生いたちは岩波新書の家永三郎『数奇なる思想家の生涯――田岡嶺雲の人と思想――』(昭和三〇年)に詳しい。一二歳にして、嶺雲の霊廟においてはじめて父子の名乗りが行われたという。岡山の旧制六高を終え、京都帝国大学法学部法学科大正一一年卒業である。約二年間京都帝大において国際法専攻の助手を務めたのち、大正一三年一月、東北帝大助教授となって国際法講座を担当し、昭和五年七月には教授となる。そうして第二次大戦の前夜滝川事件で壊滅状態になった京都帝大法学部再建のため招かれて母校に復帰し、その後戦中戦後京都の国際法の牙城をまもり、昭和三五年退官、のちには関西学院大学などで更に研究・教育の任にあたられた。その旺盛な研究は晩年や八〇歳台にまで続いた。

『大津事件の再評価』という著書は七八歳の時のものである。その書評を書いた家永三郎氏に対する反論は詳細をきわめ、そのコピーは高柳真三名誉教授の手もとにも送られているが、そうしたことをふまえて『改訂版』を出されたのは死の二年前、八〇歳台半ばのことであった。

田岡先生の名声を確立したのは昭和九年の『国際法大綱』上巻、昭和一四年の同下巻である。いずれも東北帝大在職中の作である。その頃、田岡先生の大学卒業と同じ年に片や東京帝国大学を出てそのまま国際法の教授になっていた横田喜三郎教授の『国際法』上、下巻が出たのは昭和八年、九年である。ほぼ時を同じくして出版された東京・横田の『国際法』と東北・田岡の『国際法大綱』とは、それまでいわば翻案の域を出なかった日本の国際法学界において新天地を開くものであった。

田岡先生は同じく東北大学時代の昭和一二年に「空襲と国際法」を横田教授は昭和一六年に「国際裁判の本質」をあらわし、共に法学博士の学位をうける。この両著もまた歴史の浅い日本における国際法研究の中で世界の最高水準をゆくほとんどはじめてのものと言ってもよいのではなかろうか。

戦後昭和三一年、横田教授の『国際法学』上巻に数カ月おくれて田岡先生の『国際法講義』上巻が出される。両教授とも下巻を出されることなく有斐閣法律学全集に横田教授は『国際法学』の続巻と言うべき『国際法Ⅱ』を田岡先生は『国際法学講義』の続巻と言うべき『国際法Ⅲ』を出される。両教授戦前の大著を全面改訂されたものであった。戦後に横田教授に『国際連合』があれば田岡先生には『国際連合の研究』があり、前者に『自衛権』があれば後者に『国際法上の自衛権』がある。

戦前日本の国際法の水準を国際的水準にまで引き上げ、そうして戦後も長くよい意味でのライバル、東西の重鎮として国際法学界を指導されたのはこの両先生であった。しかしその学風も気質もむしろ正反対であったともいえる。両教授の間にテンションがなかったと言えばウソになろう。戦後間もなくの春秋の国際法学会大会における両教授の論戦を私ども当時の若い研究者は緊張しつつ聞いていたものである。しかし、田岡先生の壮年の秋霜烈日の気風は晩年には温和な老教授と変わった。

田岡先生は制度の綿密な歴史的分析に裏づけられた重厚な学風によってきわだち、その徹底した実証主義と忠実な伝統的国際法理論の尊重によってもっとも正統的な国際法学であったということが出来よう。

東北大学の国際法講座は田岡先生を創始者にして小谷鶴次教授がこれをついで、七、八年、昭和二八年から昭和五一年までの二五年間を私があずかり、その後現在までの一〇年はもっとも円熟味をみせる山本草二教授が担当する。私にとって田岡先生との直接の師弟関係があったわけではなく、私はまた直接にあとをついだ後継者でもない。むしろライバルであった横田門下であったにもかかわらず、しかし私にはやはり自分の創設した講座の承継者としての特別のいたわりがあった。

昭和二五年秋東北大学からイェール大学に留学中、占領下の指導者アメリカ旅行で田岡先生は他の数人の、国際法と外交史の教授達とニューヘヴンにたちよられた。「スパゲッティにはチーズをかけるものだよ」というのはその時におそわったことであったが、その後国際法学会ではいつも声をかけて頂き、また拙い書物をお送りするたびに鄭重なお礼状を頂いた。

仙台時代の田岡先生は南町から国分町に入ったあたりに、母堂も共に住んでおられたという。その邦楽―舞踊・踊曲はたしかなものであった。私も東京、京都で何度か粋な席にお伴したことがあるが、先生の舞踊が始まると芸者衆も声もなくただその見事な芸に見ほれるばかりであった。

国際法学者は概して長寿である。東北大学は一昨年、その名誉教授規程の改正によって、転出後四五年ののちの田岡先生に名誉教授の称号を贈った。田岡先生はこれをことの他喜ばれたとのことであった。（ハーグにて、昭和六一年六月）

『東北大学法学部同窓会報』（一九八六年）二―三頁

した。

## 三　鈴木禄彌君――追悼の辞

鈴木禄彌君。君との別れがこのような形で来るとは。どちらが先に逝くかを競っているような君と私との関係でした。

君と私とがお互いに相識るようになったのは昭和二二年一〇月一日、その日から「東京大学」と名前を変えたその法学部の研究室で、まさに研究者の卵として、君は山田晟先生のもとでドイツ法を、私は横田喜三郎先生のもとで国際法を専攻して研究生活に入った日です。その前日、名前を変える前の「東京帝国大学」の最後の日の学生として学窓を出るまでは、学部学生としては教室でお互いを識ることはほとんどありませんでした。しかし、この「東京大学」の初日、研究室に入って同期の研究者一一名の専門を越えての交流が始まりました。君も私もその一員でした。もっとも君は東大研究室同期の中でも福田歓一君、小嶋和司君などと並んでトップクラスであり、その底辺にいた私などの及ぶところではありませんでしたが、君が本郷誠之小学校、府立一中、一高と絵に描いたような秀才コースを歩まれたことを知るに及んで、大学同期生とはいえ、植民地育ちの私のコンプレックスは抜き難いものがありました。

その数年後、この同期は、このまま南原繁先生の後継者として東京大学法学部助教授に留まった政治学の福田歓一君を別にして、全国に散りました。君は当時新設間もなく民法の谷口知平先生などを擁して意気上がる大阪市立大学に赴任、私は中川善之助、木村亀二、清宮四郎、高柳真三、柳瀬良幹など諸先生の絢爛たる教授陣の東北大学法学部に拾われました。間もなく君はドイツのチュービンゲン大学に留学、私はアメリカのイェール・ロー・スクールに学びました。

一〇年後、昭和三〇年代の初め、東北大学法学部は、大阪市立大学にいた君を民法講座の担当教授として迎えることになりました。中川善之助先生のお計らいでした。当時まだ助教授であった私ですが、東北大学法学部は「鈴木を教授として招くのに同期の小田を助教授のままにしておくのは可哀想だ」というお情けで、私の教授昇格が全く君のおかげで決定しました。

君と私は東北大学の若手教授でした。お互いまだ三〇歳代の半ばに達せず、教授でありながら俸給は助教授としての三等級、当時流行したサラリーマン小説、源氏鶏太の「三等重役」をもじって「三等教授」と自嘲しておりました。私がすぐに現象学の哲学者・高橋里美総長のもとで大学評議員を務める、そのあとを君が継ぐ。ともに他の学部と較べて異例の若さでした。

民法は既に広中俊雄君を助教授に千葉大学から迎えており、君についで教授に幾代通君を名古屋大学から、更に間もなく太田知行君を東京教育大学から加えて、石田文次郎、勝本正晃、中川善之助の諸先生が去られたあとの民法に全国に誇る陣容を固めたのです。

また、しばらくして、憲法は地元出身の樋口陽一君に加えて、東京大学研究室で君や私と同期で東京都立大学に出ていた憲法の小嶋和司君を同僚に迎えました。こうして東大研究室昭和二二年同期の三人、君と小嶋、私が東北大学法学部の中堅を担った時期がありました。小嶋君はその後東北大学の定年を数週間後にひかえた昭和六二年の春に亡くなりました。

君は昭和三五年春に仙台に赴任してくるとハツヨ夫人と、そうしていくらか遅れて名古屋大学から来任した民法の幾代通君とほとんど隣り合わせで太白区石名坂に居を構え、私は川内のアメリカ進駐軍宿舎あとの公務員住宅住まいでしたが、君は間もなく、せっかく自ら構えた太白区門前の新居を道路整備計画で追われ、青葉区八幡の今のところに新居を建て移り住みました。昭和四八年のことでした。

私は昭和五一年初めに東北大学を去ってオランダにある国際司法裁判所に勤務しましたが、その間しばしば仙台に戻り、しかも川内の公務員住宅を撤収してからは君の邸宅と同じ町内の八幡に留守連絡所をアパートの一室に構えて一時帰国の用に立てていましたので、私的な交際もますます深まりました。とりわけハツヨ夫人は東北学院大学の民法教授、私の家内はその大学のピアノの講師を務めていたこともあって、家族ぐるみで親しいお付き合いでした。

そうして君とハツヨさんのご夫婦は何度か、そのドイツ旅行の途次、オランダの私どものところに立ち寄られました。また私どもがしばしば仙台に一時帰国するといつも郊外・泉のフランス料理や市内のレストランなどにお招きを受けるのが常でした。生来一滴のアルコールも駄目な君でしたが、いつも私には特上のワインを用意して下さる。もっとも当然ながら、そうして残念ながら、その選択の目はありませんでした。東京に住む私の娘が孫達を連れて仙台に来ると必ず鰻屋でご馳走して下さる、君は私の孫たちには「鰻のおじさん」として絶大な信頼がありました。

鈴木夫妻と私ども夫妻の四人での会食は君が東海大学での法学部長としての任務を終えて仙台で悠々自適の生活を始めてから、そうして私がオランダから帰国して仙台八幡に定着するようになって、全く習慣化しました。そしてそれが私どもの楽しみでした。

君が日本学士院会員に選定されたのは平成一〇年のことです。そこでは私の方が君の四年の先輩でしたが、上野で開かれるその月例会に、私はしばしばオランダから一時帰国して出席し、君も実に誠実に仙台から上京してその例会に一緒に出席しました。二年遅れで会員に選定された憲法の樋口陽一君、更にその二年後に加わった文学部の中国哲学の金谷治さんとしばしば東北大学の将来を語りあったものでした。またこの頃に君と大阪市立大学で同僚であった国際法の石本泰雄君も学士院に加わりました。

この学士院で君は五、六年前には「年寄りは死んで下さい国のため」という川柳を引いて成年者後見と高齢者保護の国の社会政策についてきわめて軽妙な論文報告をして満場をうならせたことを思い出します1。たまたまオランダから一時帰国してその席にいた私は、君の実に豊かな文才と機知に富んだ話術に魅せられたことをまだ最近のことのように思い出します。君が最後に論文報告をされたのは今年の六月のこと、親族法における婚姻及び親子の意義の動揺を論じて、他の専門領域の同僚会員にもよく分るまことに行き届いた報告をされました2。そうして今月一二日のたまたま論文報告の月番であった私の報告を聞くために仙台から上京の新幹線の切符を用意されていたのに、その予定の二日前に倒れられたと伺いました。私はこの日学士院での私の報告の場に君がいないことに気づいて案じていたのです。わずか一、二カ月前の一〇月にはハツヨ夫人とともに中華人民共和国の北京へ講演旅行をされたくらいですから、まさかのことがあるとは全く思いもよりませんでした。

「民法学者」としての君の残された業績については門外漢の私のよく語るところではありません。唄孝一教授、生熊長幸教授が述べられるところでしょうが、民法五部の全領域にわたってすべてに尨大かつ周到な概論書を用意したのは民法学界で君だけだと言われます。一生かかって国際法の総説の一冊も用意することのなかった私はここでもコンプレックスを味わうのみです。

「大学教師」としての君については、これはかつて学生であった藤田紀子弁護士が語られることでしょう。海外出張や外務省あるいは他の国内の兼職のみ多くて、東北大学の不良教師として札付きであった私と較べて、君は実に誠実な東北大学の良き教師でした。ゼミや研究指導を通じて多くの若手を養成された。その多くが今日のお別れに見えてお出でです。

そうして「大学の管理行政」についても、およそ管理職などには縁がなく、学生騒動のさなかに外国に逃げてばかりいた私と違って、君は学内行政の雑務をこまめに務め、法学部長も務められました。そうして東北大学退官後は、戦争末期東条首相ににらまれて逓信院工務局長という政府の要職から一兵卒として前線に送られたことでも有名であった、東北帝国大学工学部卒業の松前重義氏に三顧の礼をもって迎えられ、その創設された東海大学の法学部長の重責も担われました。その東海大学法学部創設二〇周年の祝賀がこの一一月に行われ、どういうわけか私がその記念講演を託されましたが、君は健康上の理由で上京はできないからとの連絡を受け、東北大学定年後君に続いて東海大学に就任した太田知行君、東北大学で君のもっともよき学生であった台湾の留学生で東海大学に比較法教授として赴任した劉得寛君などがかわって出席、傍聴して私の講演に花を添えてくれました。

家庭にあっては良き法学者の同僚でもあるハツヨ夫人と、子供に恵まれなかったことも理由かも知れませんが、まことに琴瑟相和し、早朝の二人での近所、それは私夫婦のアパートの周りですが、その散歩は君が倒れる直前まで毎日続けられていました。ただし朝型の君と全く夜型の私とがここで出会うことはありませんでしたが。

君や私などの世代ではまさに如何にして死ぬべきかを毎日考えてきました。私ども共通の師である憲法の宮沢俊義先生は、君の民法講座前任者である中川善之助先生の追悼会で「われわれ死亡適齢期のものは如何にして世を去るかを考えている。上野駅頭で倒れて亡くなった中川君は実に良い死に方をした」と称賛されたことを覚えています。

禄彌君、もちろん君の死は早過ぎた、しかし苦痛もなく逝った君は、ハツヨ夫人にも支えられたその恵まれた一生、そうしてそのすばらしく充実した学者としての一生を顧みれば、私ども同世代の範とするものでした。どうぞ安らかに眠り給え。私も間もなく追いかけます。

そうして残された良き伴侶ハツヨ夫人になお実り多い余生を。

二〇〇六年一二月二六日　告別式（於仙台）にて

1　「成年後見制度と高齢者保護——老人は死ぬべきか」『日本學士院紀要』五七巻一号（二〇〇二年）一頁以下。

2　「近未来の親族法における婚姻および親子の意義の動揺」『日本學士院紀要』六一巻二号（二〇〇七年）六五頁以下。

『ジュリスト』一三三一号（二〇〇七年）一一〇—一一二頁

## 四　仙台の中川先生と私

私が昭和二五年春、東北大学に赴任した時の法学部長が中川善之助先生であった。そして、赴任を前にして東京で挙げた私の結婚式で祝辞を述べて頂いたのがお近づきいただく最初であった。当時東北大学では、長い伝統をもつ法文学部から法学部が独立してから一年目であった。私より先には東大で同じ共同研究室の西洋法制史の世良晃志郎さんが赴任しておられ、いわば私の兄貴分であった。戦災のあとも生々しい東北大学で、私は焼け残った大正末期のコンクリート建て第一研究棟に部屋を与えられた。かつての法文学部時代には哲学の河野与一先生、社会学の新明正道先生のつかわれた部屋であると聞かされた。向かいが憲法の清宮四郎先生、隣りに行政法の柳瀬良幹先生、日本法制史の高柳真三先生と続いていた。下の部屋が刑法の木村亀二先生で、洗面台の水を出しっぱなしにしないようにと言われたのを今でも覚えている。えらい先生達に囲まれて小さくなっていた私ではあったが、中川先生を中心とする学部のあたたかい雰囲気は私を喜ばせた。

昭和二五年春というのは朝鮮事変の始まる直前である。戦後間もなくで私にとって全く物のない仙台の新婚生活ではあったが、東北大学の国際法講座をあずかるという自負に私は酔った。数年後の東北大学法文学部略史（昭和二八年）に中川先生は、大正末期に新任助教授として着任した頃のはつらつとした思い出を書いておられる。

「初秋のよく晴れた朝だった。一人で駅前に出て見た私は、清々しいみちのくの詩情よりも、とりちらかされたような、建物も貧弱な、いかにも田舎びた光景に、うらさびしい幻滅に近いものを感じた。しかしそうはいうものの、一方では東北帝国大学助教授という希望の光に足取りも軽く、町へ歩き出した。」

三〇年後の私も全く同じ思いであり、先生のこの随想は私がくりかえし読ませて頂いたものの一つである。

その頃東北大学では、全国的にも有名になったイールズ事件が起こった。当時のアメリカ占領軍司令部の教育顧問イールズが仙台で行った講演を学生がボイコットした事件である。今でこそ何でもないことのように思われるが、当時絶対的な権力をもっていた占領軍への学生の反抗として難問題であった。それを見事にさばかれたのが中川法学部長であった。

それと同じ頃であるが、先生の二番目のお嬢さん（現坪井東大薬学部教授夫人）がピアノをやっておられた関係からだったと思うが、戦時中に毎日新聞のピアノコンクールに入選し、当時は東大法学部の行政法助手であった藤田晴子さん（現国会図書館調査立法考査局主幹）を仙台に呼んでこられて宮城女子学院でリサイタルをひらかれた。物のない当時、先生は藤田さんを自宅に泊められたのだったと思うが、東大の研究室で藤田さんと同室だった私は、御相伴で光禅寺通のお宅に伺った。上のお嬢さん（現深井東大東洋文化研教授夫人）は東北大学文学部を出て社会学の助手をしておられたが、「美人だなあ」と思った記憶が今でもある。先生はよい二人のお嬢さんの父親でもあった。

私は東北大へ赴任したその八月にはアメリカ留学にでかけ、三年間を経て帰ってきた時には法学部長は二代目の石崎政一郎先生であった。今でこそアメリカ留学など珍しくもないが、戦後の法学界でのアメリカ留学のはしりは、ミシガンの早川武夫君（神戸大）、ハーヴァードの碧海純一君（東大）とイエールの私であった。三年のアメリカ留学を終えて仙台に戻った私は仲々もてたものである。当時のアメリカの新知識をかかえて法学部図書室の整備などに打ちこんだ時に、常にあたたかく積極的に支持して頂いたのは、中川先生と石崎学部長をはじめ、小町谷、木村、清宮の長老諸先生であった。人事のことでも、自分達はもう古い世代だからと言って、世良さんや私に委ねられることの多かったのもその頃である。東大での新進、民法の広中俊雄君、労働法の外尾健一君、政治学の宮田光雄君の人事も実現した。いくらか後にはなるが、私の先輩で他大学に既に勤務していた商法の服部栄三さん、民法の幾代通さん、同期の民法の鈴木禄弥君の人事もそうした雰囲気の中で実現していった。

昭和三一年に再びイェール大学に出かけるまでの三年間の仙台の生活は、今考えると私の人生でもっとも充実していた時代かも知れない。再びニューヘヴンに住んでいた時に、たしかスペインの国際比較法学会からおかえりの途中だったと思うが、中川先生が訪ねてきて下さった。屋根裏の茅屋におつれして、他に能もなく、家内の冷凍ハンバーガーなどを食べて頂いたのは、今でも冷汗が出る思いである。イェール大学法学部教授会というのは、一週おきに昼食をともにしてから、いつも三〇分ぐらいで終わってしまうが、人事を議する時を除いては、訪問客もしばしば同席する。中川先生を教授会にお招きした時の堂々たる態度は今でも記憶に残っている。その意味では鵜飼信成先生と双璧であった。

私が昭和三三年はじめ再びアメリカより仙台に戻ってから、先生のご退官の昭和三六年までいろいろな面でおつきあい頂いた。これより先、私がはじめて仙台に赴任した時には私法研究室には助手として、民事訴訟法の小室直人君（大阪市大）、民法の山畠正男君（北大）、小林三衛君（茨城大）、商法の本間輝雄君（大阪市大）などがおり、新しく新卒業の商法の菅原菊志君（東北大）、民法の加藤永一君（東北大）や相原東孝君（愛知県立大）、佐藤隆夫君（国学院大）が入ってきていた。私にとってはいわば小姑とでも言ってよい人々であったが、専門が全く違うのに実に親しくして頂いた。私が一度目の留学から帰った昭和二八年ごろには、民法で泉久雄君（専修大）、槙悌次君（関西大）、森泉章君（青山学院大）、阿部浩二君（岡山大）、民事訴訟法で高島義郎君（関西大）、安井光雄君（上智大）、故桜田勝義君（新潟大）、商法で田辺康平君（福岡大）、上田宏君（東北学院大）などが私法研究室にたむろしていた。国際法という全く専門の違う私は中川先生にひかれて、私法の合同研究室の諸君と大へん親しくもなった。今でもこうして私法の諸君が仙台に来られると私を訪ねて来てくださるのは涙が出るほどうれしいし、全く中川先生のおかげであった。

中川先生は学友会のテニス部の部長でもあり、夕方になると小町谷先生なども御一緒にコートに立たれた。私法の合同研究室の諸君とともに私も時々はコートに出かけた。「小田先生にけいこをつけてやれ」という中川部長の命令で私のテニスの指導をしてくれたテニス部主将の片平君（住友生命）や大原君（三菱銀行）などは、今や社会の中堅である。またその頃は、年に一回は法学部全学生とバスをつらねてのピクニックがあった。率先するのは中川先生であり、驥尾に付するのは私などであった。私が齢をとってしまったのか、時代が変わったのか、今ではあの頃の雰囲気は大学から消えてしまったが、しかし、その頃でも中川先生の個人的魅力がなんといっても原動力であったことは疑いない。

毎年卒業の頃になると学生のための送別会が行われたが、いつも余興は五軒茶屋おかかえの芸者「オミッちゃん」の「さんさ時雨」のおどりであった。「君達えらくなって仙台にたずねてくることがあったら『オミッちゃん』を呼んでやってくれよ」と言われた。事実、むかしからどれだけの東北大学法学部卒業生が彼女をなつかしがってお座敷をかけたか分らない。よき時代のよき仙台であった。そして私どもは先生御退官の送別会を五軒茶屋で彼女をよんで盛大に行った。

東北大学の学長選挙で中川先生が学長候補にあげられたことは何度かあった。昭和三八年の選挙に際し、既に東北大学を定年退官して学習院大学法学部長をしておられた先生に今度は是非お引きうけ頂こうと、同僚の世良さん、幾代さんと一緒にひざづめ談判に上京したことがある。健康が許さないということで、たっての私どもの希望を容れられなかったが、私どもの熱意を喜ばれ、かえってパレスホテルで夕食をもてなされ、夜行列車で帰る私達を上野駅のプラットホームまで見送りに来て下さった。それから何年かたって先生は金沢大学の学長にえらばれ、これはお引きうけになった。私は大いに憤慨した。どこからかそれをお聞きになったのであろう。しばらくして鄭重なお便りを頂いた。「君の好意を無にして東北をことわり、金沢を引きうけるようになって申しわけない」ということであった。その後もよく、「小田君には怒られたから」と冗談をおっしゃった。

先生が定年でおやめになる前には小町谷先生、石崎先生が、中川先生と御一緒には木村先生、それから続いて清宮先生といずれも東京に去ってゆかれた。年に二、三度、ご自分が校長をしておられる夜学の法経専門学校のために仙台に来られることはあったが、東北大学に寄られることは少なくなっていた。いつの間にか法学部古参の一人となっていた私の自宅に電話を頂くことも多く、「仙台にきて君に連絡しないと怒られるからね」とおっしゃることもあったが、仙台を留守にすることの多かった私は、帰宅しては先生からの留守中の電話を残念に思ったものである。金沢にいる間に一度は来るようにと言われ、東北からいった民法の深谷松男君などが親切にそのアレンジをしてくれたが、とうとう私の都合で金沢というまちは知らずじまいである。

昨年（昭和四九年）秋、先生の叙勲祝賀会がホテル・ニューオータニで開かれた時の奥様とおそろいでのあの幸福そうなお顔が忘れられない。それは勲章のためではない。にぎやかなことのお好きであった先生が、大勢の友人、門弟に囲まれてどんなにうれしそうにふるまわれたかは他に書く人もあろう。

今年（昭和五〇年）の二月二八日の昼すぎであった。法学部研究室の通称キャフェ・ド・ドロア（教授）サロンにいた私を探しあてて、「今、教養部の加藤君（民法）のところに来ている」といって電話を頂いた。早速お迎えにゆき、法学部におつれして、金沢大学から転任してきている日本法制史の服藤君など、二、三の同僚とお茶を飲んだ。余り邪魔をしてはと思われたのか、三〇分位話をして、「どうもありがとう、帰りましょう」とおっしゃる先生を私は自分の車の助手席におのせして、法経専門学校にお送りした。親しい人々の少なくなったことを淋しそうにしておられる先生をおろして自分の研究室に戻った私は何か気にかかるものがあった。どこに泊っておられるのか、どのような予定かも伺っていなかったが、翌三月一日の朝、何軒かのホテルに電話をしてつきとめ、「今日のおひる如何ですか」と申しあげたところ、大へんはずんだ声で「ありがとう」とおっしゃった。いそいで名誉教授の高柳先生や世良さんなど一〇人近くの法学部同僚を呼びあつめ、ご在職中のひいきであった東一番丁の「祥発順」で昼食をともにし、それから近くのコーヒー屋に席を移した。大へんなお喜びようであった。その日の午後の汽車で東京にお帰りになった。折りかえしすぐに三日付の葉書を頂いた。「過日は大変楽しい時間がもてて嬉しいことでした。次の日の昼食まで御馳走になり恐縮しております。どうか御参会の諸君にも君からよろしくお礼を申しあげて下さい。またの機会を楽しみにしています。奥様にもよろしく。」よっぽど嬉しく思われたにちがいない。虫の知らせか、私はその葉書を大事にしまいこんだ。先生の亡くなったのはそれから三週間足らず後のことであった。私にとって、これは先生の絶筆である。

『法学セミナー』二五三号（一九七六年）一五四―一五六頁

## 五　田畑茂二郎会員追悼の辞

田畑茂二郎先生は平成一三年三月八日に京都大学附属病院で逝去されました。入院二カ月後で肺炎を併発されてのことであったとはいえ、おおよそ天寿をまっとうされて穏やかなご最期であったと伺っております。享年八九歳でございました。

先生の学士院ご出席は平成九年四月が最後であったと承知致しますが、私にとっては、その数週間後、東京大学で開かれた国際法学会一〇〇周年記念でお目にかかったのが最後でございました。オランダに住む私は先生の晩年にお見舞いする機会もなく、このたび異国で受けた先生のご訃報にただ五〇年余にわたるご指導を振り返り、ご冥福をお祈りするのみでございました。

昭和五五年に学士院会員に選定されて二〇年余り、学士院最長老のお一人であった田畑先生をこの学士院総会の場であえてなお未熟の私が追悼申し上げるのは、私にとっては先生がかけがえのない事実上の恩師であられたからであります。

田畑先生は明治四四年京都舞鶴に生まれ、舞鶴中学から第三高等学校を経て昭和六年に京都大学に入学されて以後、一貫して京大法学部で学生、助手、講師、助教授、教授の時期を過ごし、そうして昭和四九年の定年ご退官後も京都を離れることなく、一生を京都で過ごされました。対して、東京でかつての会員故横田喜三郎先生の門に学び、のち同じくかつての会員故田岡良一先生が東北大学に創設された国際法講座を引き継ぐ形で仙台に赴任し、およそ京都に全く縁のない私が、あえて田畑先生を恩師と呼ばせていただくにはそれなりの理由があります。

なおまた、田畑先生は、本院において、先に触れました故田岡良一会員の追悼を昭和六〇年九月、また故横田喜三郎会員の追悼を平成五年五月に、それぞれ述べておられます。今日私がここに私の一生を通じて事実上の恩師であられた田畑先生を追悼させていただくのも因縁のようなものを感じます。

私どもの国際法学会は、既に一九世紀、一八九七年、明治三〇年の創立であり、法律・政治学の学会として異例に古い歴史と伝統をもつ学会として存在し続けました。しかし事実は先の大戦まで、国際法について国内でも大学間の交流はほとんどありませんでした。

戦後間もなく東京大学で、横田喜三郎先生が世話役になって東京在住の国際法学者を集めてごくこぶりな国際法研究会を組織されました。昭和二二年秋、横田先生はそこにはじめて京都から田畑先生を招かれました。国際法学会における東西交流のはしりであったと思います。私が横田先生の研究室に残って直後の時期でした。東京大学法学部研究室の小さな部屋の一〇人足らずの集まりに来られた、颯爽とした若武者のような京都大学の田畑先生のご報告を聞いたときの感動を私は今でも忘れることができません。

終戦後二、三年、そのころは旅行も容易ではなく、東京に泊まるのにも事欠いた時期です。横田先生は、大塚のお宅を戦災で失い、吉祥寺であったかと思いますが、仮住まいのお宅の夕食に田畑先生を招かれました。私が陪席でお招きを受けました。電気が切れて暗いロウソクの下での夕食であったのを覚えております。私が田畑先生に個人的な面識を得たのはこれが最初でした。それをきっかけにして、田畑先生に私は横田門下の駆け出しの部屋住みとして認識していただくことになりました。それからは大阪に住む両親のもとに帰省する私は、いつも京都で途中下車をしては先生をお訪ねするのが常になりました。それ以来、事あるごとに、個人的なご指導を受けてまいりました。

また田畑先生が昭和二四年初夏、先生ご自身がおっしゃる一生の内の大病の一つでありますが、東京にご出張中に喀血されて東大病院にかつぎ込まれました。一カ月に近い東京でのご入院中しばしばお見舞いに上がりましたが、結核によいというバター一箱を得るのにも東京の闇市場を探し回るような時代でもありました。そのことが先生の印象に強かったのか、先生はこのことを一〇年程前の世界法学会のご講演のなかでご披露されました。この時は、東大病院一カ月ののち、京都大学病院に移られて、一年に近い肺結核の闘病生活に入られました。

田畑先生は外国の学会に出られることは多くありませんでしたが、それでも国際法協会（ＩＬＡ）では昭和四一年ヘルシンキ、昭和四八年にはブラッセルでの一〇〇周年記念、いずれも私がおともをしましたし、またカーネギー平和財団の主催する東南アジアの国際法学者会議の昭和四一年の香港の会合にもおともをしました。昭和四九年には今に国際法史に残る第三次海洋法会議がヴェネズエラのカラカスで二カ月余にわたって開かれました。私は政府代表の責任を担っておりましたが、先生には代表顧問として多くのご教示を受けたものであります。その二カ月余にわたった会議の途中に京都府立大学長に選出された知らせが届き、先生が会議半ばにしていそぎ帰国されたのが、今思いますと四半世紀以上も前のことになりました。

こうして私は異なる門に育ちながら、田畑先生には事実上の門下生として扱っていただき、どれほどのご薫陶を受けたかは計り知れません。昭和二二年秋の横田先生宅での出会いをはじめとして、その後は学問的には実に多くを田畑先生に負うことになりました。私は先生のような法思想史に裏付けられた光彩陸離たる国際法理論を身につける才能もなく、法律は学問の対象であるよりはむしろ社会技術、社会工学を基盤とする社会政策でしかないと唱える俗学の徒にすぎませんが、田畑先生にはそれも国際法のやり方だとして深いご理解を賜りました。四半世紀以上も前になりますが、私が現在の裁判官ポストに着いてオランダに赴任するにあたって、当時京都府立大学長であられた先生は京都大学総長の岡本道雄先生と共同での祝賀壮行の宴を、南禅寺に催して下さいました。私が今日の国際司法裁判所裁判官としてあるのも、田畑先生のご指導抜きには考えられないことであります。私があえて田畑先生を恩師とお呼びして、追悼を述べさせていただく所以であります。

余りに私は私事を述べすぎたと思います。しかし国際法を学んで来た私にとってはまことに掛け替えのない大先生でありました。

二〇世紀に入っての日本の国際法学界の状況と言えば、明治、大正、昭和はじめを通じて、数多くの業績がありましたが、あえて言えば、それはあくまで欧米の国際法の輸入、模倣の時代であり、必ずしも日本が独自に誇り得る研究をもっているわけではありません。

しかしようやく戦争の前後にかけて、日本の国際法学界には二人の世界に出して恥ずかしくない国際法学者をもちました。東京大学の横田喜三郎先生と東北大学から京都大学に転じておられた田岡良一先生であります。明治以後の日本で長い国際法移入期を経て、横田、田岡両先生がおそらく日本ではじめて借り物ではない自前の国際法学を始めておられます。

その間を縫って、第二次大戦のきわめて困難な時期に彗星の如く登場して来たのが、若き京都大学助教授田畑茂二郎先生でした。それから戦争直後の時期にかけて国際法の学界での田畑先生の登場が如何に輝かしかったか。そうしてそれは戦後に新しく育とうとしていた私あるいはそれ以後の世代にどれほどインパクトを与えたかは、とてもひとことで語りつくせることではありません。

田畑先生は、昭和八年に起きた滝川事件で大揺れの京都大学法学部を昭和九年に卒業されるとすぐに助手として国際法の専攻を始められました。そうしていわゆる助手論文として「国際裁判に於ける政治的紛争の除外について――その現実的意味の考察」を完成されました。国際裁判がいわゆる政治紛争をその管轄から除外していることの意味であり、現在でもいまだに問題の多い国際法の基本問題であります。昭和一三年には助教授になられましたが、それから終戦直後までの一〇年たらずの間に三〇篇近い力作をものにされました。それらは「国際法受範者としての国家と個人」、「国家承認とその問題」、「近代国家法における国家平等の原則について」、「外交的保護の機能変化」などにも象徴されるように、どれをとっても広い意味で国際法からみた国家主権のあり方を論じたものでありました。近代国際法の基本理念にかかわりました。

戦争によって外国の文献も途絶え、むしろそれが幸いしたのかも知れません。先生は戦争下のすべてに困難な時期に、世事にまどわされず、その若い二〇歳代から三〇歳代にかけてをひたすら国際法の基本原理の問題に沈潜され、もっとも国際法のオーソドックスな問題の探求に没頭されました。五〇年を経た今日もそのお仕事は他の追随を許しません。

国際法の原理的研究、しかもその社会的、経済的基礎を歴史的に追求された若き日のご研究は、その最初の著書である昭和二一年の『国家平等観念の転換』として出版されました。昭和二五年の『国家主権と国際法』は近代国際法の歴史的性格及び社会的基礎を明確にするとともに、国家主権が国際社会・国際関係の現実の中で規範として機能する態様を明らかにするまことに独創的なものでありました。

田畑先生は、自然法学以来の国際法思想史の分析を行い、国家平等の思想はオランダの一七世紀のグロチウスからよりは一七世紀後半のドイツのプーフェンドルフに始まり、また国家主権の観念を基調とする近代の国際法思想はむしろ一八世紀のスイスのヴァッテルに始まるということを思想史研究を通じて立証されました。事実ヴァッテルの書は、はじめてラテン語ではなく、フランス語——近代ヨーロッパ語——で書かれたはじめての国際法の著書でした。田畑先生の説くところが私にはいかに新鮮なものとして映ったか。この理論は田畑先生にとってもご一生の中でも会心の作であったのでしょう。後年、先生の学士院での最後になった平成七年一一月の論文報告は「グロチウスからヴァッテルへ」というテーマでした。

田畑先生の思想史的背景はこの京都大学における助手から助教授時代にほとんどその基礎が築かれました。この先生の近代法思想史に対するご造詣が一生を通じて先生のご研究の背後には脈絡として流れておりました。先生はごく晩年の京都新聞に連載された回顧録の中で、この国家平等の思想史的背景の研究について、「横田喜三郎先生が東京大学の講義のさいに私を褒められたということを友人からきいた」と振り返っておられます。横田先生があのものみなすべて貧しかった昭和二二年に京都から研究会に上京されたまだ若い田畑先生を自宅の夕食に招かれて個人的な親愛の情を示されたことが思い当たります。

国際思想史にご造詣が深く多くの興味深い論説を残された田畑先生は、他面、観念論に堕せず、現実から遊離しない実際的・妥当穏健な理論を唱えられました。実証主義を重んじ、国際慣習法及び条約法を解釈するに当たって、確実な事実を収集してその基礎の上に緻密かつ周到な論理を展開するところがありました。精緻でかつ説得力のある国際法理論の再編成に努められました。その研究対象はまたきわめて広く、国際法の全分野にまたがりました。それが、岩波の法律学全書の中の一巻、『国際法』に集約されております。

先生は終戦直後の昭和二〇年九月に京都大学教授に昇任されましたが、戦後間もない時期にあって田畑先生はいかに貪欲なまでにいままで閉鎖されていた日本から世界の新しい国際法の動きを吸収しようとされたか。国際法という分野では外国の分野、文献は必須のものであります。戦後の時期に先生がいかに苦労して外国の情報の摂取に努められたか。そうしてそれからは先生の関心はむしろ戦後の新しい国際法の構造転換に向けられました。その精力的な研究活動の中で、昭和二四年五月東京ご出張中の喀血に始まり、一年余りを結核に冒されて闘病生活に入りますが、そこでも研究執筆活動を止められることはありませんでした。当時の国際連合の設立を契機として戦後アメリカを中心として広がった世界政府運動に触れ、世界政府の思想の長所短所を分析されました。昭和二五年出版の『世界政府の思想』はこの長期ご入院の前後に準備されたものでした。

戦争の反省の上に立って世界人権宣言がつくられるのは昭和二三年のことでありますが、もっとも早い時代に先生は人権保護の世界的視野からの研究に着手、昭和二六年には『世界人権宣言』、昭和二七年には『人権と国際法』の書物を刊行されました。世界人権宣言が国連総会で採択されて数年のことであります。しかしこれがその後の先生の人権への関心をそそり、その後多くの秀作を生みました。とりわけ、国連が昭和六一年、古典的な「市民的自由権」、世界人権宣言のなかに登場する「経済的社会的文化的基本権」に次ぐ、第三世代の権利として「発展の権利」という概念――第三世界を軸として展開してきた概念――を打ち出しますと、先生はこの発想をいち速く受け入れられました。おそらく日本ではこれがはじめてではなかったでしょうか。後年、先生が学士院の昭和六二年の公開講演会で「人権としての『発展の権利』について――いわゆる第三世代の人権」をテーマにされたことでも先生の思い入れが偲ばれます。昭和六三年の『国際化時代の人権問題』は、先生の世界人権思想を凝縮したものと言えましょう。

先生の学士院における論文報告九回のうちの五回までが人権をめぐるテーマであったことは、先生がいかに人権問題に力を注がれたかを物語ります。晩年平安建都一二〇〇年の記念事業として京都に設立された世界人権問題研究センターにあって、そのご逝去の時まで所長として、人権思想の普及に努められたのであります。

先生はまた戦後間もなくの時代、平和問題談話会のメンバーであり、六〇年安保闘争の前後にかけて講和、安全保障、自衛などにも、世論に訴えるだけではなく、学問的にもスタンダードとなる数多くの論文を残されました。

こうした個別のテーマを離れて、いわゆる概論書にも、田畑先生は惜しみなく精力を割かれました。周到な各論の研究の上に立って昭和三〇年には『国際法』上下巻をものされました。その後何どかの改訂を経て平成二年から三年にかけての『国際法新講』上下巻となり、国際法のもっともスタンダードな概説書の一つとして日本の国際法学界で重用されてまいりました。特にまた、戦後まだ日の浅い時代の法律学界における所産である法律学全集の『国際法』三巻のうち、第二巻・各論の横田喜三郎、第三巻・紛争処理法の田岡良一と並んで、総論である第一巻を田畑先生が執筆されたことは特筆に値します。

これらは決して一般に理解されるような単なる概説書、教科書にとどまるものではありません。立派に完結した田畑国際法の金字塔であり、この水準を抜くものはなかなかあらわれるものではありません。外国のどこに出してもひけをとりません。先生のこの業績が言葉の障壁の故に外国には知られることなく終わったことを私は今でも残念に思っております。

田畑先生は昭和四九年に京都大学を定年ご退官、なおその前に学問行政の管理にも深く携わられ、昭和四〇年から二年間法学部長の任にあられた先生は、京都大学を定年後は、その年に京都府立大学長に就任され、次いで京都芸術短期大学学長を務められました。その後はなお八〇歳を越えて平成六年京都の世界人権問題研究センターの設立に尽力され、ご自分でその所長を亡くなるまで務められました。田畑先生は終始一貫して国際法学者であり、徹底した大学人であられました。

そうして昭和四九年京都大学名誉教授、昭和五五年京都府立大学名誉教授の称号を得られました。平成二年京都府文化賞特別功労賞を授与され、平成九年文化功労者に選ばれております。

先生はまた全国的な学界のためにも多くの貢献をされました。昭和三五年からは日本学術会議会員を五期一五年にわたり、最後は第二部長の任を果たされました。国際法学界においても国際法学界理事長、世界法学会代表理事、日本平和学会会長、国際法協会支部理事長などを務められました。今日まで、大学においてもまた学界においても一切その管理運営に携わることのなかった私からみれば、先生があれだけの卓越した学問的業績を残されながら、なおもこうした行政にためらいもなく携わられたことは驚嘆に値します。

田畑先生は学士院には昭和五五年に選定され、爾来ほとんど欠かすことなく、毎月の例会には京都から上京されたと伺います。平成六年に選定された私でありますが、外国居住で多くは出席できませんが、それでもまれに帰国して出席する場合は、常に田畑先生によりそって教えを乞うことが多うございました。私の携わる国際裁判が取りあげる問題についても教えられることは少なくありませんでした。先生の学士院の昭和六二年二月の論文報告「ニカラグアに対する軍事的活動事件に関する国際司法裁判所判決について」は、私が敢えて反対意見を付した昭和六一年の国際司法裁判所判決を報告されたものでした。

先生は第一部の例会で九回の論文報告をしておられます。学士院への出席は平成九年四月が最後でありますが、この年平成九年はまさに明治三〇年国際法学会が創立された一〇〇年の記念でありました。冒頭にも申し上げましたが、この学士院例会の数週間後、本郷・東京大学で開かれた国際法学会一〇〇周年記念祝典に出席された先生はたまたま二五番教室一階の手洗いで転倒され、順天堂大学病院に運ばれました。しかし翌日は車椅子で病院から参加されて、一〇〇周年の記念の講演をなさいました。私もまたオランダから招かれて祝辞を述べる機会があり、ご一緒させていただきましたが、私にとってもこれが先生にお目にかかった最後でございました。これを最後として、田畑先生はその後はもう東京に来られることもなかったと伺います。間もなく、今から三年ほど前に関係者の誰もが知る最愛の令夫人に先立たれ、それ以来めっきり衰えを増し、京都市内の世界人権問題研究センターに所長として足を運ばれる以外にはご自宅を出られることもなかったと聞いております。

田畑先生は学問的なきびしさの反面、同僚、門下に大変優しい先生でした。京都大学ばかりではなく、関西、中京のいろいろな大学の出身者にも広く門戸を開き、毎週土曜の楽友会館での国際法研究会は昭和二〇年代から五〇年以上を経た今日も続いております。私も何度この会合にお招きを受けたことでしょう。旺盛な好奇心に満ちた先生はむしろこうした若い人々から新しい知識を吸収されました。きわめて柔軟に国際社会の新しい動きに注目しておられました。このいわゆる田畑門下、この研究会の出身者が現在全国に拡がって日本の国際法学界の支えとなっていると申しても過言ではありません。

先生に特別のご趣味があったことは存じません。しかし先生は若い人を愛し、その酒席をことのほか楽しまれました。研究会のあと、先生を囲むその酒席はいつもはなやいだ雰囲気であり、先斗町、圓山、祇園、八瀬、私は幾度田畑先生、そうしてその門下の方々と京都の夜を楽しませていただいたことでしょう。アルコールは専らビール、一時期あるビール会社のモニターをしておられ、どの酒席でもこのビールの宣伝にこれ努めておられたのも、茶目気のある先生ならではのことでありました。

学問を愛し、人を愛し、家庭を愛し、酒を愛し、本当に先生はすばらしい人生を歩まれました。田畑先生はその二〇歳代から晩年に至るまで、二〇世紀半ばから後半に至る日本の国際法学界を背負って立つThe Professor of International Lawであり続けられました。田畑の前に田畑なし、田畑の後に田畑なし、あとに続く私どもにとって不甲斐ないはなしではありますが、これが私どもの実感であります。

ご冥福を祈りつつ追悼の言葉を終わります。

『日本學士院紀要』五六巻三号（二〇〇二年）二三四―二四二頁

## 六　祖川武夫先生を悼む

六月二一日朝ハーグの自宅で祖川先生の急逝の電話を受けた。その一週間前、たまたま所用で旬日にも満たない短期の帰国をした私は、ある国際法の問題の理論構成について先生の示唆を受けたく仙台に赴き、数年前まで勤務しておられた東北学院大学で国際法の議論に一時間半を過ごした。次の予定に向かう私を大学の正門まで送って頂いたのが最後のお別れになろうとはどうして信じられよう。私はその翌日にはオランダに帰任していた。

国際法学界の戦後世代には祖川先生はある意味では神格化された存在であり、少なからぬ伝説がつきまとう。昭和九年、学部始まって以来の秀才として東京帝国大学法学部を首席で卒業されたと伝えられる先生は、すぐに戦前の日本国際法学界の大御所であった立作太郎教授の最後の助手として国際法の研究生活に入られた。翌年の立教授の定年退官によって同じく国際法講座担当の横田喜三郎教授の初代の助手になられた。旧制第三高等学校の同級生で京都帝国大学に進まれた田畑茂二郎教授がその母校で同じく国際法の助手を務めておられたのと全く同時期である。先生は昭和一一年には京城帝国大学に助教授として赴任された。

学界が今日のように交流がある時代ではない。偶然にも田畑教授と同じテーマで助手論文を完成された祖川先生はこの論文を公刊されることはなかった。しかしこれが今日でも幻の名著とされる戦後間もなくの法政大学通信講座のテキスト『国際法Ⅳ—国際紛争の平和的処理』の礎石になったものである。この京城時代に先生はよき伴侶・

瑞子夫人を得られた。そしてまた他学科の先生達との交流によってマルクス、ウエーバーなどの方法論を自家薬籠中の物とされたときく。

戦後朝鮮から引き上げられた先生は九州帝国大学に迎えられた。戦後の民主化運動の先頭に立って街頭に進出されることも多かったと伝えられる。しかし間もなく昭和二四年には新設の東京大学教養学部に移られた。その間ご家族は夫人の郷里である仙台に残されての単身のご生活であった。九州から上京されると、学生時代を過ごされた本郷の東大学生キリスト教青年会に投宿された。当時横田先生のもとで研究室生活を始めていた私が先生をそこにお訪ねしたのは昭和二三年の頃のことであったろう。

世の中が物質の窮乏に喘いでいた時代である。間もなく健康を害された先生は東京大学教授の地位を辞して、夫人の郷里でもある仙台に移り住まわれた。無職である昭和二五年春、当時の進駐軍政策に対する抵抗運動であるイールズ事件に沸く東北大学に赴任した私は、仙台郊外の広大なご自分の土地(後に今にみる閑静な住まいを建てられた)で畑仕事をしておられる先生をお訪ねした。

間もなくアメリカに留学していた私は東北大学法学部から一通の書簡を受け取った。「仙台に住む祖川氏をこのまま放置するには忍びない。しかし国際法にはすでに君をあてているので、講座もないが外交史担当の常勤講師という名目で採用したいと思うので了解をしてほしい」、ということであった。私は「自分は当分は助教授の身分に止まって祖川先生を国際法講座担当教授に迎えることには全く異議はない」と申し出たが、「君の将来の進路の妨げになるようなことは法学部としてしたくはない」、ということであった。祖川先生を東北大学に迎える推進役となったのは、本来ならば祖川先生に次いで京城帝大に就任を約束されていながら、敗戦のために実現せず、私より先に東北大学に着任していた西洋法制史の世良晃志郎助教授であり、また京城の同僚であって戦争中に東北大に移られた清宮四郎教授などであったときく。

昭和二八年アメリカ留学から戻った私は祖川先生が国際法という実定法学の分野ではなく、基礎的な外交史、国際政治学の分野で緻密な講義を展開しておられるのを知った。京城、九州、東京と三つの帝国大学の教授を歴任して来ておられる先生にして「講師」という身分に対するご不満は一言も聞くことはなかった。この講師の身分はその後もしばらく続くが、先生は学部行政に触れることを要求されることの全くないその地位を心から喜ばれ研究に没頭しておられた。しかし昭和三三年には他講座の流用によって教授になられ、昭和四四年にはようやく国際政治学講座が増設された。翌昭和四五年からは法学部長を務められた。

アメリカにおいて海洋法研究の先鞭をつけ、学位も得ていわば意気揚々と東北大学に戻った私は幸いにも研究室も隣であった祖川先生の教えを受けるにつれ、自分の研究がいかに浮薄なものであるかを思い知らされることになった。先生は決して師として物を教えるというような態度をとられることはなかった。私は帰国後アメリカでの成果を吐き出すように濫作に走るのであるが、その一つ一つについて徹底的に先生のご批判を得た。半日、一日、ときには深夜まで議論が続けられた。私には先生のような確固たる学問方法論のかけらもないままに、当時まだ全く新しい海洋法の研究にのめりこむのであるが、もし私の海洋法研究が法制度解釈にとどまらず、少しでも海洋法の本質に迫るものがあったとすれば、それは祖川先生との討議なしにはあり得なかった。特にこの分野を研究されたわけではない先生がどうしてこのように透徹した理解力、判断力をもたれるのかが私には不思議であった。

私は一つの論文を書くにも先生との徹底した討論を踏み台にした。そのことは先生が昭和五〇年に東北大学を定年退官して国際法教授として東北学院大学に移られ、またその翌年には私も国際司法裁判所に就任してオランダに移り住むようになっても変わることなく、先生ご逝去の一週間前まで続いたのである。

先生は透徹した社会科学者であったが、法解釈においてもその緻密さにおいて抜きんでておられた。自分の能力に顧み徹底的に法解釈学者にとどまろうとした私に法解釈の手法を教え、しかも国際法の底流にあるものへ私の興味を導かれたのは先生であった。

先生は寡作であった。しかしその書かれたものは珠玉のもので、到底他の追随を許さないものがあった。昭和二五年、私が東京から仙台に赴任するにあたって共通の師である横田喜三郎先生は「祖川君のような完璧主義もよいが、それではなかなか学問は進まない。自分で七〇点だと思ったら、どしどし論文を発表するのがよい。それを補完しながら一〇〇点に近づければよいのだ」と言われた。私はその師の言を悪用して多作に走った。仙台にあってそれの手綱を引き締めて下さったのは先生であった。

先生は来るものは拒まず、誰にでも学問的に懇切丁寧であった。決して孤高を保つということではない。しかし積極的に学界活動に入って行こうとはされなかった。国際法学会の年二度の大会に出席されることは稀であった。そのかわり民科の法律部会の会合には常に出席されていたと聞く。民科の何ものであるかも知らず、およその方法論に無理解であった私にして、なお先生との交友が限りなく続いたことは意外であったとの評を聞く。いわゆる小田『海洋法』は実は祖川・小田『海洋法』であったのであり、また二〇年余りの歳月を重ねて『日本の裁判所による国際法判例』（三省堂）を祖川・小田の共著で残し得たのであった。偉大なる師を忽然として失ったのである。

『法律時報』六八巻一〇号（一九九六年）六九―七一頁

## 七　小谷鶴次先生を偲ぶ

小谷鶴次先生のお名前を知る卒業生は今ではごく限られたものになっていよう。小谷先生が東北大学におられたのは、いわゆる支那事変が始まった翌年の昭和一三年春から終戦後間もなくの昭和二四年までの一〇年余りの時期である。

昭和一〇年、東京帝大法学部を卒業された小谷先生は、後に東北大学教授になる祖川武夫先生の一年後輩の国際法助手として、ともに横田喜三郎先生（のちの最高裁判所長官）のもとで学ばれた。もっとも祖川先生は最初に師事した立作太郎教授の定年のために、助手二年目から横田教授の講座に属するようになったのである。ある意味では小谷先生が横田先生の初代の弟子であったとも言える。そのあとに高野雄一（東大名誉教授）、私と続く。

昭和一一年、祖川先生は京城帝大に赴任された。当時滝川事件で荒れた京都帝大法学部再建のために、東北帝大としてはその国際法講座の田岡良一先生を京都の母校に割愛せざるを得なかった。その後継者として招かれたのが東京帝大の小谷助手であった。

仙台で田岡先生と小谷先生がご一緒であった時期は数年はあったはずである。小谷先生は雑誌『法学』に次々と論文を発表しておられたが、いずれも法実証主義というのか、単純に理念に逸ることなく、着実に歴史的研究を踏まえた実証的な制度研究であったように見受けられる。それはまた田岡先生の学風でもあった。

小谷先生が仙台に赴任されてからの時期はまさに戦時と一致する。その仙台の生活は必ずしも楽しいものではなかったろう。小谷先生は戦争中は県内各地の時局講演会に招かれたようであるが、その内容がもとで憲兵隊に呼ばれたこともあったという。

しかし先生はここで良き伴侶を得られた。理学部数学の林鶴一教授の息女である。林鶴一と言えば、私ども中学のころの数学の教科書の編者としてきわめて著名であり、当時を知る仙台の先輩の諸先生は林教授が教科書の印税をリヤカーに積んで運んだという逸話をよくされた。「鶴一」の娘が「鶴次」の嫁になったと言ってひやかしたという。その令夫人には先年先立たれている。実子には恵まれなかったという。

戦後間もなく、私には詳しい事情は分らないが、生活の問題もあったでもあろう。まだ三〇代であった先生は郷里の広島に帰られる決意を固めておられた。戦後の時期、教育制度の改革によってかつての広島文理科大学（戦前から東京文理科大学と並ぶ最高の教員養成大学であった）も新しい総合大学としての広島大学として発足することが予定されていた時期でもある。

当時横田先生の門にいた私は、東北大学（帝国大学の名は昭和二二年に廃止された）で小谷先生のあとを引き受けないかというお薦めが中川善之助、木村亀二両先生、そうして先に東北大学に赴任しておられた世良晃志郎先生などからあった。当時の学界は現在とは違う。若手学者がほとんど育っていない時期であり、私は北は北海道大学から南は九州大学まで、ほとんどよりどりみどりの就職先であった。無いのは東大と京大くらいなものであった。恩師の横田先生は私に当然東北をお受けすべきだと語った。

私は発令前、昭和二四年の冬であったと思うが、東北大学の研究室を訪れた。鹿子清水の本多会館に間借りをしておられた世良先生宅に泊めていただいた。法学部の研究室は木造部分が戦災ですっかり焼け落ち、バラックの建物（文学部研究室の先に急造され昭和四〇年ころまで残っていたと思う）に小谷先生がおられた。もうそのころは広島に転出しておられ、非常勤として講義に来ておられた時であったように思う。

東北大学の国際法講座は、田岡良一、小谷鶴次、そうして私と続く。しかし私と小谷先生との接点は多くはない。直接ご指導を受けることはなかった。しかし先生はきわめて温厚な好紳士であられた。学会などでお会いするときには、東北の後継者の私にいつも親切な声をかけて下さった。広島で小谷先生の後継者になっている広島大学国際法講座の水上千之教授は東北大学で私の研究室から巣立った学者であり、これも因縁かも知れない。（一九九七年三月一日記す）

『東北大学法学部同窓会報』（東北大学法学部同窓会、一九九七年）

# 第二章　世界の法学者の思い出

## 一　ハンブロ教授の訃

この二月一日、ノルウェーの駐仏大使エドアルド・ハンブロ教授がパリで亡くなった。享年六五。大使館から昼食に公邸に戻った直後の文字通り急逝であったという。

日本においても彼の名を知る人は少なくないはずである。国際連合がその成立二五周年を祝した一九七〇年の第二五総会において議長を務め、その卓抜した議事進行においても名声をあげた。当時彼は国連大使であった。その後、ジュネーヴの国際機関代表部大使を経て、最近はフランス大使の職にあったのである。

優れた外交官であった。と同時に、国際法を学ぶ者で彼の名を知らぬ人はいない。グッドリッジ＝ハンブロで知られる国連憲章コメンタリーは国際連合研究のはしりであり、またその一〇数巻に及ぶ The Case Law of the

International Courtは、戦前の常設国際司法裁判所及び今日の国際司法裁判所の全判決、意見、決定から少数意見、個別意見にまで及んで、緻密に分析しかつ集大成したもので、その後、世界で公刊された類書の先駆をなし、国際法研究上不可欠の文献となっている。一橋大学の皆川洸教授の優れた『国際法判例要録』(昭和三七年・有斐閣)もまたこれに負うところ少なくなかったであろう。現在の国際司法裁判所の各裁判官の部屋には、裁判所の公的な全刊行物と並んでこの『ハンブロ判例大系』が備えつけられている。一九七二年からは国連国際法委員会の委員に選出され、昨年秋の国連総会で再選、二度目の五年の任期は今年の五月から始まるところであった。

オスロー大学を出た彼は、ジュネーヴ及びアメリカのイェール大学に学び、仏・英語をよくする。戦争中ノルウェー外務省に入り、国際連合発足にあたってはその事務局法務部に派遣された。そうして一九四六年国際司法裁判所が国際連合の主要な司法機関として発足すると同時に、その初代の書記(事務局長)に選ばれた。その後の七年間に及ぶ在任期間中に国際裁判の判例法の研究にとりつかれたのであろう。国連憲章コメンタリーもその頃のしごとである。このポストを去ってからは、ベルゲン大学において国際法の教授となり、なお国会議員も務めた。国連大使に任命される前のことである。

私がハンブロ教授と個人的に識り合うようになったきっかけは記憶は定かではない。チャールズ・ダーウィンの玄孫にあたるイギリスの国連代表部ダーウィン参事官(現在ECに出向)が、ハンブロ夫人が同じくダーウィンの子孫で、自分とは親戚なのだといってニューヨークの自宅でひきあわせてくれたような気もする。記憶にはっきり残っているのは、一九六九年海底平和利用委員会に出席中に、ニューヨークのハンブロ大使公邸に招かれたことである。グレーシー・スクエアーというマンハッタン屈指の住宅街、イースト川を見おろす古風なアパートの中に公邸があった。彼自身はこの委員会に直接関係してはいなかったが、早春のある日六、七人の人達を晩餐に招いた。セイロンのアメラシンゲ、カナダのビースレー、ブルガリアのヤンコフ、エルサルバドルのガリンドポール、それにノルウェーのエベンセンなど、現在の海洋法会議の立役者達であった。闊達できわめて話好きであったハンブロ教授は食卓の話題をリードした。彼の嫌いなのはタバコの煙で、食後の歓談でも、葉巻をふかす人はどうぞ別室でと追いはらわれる始末であった。

ハンブロ教授は、万国国際法学会の熱心な会員であり、私は一九七三年ローマ、一九七五年ヴィスバーデンで交友を深めていった。ローマでは小さなホテルでハンブロ夫妻とたまたま一緒にすごすことになり、ヴィスバーデンでは滞在最後の夕食を、私はハンブロ、アメリカのシャクター両氏とともに、フェリシアノ教授の客となった。割合に序列のはっきりしている万国国際法学会で、一九五〇年当選組のハンブロ教授は長老格であったが、一九六九年当選組の私などにもいつも好意を示してくれ、いつの頃からか、「エディ」「シゲル」とファースト・ネームで呼び合う仲となっていた。会場でもよくタバコのみの私の隣にきては、「君はタバコをすわなかったね」と機先を制してから坐りこみ、次から次へと冗談をとばしていった。ただ私の苦手は、彼の早口のジョークであった。ただでさえ苦手の外国語のそのジョークをしばしば理解しかねて閉口することも、一、二度ではなかった。

この万国国際法学会はこのヴィスバーデン会期において次期会長にハンブロ教授を選び、開催を一九七七年ノルウェーと定めた。この学会は通例は首都では開催しない（ローマなどの例外もあるが）。私なども場所は田舎の静かなところがいいなどと注文をつけたりしたが、結局、会場などの都合でオスローときまった。「今度の夏にオスローで」とクリスマスカードをかわしたのはわずか四カ月余り前のことであった。今夏の第五七会期を前にして万国国際法学会はその会長を失ったのである。

ノルウェーは一昨年国際司法裁判所裁判官の候補にハンブロ教授を推した。春、ジュネーヴでは立候補が決まっていた私をつかまえて、「相互支持でゆこう」ともちかけて来て、これにはいろいろな要素も考えなければならず、返答に窮するのをみて、「分った、ノルウェーは無条件で君を支持するよ」などとも言ってくれたりした。秋風の立つオスローに立ちよった折、山中俊夫大使公邸の晩餐会には、海洋法の私の知友エベンセン氏（海洋担当大臣）などと来てくれた。日本からはハンブロ支持を言えない事情であったが、そのことには触れず、ただ私の選挙の前途を祈ってくれた。一一月の国連には数日顔を見せたが、「君は大丈夫だが、僕は見込みはないよ」と言いながら、選挙の前にそうそうにジュネーヴに帰任していった。結局西欧からはドイツのモースラー教授が当選した。その時北欧から立っていたスウェーデンのペトレン前国際司法裁判所判事はジュネーヴで、ハンブロ教授はパリで、この数カ月の間に相次いで亡くなったのである。

ハンブロ教授は内心は学界に戻りオスロー大学のポストを希望していたのではなかったかと言った人がいるが、そうであったかも知れない。事実は、外交官として生涯を閉じることになった。しかし、彼が国際裁判研究を通じて学界に寄与した功績は絶大である。心からその冥福を祈りたい。

なお、ハンブロ教授は万国国際法学界を通じて識るようになった故江川英文先生の還暦記念論文集（昭和三八年・有斐閣）に「国際契約法序説」を寄稿している。

『ジュリスト』六三九号（一九七七年）一一―一二頁

## 二　バックスター判事の訃

九月二九日、ハーグ平和宮の庭には国連の旗とオランダ国旗が半旗としてひるがえった。国際司法裁判所のバックスター判事の二五日の死を悼むためである。

バックスターの名前は、日本の学界ではハーヴァード大学国際法教授としてひろく知られていた。彼のもとに学び、あるいはその世話になった日本の学者は少なくないはずである。国連の選挙の結果、彼がアメリカ選出の判事として国際司法裁判所に加わったのは、まだ昨年二月のことでしかない。あと七年半の任期を残しての逝去であった。

睡眠中の静かな死であったという。リンパ腺がんであった。享年未だ五九歳。今年の春には九〇歳の高齢の碩学フェアドロスを失った世界の国際法学界は、このたびはむしろ気鋭の学者を失ったことになる。裁判所においては私をふくめた三人の五〇歳代の若年判事の一人であり、仕事の上でもまた交友の上でも、私はもっとも大切な同僚を失った。死の数時間前にボストンの病床を見舞ったウォルドック裁判所長に対し、「天国にもし裁判所があるならば、そこで再び同僚諸氏に相見えたい」と言ったという。

この四月三〇日、オランダでは長いジュリアナ女王の治世のあとをうけたベアトリス女王の載冠式が行われ、国際司法裁判所の判事と各国大使は招かれていた。モーニング着用の指定に、モーニングなんかもっていないなあ、というわけで、ハーグの貸衣装屋から一万円ほど払って借りてきたモーニング姿の彼は、私の家内の和服姿を見て、アメリカのナショナル・コスチュームはGパンなんだと冗談を言いながら、夫人の洋服も友人から借りたのだと開けっぴろげに話をして私たちを笑わせていた。

夜はタキシードに着がえて国立美術館の中でオランダ外務大臣のビュッフェがあった。レンブラントの「夜警」を背景にして同じ丸テーブルで食事をしているバックスター夫妻と私ども夫婦四人の写真が、おそらくは彼の元気だった最後の写真ではなかろうか。夕食後にはベアトリス女王も来臨の船上での花火大会見物があった。そうして深夜のその帰途、私のとなりにいた彼は青ざめてすわりこんでしまった。過労かと大して気にもとめなかった私であるが、これが彼の病気のはじめての徴候である。

その頃、裁判所はテヘラン人質事件審理の真最中であった。しかし、ハーグで入院した彼は、五月二四日の判決言渡の数日前には、ハーグの病院からアメリカのボストンの病院に移った。ハーグの病院の一〇日ほどの療養でかなり元気も恢復していたし、ボストンでも経過良好ということで間もなく退院した。ボストンの診断ではガンであることを告げられたが、薬物治療で恢復の見込みということであった。

その後、七月のはじめ、たまたまアメリカに立ちよった私は、彼をその自宅に見舞おうとしたが、逆に夫妻にそのボストンのクラブで昼食に招かれた。ハーヴァード大学の法学部の員外教授を務める外務省の小和田恒氏夫妻が同席した。すっかり元気を取り戻していた彼は、八月にはベオグラードの国際法協会大会に出席し、一〇月からの裁判所の世界衛生機関（WHO）からの勧告的意見申請の審理には出席すると明るい顔で語っていた。私が会ったのはこれが最後である。

バックスターは昭和二〇年、終戦の年の秋、占領軍の一将校として日本に滞在していたが、やがてハーヴァード大学法学部を終えて法曹のみちを歩む。最初は国防省の法務部に勤務するが、ハーヴァード大学に戻るのは昭和二九年のことである。昭和三四年には教授になった。以来一貫して国際法学者であった。その間にしばしば国務省の相談役をすることもあり、昭和四六年から一年間は国務省に勤務をした。昭和四七年二月のナイジェリアのラゴスにおけるアジア・アフリカ法律諮問委員会に域外オブザーバーとして来ていたのも、その直後私がアメリカとの海洋法二国協議のため国務省を訪れた時に、その席にスティーヴンソン首席代表の顧問格として坐っていたのもその時期であった。人道法の分野においても政府に対する貢献は大きかった。海洋法や人道法の国際会議にはアメリカ政府代表団の一人として参加することも少なくはなかった。

国際法学者として多作の方ではない。主著とでも言うべきものは、昭和三六年のソーンと共著の「外国人加害に関する国家責任の法の法典化」と昭和三九年の、主として国際運河をあつかった「国際水路の法」ぐらいである。前者はむしろまだ初期の頃の国際法委員会の非公式な要請にもとづいたものである。その他に、ハーグ国際法アカデミーにおける昭和四五年の「条約と慣習」、昭和五一年の「休戦及びその他の戦闘行為の停止」の講義がそれぞれの講演集(Recueil des cours)の中に収録されている。論文の数は多い。一口に言えば、実証的な手法で全くハッタリやけれん味のないものばかりであり、それはまた彼の国務省などとの長い関係の影響をうけたものであったかも知れない。

その学識に加えるに、誰からも好かれる人柄の故であったろう。昭和四九年から二年間は比較的若くしてアメリカ国際法学会会長を務め、特に、昭和四五年から裁判官就任までの一〇年近くにもわたって、世界でもっとも権威のあると言われる『アメリカ国際法雑誌』の編集主任を務めたことは異例のことであった。厳正かつ良心的なその編集態度は高く評価されたものである。

私が彼と最初に出会ったのがいつかは記憶にない。おそらく昭和三〇年代はじめの私の二度目のアメリカ滞在中のことであろう。しかし彼はハーヴァード、私はイェールであるから、直接それほど親しい交流があったわけではない。昭和三九年夏、東京での国際法協会大会のとき、NHKテレビの依頼で「世界平和と国際法」の一時間の座談をひきうけた私は、故栗山茂支部長、東大の高野雄一教授に加えて、アメリカのバックスター、イギリスのジェニングスなどを集めて、一時間の教養特集向きのおしゃべりを楽しんだことがある。

ふりかえってみると、すぐに思い出すだけでも、その後昭和四一年春のロードアイランド、夏のリオ・デ・ジャネイロ、昭和四二年春のイギリスのケンブリッジ、昭和四三年夏のブラッセル、昭和四四年夏のカラカスと、きりもなくいろいろの会合をともにしている。いつももっともアメリカ人らしい気さくさと友情をもって接してくれた。そう言えば、何かのついでにボストンに立ちよった私を、当時ハーヴァードに留学中の沢田寿夫氏（現・上智大学）とともに自宅の食事に招いて、ご自慢の切手蒐集を見せてくれたのは、それよりももっと前のことであったろうか。

私がハーグに住むようになった昭和五一年夏には、彼はハーグ国際法アカデミーの講義に来て、わが家の来客簿記帳の第一号である。万国国際法学会には私より四期遅れて昭和五二年に当選し、昨年夏はともにアテネの旅を楽しんだ。裁判所では、ポーランドのラックス、イギリスのウォルドック、ドイツのモースラー、イタリアのアゴーや私などとともに、むしろ数少ない純粋の学界畑の出身であり、また国際法委員会を経ないで当選してきたということでも私と似ていた。

仕事をもつ夫人をアメリカのケンブリッジに残して、ハーグにいる時はいつもホテル・デ・ザンドに滞在していた。ハーグのもっとも由緒のあるホテルで、大正の末から昭和にかけて、織田萬判事が九年の任期をフルに過ごしたホテルである。自宅勉強型の多い裁判官の中で、彼と私とは全くの研究室型で、毎日裁判所に通っていたが、昼になると誘い合わせてはまちに食事に出かけるのが常であった。アメリカ人らしくもなく車の運転も知らない彼は、アメリカ人としても長身の歩く速度をおとして私に調子をあわせてくれたものである。

再来年の夏にはハーグ国際法アカデミーの「国際法総論」の講義の檜舞台を踏むことになっていた彼は、裁判官としては余り具体的な問題に触れるわけにはゆかず、どうやって抽象的なことを興味深く構成するかを思いあぐんでいた。

私とは裁判のこと、国際法学界のこと、そうして些細な私生活のことまで話し合っていた彼、誰とでも分けへだてなく、快活さとそのユーモアのセンスで接していた彼、その温顔をもう見ることはない。

『ジュリスト』七二八号（一九八〇年）九四―九五頁

## 三　海洋法会議議長アメラシンゲの訃

昨年一二月四日、海洋法会議議長アメラシンゲがニューヨークの病院で亡くなった。テニスをしている最中の脳疾患の発作で病院に運ばれたのがその何日か前であったという。一〇数年の海洋法会議の作業が紆余曲折を経て、まがりなりにも結末を迎えようとしている今、終始その議長の職にあった彼として、さぞかし無念やるかたなかったことであろう。

ハミルトン・シャーレー・アメラシンゲ、享年六七歳、セイロン、現在のスリランカの出身である。コロンボに生れ、ここで大学教育を受けた彼は、昭和一二年、当時のイギリス植民地であったその地の公務員生活に入り、財務省次官を経てインド駐在の高等弁務官を四年務める。次いで国連常駐代表の大使に任命されたのが昭和四二年、五四歳の時である。スリランカの国内体制の変革のあおりをくって職を去る昭和五三年まで、一〇数年にわたってニューヨークにあって国連大使の任にあった。昭和五一年の国連第三一回総会においては総会議長に推され、昭和五二年夏には総会議長として来日、広島・長崎の原爆記念の式典には参加したはずである。

アメラシンゲの名を著名にしたのは、何と言っても海洋法である。昭和四三年春のアドホック海底平和利用委員会の委員長に選ばれ、その後は昭和四四年から四五年にかけての海底平和利用委員会、昭和四六年から四八年にかけての拡大海底平和利用委員会の委員長のポストにとどまり、昭和四八年暮の第三次海洋法会議発足にあたっては議長に選ばれた。彼が昭和五三年スリランカの国連大使の職を解かれた時、普通であれば国家代表でない者がこうした国連の会議の議長にとどまることはない。それにもかかわらず、スリランカ代表の資格も、大使の称号も失った彼が国連から給与を受けるという変則な形で海洋法会議の議長にとどまったのも、彼が第三次海洋法会議の仕上げに如何に不可欠の人物であったのかを物語るものであった。

マルタの国連大使であったパルド（現・南カリフォルニア大学教授）の提案でアドホック海底平和利用委員会設置が決められたのが昭和四二年秋の国連総会であり、この委員会の第一会期が昭和四三年三月ニューヨークの国連本部に招集された。委員長の候補としてアメラシンゲの対抗馬であったのはエクアドルの国連大使のベニテス（のち国連総会議長）であったが、開会に先立って、アメラシンゲについて大方の同意が得られたのである。

それから一〇数年にわたっての海洋法審議のリーダーとして、彼にはやはり人より秀でた指導力があったと言えよう。これまで何度も審議が停滞し、会議が隘路におしこめられてしまうようなことがあった。初期の頃には海底平和利用委員会の委員長として、壇上にあって、早口な英語をまくし立てて、強引に議事を押し切ってしまう。法律問題の下部委員会を受けもっていたエルサルバドルの国連大使ガリンドポールの「すべてマニヤーナ（明日）」式の運びにいら立ちをみせる彼を見たことは一再にとどまらない。個人的に会えばガリンドポールに対する不満をかくさない彼であった。昭和四五年の秋、三年の審議を経て、法律部会が何らの「法原則」を生み出し得ずに委員会は拡大改組を迫られた時に、委員長である彼は、委員会の審議を経ることなしに国連総会に自らの試案をぶつけて国連総会決議を通してしまう。これが国連の「海底平和利用法原則宣言」である。彼一人の功であるとは言わないが、その手腕なくしては出来ないことであった。

彼はやがて「待つ」ということを身につけるようになる。昭和四八年末、第三次海洋法会議になってからは、会議の組織は厖大化する。そうして開発途上国の目覚めと、大国の国家利益の意識の相克の間にあって、舞台裏の議長室に身をおさめ、徹底的な討議の中から自然に機の熟するのを待つようになった。下部委員会の首脳あるいは個人的な友人を介しての会議運営の巧みさはすっかり身についたものとなったのである、ノルウェーのエベンセン海洋法大臣、ブルガリアのヤンコフ国連大使、シンガポールのコー国連大使などのいわば中道穏健派に信頼をよせ、開発途上国及び大国の両極端の急進派を押さえ、ともかくも海洋法の審議を今日までもってきた彼の功績は高く評価されるところであろう。

昭和四三年三月、まさに彼が委員長になろうとする直前に、国連の議場で、当時の国連大使鶴岡千仭氏から紹介されたのが、私と彼の出会いの始まりである。それからの三年間、私は正式には日本の代表代理であったが、事実上は代表の役割を担っていたので、委員長の彼との接触は深まった。はじめての頃の委員会の構成国は四〇カ国前後であり、常連であった私は彼と共に、人々のいう海洋法マフィアを形成して行った。昭和四三年八月リオ・デ・ジャネイロで会期が開かれる頃には、私は折にふれて彼から会議の運営などについても個人的な相談を受ける立場になっていた。コパカパーナの海岸に「赤坂」という日本料理がある。ここで彼に日本料理を供して以来、ニューヨークで「さいとう」、「にっぽん」などを利用した。彼もまた会期のたびにニューヨークではそのパーク・アヴェニューのスリランカ(セイロン)大使公邸で、またジュネーヴではたいていは湖畔のレストランでもてなしてくれた。また他の代表たちの招待の時に席を同じくしたことは何十ぺんにもなろうか。

国連の会議を離れて、民間の会合に私が彼と行を共にしたことも少なくはなかった。イタリア国際問題研究所のための昭和四四年春のローマ、ディッチレー財団のための昭和四四年秋のオックスフォード郊外、「海に平和を」のための昭和四五年夏のマルタ、スタンレー財団のための昭和四六年夏のマサチューセッツ州ジャグエンド、こうした集りでは小人数の参加者が一緒の宿に泊まって、文字通り寝食を共にした。昭和四八年夏ブラッセルでの国際法協会百年祭には、共に招かれて環境問題の講演を行ったものである。そうした民間団体の集りにも意欲的な彼であった。

海底平和利用委員会も三五カ国のアドホックから四二カ国の常設へ、そうしてまた八五カ国の拡大へと発展し、やがてすべての国々をふくむ昭和四八年末の第三次海洋法会議と尨大化するにつれて、議長アメラシンゲも雲の上の人となってしまったが、初期に苦労を共にした私達にとってはやはり「シャーレー」であり、「シゲル」であった。昭和五二年私がオランダで出版した *The Law of the Sea in Our Time-I : The United Nations Seabed Committee 1968-1973* (Sijthoff, 1977) では巻頭に To Arvid and Shirley と記した。新しい海洋法の創始者とも言えるパルドとアメラシンゲにこの本を捧げたものであった。

昭和五〇年頃からは彼と私は、個人的によく紛争処理のことで議論をした。海洋法にまつわる紛争解決のためには海洋法裁判所を設立すべしとする彼の意見に対して海洋法も国際法の一部である以上、基本的には国際司法裁判所が活用されるべしという私の意見であった。海洋法裁判所 Law of the Sea Tribunal を LOST と名づけ、Lost must be lost!（海洋法裁判所を葬れ！）と私が言ったのは、昭和五〇年春モントルーの非公式会合の席であるが、彼はこのことを大へん気にしていた。その夏には日本にいた私に非公式に紛争解決についての率直な意見ももとめてきていた。昭和五一年私が国際司法裁判所に赴任してからも、会えば必ずこの話であった。一昨年秋、ニューヨークで彼の事務室を訪ねた私は、半日を費やして、如何に海洋法裁判所が実際には機能し得ないかを説いた。サイは投げられた、遅すぎる、というのが彼の答えであった。

私は、昭和五一年はじめ海洋法を去ったのちも、海洋法へのノスタルジアから、時折、全くプライベートな形で海洋法会議をのぞくことがあった。そのたびに私はアメラシンゲを主賓として昼食会を催した。昭和五二年七月のはじめにはニューヨークの Club 21 で、昭和五四年三月末にはジュネーヴの Les Continents で、そうして最後は昨年八月下旬ジュネーヴの La Perle du lac であった。この最後の別れになった時には、はるかにモンブランをのぞむこのレマン湖畔のレストランで、シンガポールのコー、フィジーのナンダン、スリランカのピントなどの海洋法会議をリードする人々や海洋法担当国連事務次長のヅーレタなども招いて共にテーブルを囲み、いつものように、私はアメラシンゲの健康と会議の成功を祈って盃をあげ、彼もまた私が国際司法裁判所に去ったことが海洋法にとっていかに損失であるかというお世辞を述べつつ盃を乾した。私の海洋法裁判所批判を気にしていた彼はその席で、海洋法裁判所をInternational Tribunal for the Law of the Seaと改名したことを述べ、更に国際司法裁判所の権威を疑うものではないと弁明した。改名によりもうLOSTと言ってからかえないのは残念というのが私の返事であり、それが彼と私の間の最後の話であった。

襟もとに毎日とりかえる赤のカーネーションを欠かさず、その長身をダンディな紺の洋服につつみ、誰とでもフランクに話しあっていた彼、この難しい海洋法会議をともかく結末までもってきた彼を思う時に、今となって改めてなつかしさがこみあげてくる。

『ジュリスト』七三四号（一九八一年）八四―八五頁

# 四　国際司法裁判所所長ウォルドックの訃

私は本誌(ジュリスト)において、余りにも人の訃を書きすぎるのかも知れない。しかし、世界の国際法学界の最高峯にいた国際司法裁判所所長、サー・ハンフリー・ウォルドック(Sir Humphrey Waldock)の逝去を記すことは、日本の法律学界に対する私の義務でもあろう。

国際司法裁判所はこの一年の間に、アメリカのバックスターをガンで、シリアのタラジを交通事故で、そうして今回のウォルドックと、相次いで三人の現職判事を失った。所長の任にあった安達峰一郎氏がその三年の任期ののち一判事に戻って間もなく、昭和一一年ハーグに客死して、オランダの国葬をもって葬られた例がある。しかし、現職の所長が亡くなったのは常設国際司法裁判所の時代を通じて六〇年の歴史ではじめてのケースである。

この夏、私はハーグにあって、八月一三日、ハーグ国際法アカデミー理事長ファン・デル・シュトゥール(当時・外務大臣)の招きでウォルドック、ラックスの両判事と昼食を共にした。間もなく始まるチュニジア＝リビア大陸棚事件の口頭審理をひかえて、そうしたことが話題であった。この日はたまたまウォルドックの七七歳の誕生日でもあった。そうして、その二日もたたないうちに、ウォルドックは世を去った。彼がハーグのそのアパートにおいて死体として発見されたのは八月一七日であるが、医師の検屍により、一五日の朝には亡くなっていたものと推定されたのである。心臓麻痺である。

その夫人が同じくハーグで亡くなったのは三カ月足らず前の五月下旬である。それからの彼は、時にはオックスフォードの自宅に戻ることもあり、または他に嫁いだ令嬢がハーグに来ていることもあったが、たいていはアパートに一人住いで、自炊の生活であった。スーパーマーケットで買物かごをさげた彼の姿を見た人は少なくない。彼が一人世を去ったあとのアパートの棚という棚には何十枚という夫人との写真がおかれていたという。最愛の夫人を亡くしたショックがまた彼の命を奪ったのであろうか。

☆　☆　☆

サー・ハンフリー・ウォルドックは一九〇四年、当時のセイロンに生まれ、オックスフォード大学で教育を受け、その一生の多くはその大学で過ごした。第二次大戦中は海軍省の勤務をしたことがあり、その資格でポツダム会議にも出席している。一九四七年以降はブライアリのあとを受けて、オックスフォード大学の国際法教授であった。いろいろの国際訴訟の弁護人の経験も積み、一九五四年にはヨーロッパ人権委員会の委員に任命されて、翌五五年から六年間はその委員長を務め、一九六六年にはヨーロッパ人権裁判所の判事に任命されて、七一年にはその所長となっている。また、一九六一年には国連国際法委員会の委員に選出され、一〇数年その地位にあった。これらはいずれも非常勤で、オックスフォードとの兼職である。

国際法委員会では、条約法の審議につき常にイギリス出身委員がそのラポルトゥールを務めたが、彼はブライアリ、ローターパクト、フィッツモーリスをひきついで条約法草案の起草に没頭し、のちに一九六八年及び六九年のウィーンの条約法制定全権会議においては専門家として多くの貢献をした。なお、この会議の議長はイタリアのアゴー、全体委員会の委員長はナイジェリアのエライアス、いずれも現在の国際司法裁判所の裁判官である。

ウォルドックにその独自の著書はない。しかしその優れた論文によって、疑いもなく当代のもっとも傑出した国際法学者の一人であった。日本でも有斐閣から翻訳の出ているブライアリ「国際法」第六版の著者であり、一九五五年から七三年にかけては「イギリス国際法年鑑」(British Yearbook of International Law) の編集主任であった。ハーグ国際法アカデミーでは一九五二年には「武力行使の規制」を、一九六二年には「一般講義」を講じている。万国国際法学会の副会員に選任されたのは一九五〇年、正会員に昇格したのは六一年である。一九八三年に予定されたイギリスでの総会を控えて八一年八月のディジョンの会期で会長に選出されることを予定されていながら、それに先出つ一週間前の他界であった。

ウォルドックは、国際司法裁判所におけるイギリスの判事としては、マックネア卿、ローターパクト、フィッツモーリスに次いで、一九七三年からの九年の任期で就任した。八二年の二月には任期終了の予定であった。この裁判所は任期三年で所長を互選するが、七九年の二月から所長の任にあったものである。この所長在任中に、アメリカとイランのテヘラン外交官(人質)事件、WHO(世界保健機関)とエジプトの地域本部協定解釈に関する勧告的意見、チュニジアとリビヤの大陸棚事件についてのマルタの第三国訴訟参加請求事件を処理し、これからチュニジアとリビアの事件の本案の口頭審理を迎えようとしている時の他界であった。

☆　☆　☆

私がウォルドックを知るようになったのは随分古いことである。一九五三年イェール大学にあって学位論文を書いた私は、その数年前の彼の大陸棚理論に共鳴するところがあり、タイプ刷りのコピーを一部彼に送ったことがあり、彼が外に向ってもこれを評価してくれた形跡がある。その後、一九六一年ハイデルベルクにあった私は、近くのシュトラスブールのヨーロッパ人権裁判所の最初の事件を傍聴に出かけたことがある。Lawlessという、まことに事件にピッタリの名前のアイルランド人に対するアイルランド政府の人権無視の事件の公判であった。片やヨーロッパ人権委員会を代弁するのがウォルドック、アイルランド政府を代理するのがパリ大学のパントであった。両者のほれぼれするような弁論ぶりを傍聴席にあって畏敬の念をもってきいたのが、最近のことのように思い出される。

一九六七年、日本とニュージーランドの漁業水域をめぐる紛争のためにイギリスに出張していた私は、たまたまケンブリッジのマックネア卿の宅でのお茶の席でウォルドック夫妻に会った。これが初対面である。私の名を知っていた彼は、私が何故イギリスにいるのかも察して、自分はニュージーランドの弁護を頼まれているのだということを率直に語ってくれた。しかし、私が彼とより密接に相見えるのは、国際司法裁判所における北海大陸棚事件である。彼は一方の当事国、オランダ、デンマークの弁護人、私は他の当事国ドイツの弁護人であった。いわば敵方である。毎日国際司法裁判所の法廷で相対した。私がつくりだした「沿岸ファサードの理論」を彼は激しく攻撃した。私が最後につかった「マクロの地理的見地」(macrogeographical perspective)という概念を、彼は「まさに息絶えんとする弁護の最後にこのような舌のもつれるような言葉をつかい」、ドイツの弁護人(小田)が「頭にくるワインに酔いしれて……」というかなり度ぎつい口調で論難した。しかしこの事件に関する限りは私の勝利であった。

私が一九七五年暮の国連で国際司法裁判所に選出されたとき、裁判所に係属中の事件は一件もなく、裁判所はむしろ手続規則の改正に没頭していた。そうしてウォルドックがその推進者の一人でもあった。赴任前の日本にいた私は彼からの祝詞をうけとり、彼はその中でこの規則改正が如何に重要であるかを述べ、私もその委員会に入って一緒に仕事をするようにと示唆してくれた。これは私の側の事情があって実現しなかった。

ハーグでの私とのつきあいは五年余りである。年齢も二〇歳以上の開きがあり、とっつき易い人とも言えず、深い親交があったというわけではない。しかし、ホテル住いの多い裁判官の中にあって、ハーグのアパートに居を定めていた彼と私の交際は浅いものではなかった。私の妻がウォルドック夫人と席を共にしたのもその亡くなる数週間前のことであった。裁判官会議での意見が対立することは少なくはなかったが、激しい言葉のあとには、数日を経て必ず笑顔で私のチェンバー（裁判官室）に立ちよって世間話をしてゆく彼であった。

その柩につきそってアムステルダム空港で遺体を見送ったのは八月一九日、その二四日からのディジョンの万国国際法学会で元気な姿を見せていたイラクのヤシーン、デンマークのソーレンセンの国際法の両碩学も九月には相次いで逝去した。ヤシーンは国際司法裁判所におけるチュニジアとリビヤの事件のリビヤ弁護人として口頭弁論に立つべくジュネーヴの自宅をたとうとした玄関先での急死である。ソーレンセンは八月二六日私ども夫妻がその夫妻をディジョンのレストランの昼食に招いたその数日後に倒れた。私どもが共同作業でつくった「ソーレンセン国際法提要」のソーレンセンである。

今年は、親しくしていた三人の国際法学者を私は一挙に失ったことになる。

〈追記〉上記の本文を編集部に発送して間もない一二月一二日、国際司法裁判所の裁判官エル・エリアンが心臓を病んでハーグで亡くなった。六一歳であった。三年前に国際司法裁判所に当選するまでは、エジプトの国連次席大使、ジュネーヴ代表部大使、フランス大使、スイス大使を歴任し、同時に国連国際法委員会の最古参の委員であり、日本でも知る人は多かったはずである。国際司法裁判所はこの一年余りの間に、一五人の現職裁判官のうち四人を相次いで失った。異常なことである。しかも、チュニジア、リビヤ大陸棚事件審理の最終段階で、ウォルドックとエル・エリアンの二人の裁判官、一方の当事国リビヤの弁護団の主役ヤシーンを数カ月の間に失った。これらの同僚諸氏に心から哀悼の意を表したい。

『ジュリスト』七五七号（一九八二年）七四―七五頁

## 五　東京裁判のレーリング判事のこと

「東京裁判」、すなわち占領時代の連合国最高司令官マッカーサー元帥の布告する条例にもとずく、極東国際軍事裁判のことである。一一カ国の代表判事からなるその公判が始まったのが昭和二一年の五月はじめであった。私がもとの陸軍士官学校(現在では陸上自衛隊の東部方面総監司令部)におかれた市ヶ谷のその法廷に傍聴に出かけたのは、その翌年であったかと思うが、もう四〇年にも近い往時のこととなってしまった。

その頃、戦争犯罪の法理をテーマにした横田喜三郎先生の国際法ゼミに参加していた私は、中島敏次郎氏(現・外務審議官)など学生仲間で戦争裁判是か非かの議論をたたかわしていた。裁判の方は昭和二三年四月口頭審理が終了、大学を卒業しても横田先生の研究室に残っていた私は、昭和二三年秋横田先生が判決翻訳のため、いわばかんづめになられたことを聞き知った。そうして一一月一二日の判決の言渡しは大きく新聞に報道された。

しかし何人かの判事の反対意見や個別意見は法廷で読まれたこともなく、またこの裁判の違法性をついたインドのパル判事の反対意見は占領下の日本において公表されるすべもなかった。もっともパルの少数意見は昭和二八年インドで公刊された。パルは昭和二七年から一五年間国連の国際法委員会の委員を務め、国際的にも著名になった。私はその頃の彼に、冗談ではあろうがベンガルの虎狩りに誘われたことがある。その後の来日の機会に日本政府がパルに最高級の勲章を贈ったのは、もうかれこれ二〇年ほど前であったろうか。しかしもう一人の優れた少数意見のオランダのレーリング判事が存在したことは、今日までも余り注目を引くことはない。

ともあれ、当時の日本国民はこうした少数の判事のことは全く知るすべもなく、判決から約一カ月、昭和二三年のクリスマスの前々日（だったと思う）のニュースで七人の重臣達が巣鴨で刑場の露と消えたことを知らされたのである。それから一年余りして占領下の日本を離れてアメリカに留学してはじめて私はパルの反対意見の存在を知ったが、昭和二六年夏たまたま同じく占領下のドイツのゲッチンゲンに遊び、その大学の国際法研究所がニュールンベルク裁判の尨大な資料を駆使して戦争犯罪の研究のメッカになっていることを知って、同じ占領下でありながら日独の差に驚いた。もっともその足でオランダにおもむいた私にとってもレーリングの名は特に関心あるものではなかった。

その後、昭和四一年夏私が現在勤務しているハーグの平和宮の庭で、友人のケンブリッジ大学教授のジェニングス（国際司法裁判所裁判官）から紹介されて、このグローニンゲン大学の教授がかつての東京裁判の判事の一人であることを知った。しかし、昭和五一年以来オランダに住むようになった私は、遠い昔のことになった戦後のこの裁判の主役の一人がなお健在であるとは思うこともなかった。

ここ四、五年、毎夏に例会をひらく民間の「平和と人権」のシンポジウムが昭和五六年フランスのエックス・アン・プロバンスであった際、私ははじめてレーリングと親しく接する機会を得た。「三五年前の裁判官が未だにかく若く壮者をしのぐとは」というのがその夫妻と共にマルセイユ港外巌窟王のイフ島に遊んだ時の私の挨拶であり、「国際司法裁判所の日本の裁判官がこんなに若いとは」、というのが彼の私に対するお世辞であった。その後は昭和五七年夏のニューヨーク州ハイドパークでのシンポジウムにも共に参加し、またオランダでも往き来をするようになった。もっとも彼の住むグローニンゲンはオランダではるかに北東のすみで、日本で言えば札幌の感じであろう。オランダの中心部からははるかな距離である。

一九〇六年生れ、戦後、まだ四〇歳になるかならないかのレーリングが何故に東京裁判のオランダ判事に選ばれたのか。その質問を私は何人かのオランダの国際法関係者に聞いたことがある。昭和二〇年五月にドイツの占領から解放されて間もない混乱期のオランダにおいて、極東にまで出かけてゆくような篤志家はほとんどいなかったのだという返事が返ってきた。昨年の夏グローニンゲンの公園の中にポツンとたつ彼の一軒家でゆっくりと彼の思い出を聞く機会があった。彼自身は次のように語った。ドイツからの解放後オランダはひどい混乱の時期であったし、各方面に人材が不足していた。ミドルブルクの地方判事からユトレヒトの地方判事へと転勤になった彼はそれまでにも刑法の分野で論文が多く、ユトレヒト大学でインドネシア刑法を講じていたが、アジアの法律のことを少しでも知っているのなら東京でも役に立つだろうといって推されたのだということであった。

東京での二年間の帝国ホテル住いから帰国した彼を待っていたのはグローニンゲン大学国際法及び刑法教授のポストであった。それ以来彼は、オランダのこの北辺の拠点に根をおろして動かない。昭和三〇年頃まではよくオランダ代表の一人として国連総会や侵略の定義などの委員会に出席していたが、ニューギニア問題に関する国連の意向に同調しすぎてオランダ外務省の忌諱に触れ、爾来政府との関係は絶たれているといわれている。しかし、つとにグローニンゲン大学の軍事学研究所を創設した彼は、現在でも積極的に平和研究の先頭に立ち、今日学問の一分野を形成するようになった平和学の先駆者の一人と言えよう。昭和三五年にはハーグ国際法アカデミーで「戦後の戦争法と国家管轄」を講じ、昭和四〇年には万国国際法学会に列せられた。

レーリングとアムステルダム大学刑法教授ルューターの共編になる「東京判決」（The Tokyo Judgment）という英文の資料がアムステルダムで出版されたのは一九七七年である。東京裁判の判決及び反対意見、個別意見を網羅し、千ページをはるかに越える。裁判記録としては別として、これらがそれまでの三〇年間公刊されたことがなかったというのは驚くべきことである。裁判長を務めたオーストラリア、それにフランス、フィリピンの各判事の個別意見もあるが、質量共に圧巻なのはパルの五百ページを越え、レーリングの百ページを越える意見である。レーリングの個別意見の根本には、第二次大戦の当時において戦争そのものを犯罪とすることへの本質的な疑問のなげかけがあり、それ故に、とりわけ唯一人の文官で死刑になった広田弘毅元首相の無罪論が強く展開されている。戦前ハーグに特命全権公使として駐在した広田への理解と同情もその支えになっていよう。

昭和五三年、レーリングは東京裁判の再反省の論文を公にした。日本外交への理解と広田への同情がここでも強くにじみ出ている。このオランダ語の論文は近く外務省の山本信明氏の手で翻訳、公刊されるはずである。ごく最近にはまた、「核兵器の国際政治及び国際法に及ぼす影響」という論文もある。レーリングは近く来日するという。

『ジュリスト』七八九号（一九八三年）一〇―一二頁

## 六　国際司法裁判所の活動の現況——ジェニングス所長と小田副所長に聞く

**ゲスト**
サー・ロバート・ジェニングス
（国際司法裁判所長）
小田滋
（国際司法裁判所副所長）

**聞き手**
杉原高嶺
（北海道大学教授）
小寺彰
（東京大学助教授）

はじめに

**杉原**　本日は国際司法裁判所のサー・ロバート・ジェニングス所長と小田滋副所長のお二人の先生をお迎えしま

して、国際司法裁判所の活動の現況をお聞きする機会を得ました。大変に光栄に存じますとともに、私どものために、ご多用の中、貴重な時間を割いていただきましたことをまず御礼申し上げます。ジェニングス先生は、今回が二度目のご訪日と伺っております。前回は一九六四年に国際法協会の東京大会にご出席のときとお聞きしております。今回は、国際司法裁判所長として、外務省の賓客としてご来日になられたものでございます。

**□両者の経歴**

お話を伺う前に、ごく簡単にお二人の先生のご経歴を紹介したいと思います。ジェニングス先生は、一九一三年のお生まれで、長い間ケンブリッジ大学で国際法の教授を務めておられました。一九八二年に国際司法裁判所の裁判官に選出されて、九年の任期を終了後、国連で再選されると同時に、昨年の二月から裁判官会議の互選によって裁判所長に就任されております。小田先生は、一九二四年のお生まれで、東北大学の国際法の教授から一九七六年、裁判官に選出されました。その後、一九八五年に再選され、昨年の二月、ジェニングス所長と同時に裁判所副所長に就任されました。

**□所長と副所長が同時に留守をすることに問題はないか**

本日は、このように裁判所長と副所長のお二人に同時にお話を伺うわけですが、これは滅多にない機会ではないかと思います。私どもにとっては、きわめて貴重な機会ですが、ただ、所長と副所長のお二人が一緒にハーグを留守にしてよいものかどうか、これは裁判所規程、あるいは裁判所規則に違反しないかと危惧しております。

**ジェニングス**　今回、国際司法裁判所の所長として日本にお招きいただいたことを非常に光栄に存じております。また、特に、今回は、現在副所長を務めておられる小田さんと一緒にこの座談会に参加できますことを非常にうれしく思っています。小田副所長は、私の長きにわたる友人ですし、非常にいろいろと仕事を務め、かつ、その友好を温めてきた方ですので、特にうれしく思っております。

**小田**　今回、ジェニングス所長の来日に合わせて私も日本に帰ってまいりましたが、この機会に私の長い友人のジェニングスさんとこの座談会のお招きを受けたことを大変に喜んでおります。一九六四年に東京で国際法協会の大会が開かれたときに、ＮＨＫの教育番組が、「世界平和と国際法」というテーマの座談会を企画しました。私が司会をし、ジェニングスさんなど欧米の学者に加わっていただいたことがありました。その二八年前を思い出しつつ、今日は、これから国際司法裁判所のことを議論するのは大変楽しいことと思っています。

先ほど、杉原教授のお尋ねのありました、所長と副所長が同時にハーグを空けていいものか、というのはちょっと厳しいご質問でして、たしかに所長が不在のときには、副所長が代行することになっています。ただ、両方がいない場合には、三席の裁判官、シニア・ジャッジとよんで現在ラックス判事ですが、これが任務を代行することになっています。今回は、私どもラックス判事に代行を頼んで、こちらに参ったわけです。

## 一　係属事件の内容と特色

**小寺**　国際司法裁判所は、戦後発足したものですけれども、かつての一時期には、あまり事件がなく、開店休業というようなこともあったと聞いております。ところが、最近は、かなり多くの事件が係属していると思いますが、それらは一体どのようなものなのでしょうか。また、それらについて、何らか特色があるというようにお考えになっているのかどうか、お教えいただければ幸いです。

### □裁判手続と事件の処理

**ジェニングス**　現在は一〇件余の事件が国際司法裁判所で取り上げられていますが（後掲参照―編集部注）、これをみていますと、係争中の事件に関して、当事者となる国々が世界中を包含するというか、非常に広がりを見せてきたという特徴があると思います。中央アメリカから中近東、スカンジナビア、オーストラリアへと、その広がりをみせておりまして、その意味で、司法裁判所で取り扱っている件数が増大しているという点のほかに、地域的な大きな広がりがみられるというのが最近の特徴だと思います。以前には、国際司法裁判所の取り扱った事件がどちらかというと、一つの地域ブロック内の訴訟に集中するという傾向がありはしないか、という批判もあったのですが、現在の動きをみると、先ほどお話ししたような広がりが出てきたわけです。

また、いまかかっているものの中には、リビヤとチャドの国境紛争のケースと、小法廷の対象となっているエルサルヴァドルとホンジュラスの係争事件――これにはニカラグアが訴訟に参加しています――のような事件がありますす。これらは、この裁判になる前には実際に当事者間が敵対関係にあって、戦争に発展する恐れのある事件でした。私どもとしては、国際司法裁判所が、こういう種類の紛争を扱うことがますます歓迎されるのではないかと考えて、このような最近の動きを喜んでいるわけです。

ほかにもいろいろな事件が、たとえばアメリカがイランの航空機を撃墜したというような事件が係属しています。更に、国際裁判の特色にも触れておくべきでしょう。国内の裁判を担当している裁判官の目からみますと、国際司法裁判所で現在一〇件余も扱っているので非常に忙しい、というのを聞けば、驚かれるかも知れません。そういう意味において、一国の国内で取り扱う司法上の事件と、国際司法裁判所で扱う係争事件とは絶対的な比較は行えないのではないかと思います。

その理由として、まず、国際司法裁判所のケースでは問題の広がりが非常に大きいということがあげられます。現在、エルサルヴァドルとホンジュラスの係争事件が小法廷で扱われていますが、これを一つの例としますと、ここでは当事者間の歴史にかかわる問題を包含するような内容になっています。一八二一年の独立の時期に遡って、いろいろと問題がありますし、さらに、その時期以前のいろいろな公文書、その他の資料がかかわってくる難しいケースになっています。

もう一つの理由ですが、それはこの国際司法裁判所の手続上の問題にかかわります。国際司法裁判所の判事は国連で選ばれますが、それぞれ各種の文明形態あるいは法体系を代表するような形で選ばれています。このような形で構成される法廷が、世界裁判所としての権威をもって事件に当たるとすれば、すべての判事は、完全な形でその法廷の審理に参加しなければ真の意味での国際的な司法裁判所ではなくなってしまいます。

国内の裁判を担当する判事の方々にも考えていただきたいと思う問題なのですが、私ども国際司法裁判所の判事は、各事件について、それぞれが独自で調査を行い、その結果得た自分の見解を、まず、四〇頁〜一四〇頁の文章にまとめて、同僚の判事に渡して読んでもらう、ということをするわけです。それぞれ一五人の仲間の判事の書く意見を読んで、それをベースに審議を展開する、というような手続をとっています。

ですから、必ず、必ず最初に少なくとも一五のスピーチを聞かなければなりません。それをもとに審議し、その調書を叩き台としてコンセンサスをつくり、最終的に多数意見はどういうふうな形になるか、ということを考えながら最終的な結論に達するわけです。このような司法上の手続は、非常に面倒な、厄介なものですし、非常にエネルギーを要するプロセスですけれども、世界的な意味での国際司法裁判所の役割を果たそうと考えた場合には、必要不可欠な手続です。現在までのところ、このような手続によって国際司法裁判所は成功していると思っております。

**小田**　ジェニングスさんの言われたことにいくらか付け加えますと、一つの事件について、当事国から膨大な資料が提出されます。これは事件次第ですけれども、積み上げると、机の上に六〇センチ、七〇センチにもなるような多くの書類が提出される。大きな事件だと、この提出に二年以上かかります。書面の提出が済んで、それを一五名の各裁判官が全部勉強した上で、口頭弁論が始まります。事件によりけりですが、いちばん最近の小法廷の事件ですら、五〇回にわたる口頭弁論が繰り返される。一日一回の口頭弁論は大体二時間半ですが、これが五〇回繰り返されると、それだけでも膨大な資料になる。それが済んだ後で、各裁判官は、それぞれの自分の印象を口頭で述べ、それから、一カ月あるいは二カ月近い余裕を与えられて、すべての裁判官が同じ出発点に立ってそれぞれの意見を別個に書くわけです。それが全裁判官に配られて議論をされる。

私は以前に、各裁判官は一回だけ自分が学生になり、あとの一四回は試験官となって、同僚の裁判官の意見を批判するのだ、ということを申したことがあります。つまり、それぞれの裁判官の意見が、全員で議論される。したがって、考え得る法律の議論というものがすべて出尽くすといってもよいと思います。それだけに、時間もかかりますし、こういうプロセスを経る事件が一〇件余もかかわっているということは、国内の裁判所と比べて特徴的なことだと考えています(後掲リスト参照)。

## 二　「ヨーロッパ裁判所」から「世界法廷」へ

**杉原**　判決の作成の問題については、また後の質問と関連すると思いますので、そのときにまたご説明いただきたいと思います。先ほど、現在非常に多くの事件が係属中であるとのお話しですが、これは最近になって非常にケースが増えている、ということを意味しております。

このような事件の増加の背景としては、私は国際紛争の司法的解決ということに対して、諸国家の姿勢に若干の変化があるのではないか、というふうに思います。今日、アジアあるいはアフリカ諸国は、以前ほど国際裁判というものに消極的ではなくなっております。特に、アフリカ諸国の場合、チュニジア・リビヤの大陸棚事件(一九八二年)、あるいはリビヤ・マルタの大陸棚事件(一九八五年)、またブルキナファソとマリの国境紛争事件(一九八六年)、あるいはセネガルとギニアビサオの仲裁裁判をめぐる事件（一九九一年）、更に現在係属中のリビヤとチャドの国境事件など、アフリカ諸国は裁判による紛争の解決に非常に積極的になっております。ラテンアメリカ諸国も、すべてではないにしても、若干の国はかなり国際司法裁判所を利用することに積極的です。

この点は、戦前の常設国際司法裁判所と比べてみますと、常設国際司法裁判所は、世界法廷というよりは、むしろ、「ヨーロッパ裁判所」（European Court）と、ときどきみなされておりました。それは、裁判所の裁判官は主としてヨーロッパ諸国から出ており、そこに係属する事件の当事者は主としてヨーロッパ諸国でありました。したがって、当然、そこで取り扱われる争点というのは、ヨーロッパの諸問題であったわけであります。ところが、現在の国際司法裁判所は、その点で大きく変わってきておりまして、いろいろな意味において世界法廷（World Court）という性格を強めていると思います。このことは非常に好ましい、あるいは望ましい発展ではないかと思うのですが、この点につきまして、ジェニングス先生あるいは小田先生がこれをどのようにお認めになられているか、ご意見をお伺いできればと思います。

### □世界言語としての国際法

**ジェニングス**　いま国際司法裁判所の重要な発展を指摘していただいて本当にうれしく思っております。質問の最初の部分ですが、ご指摘のように、現在の国際司法裁判所は、その構成をみても、非常に性格が変わってきていますし、また、現在係属中になっている事件でも、世界的な規模で各地が代表されているような形になってきているわけです。このような展開になるとは、数年前であったならば、専門家でさえ予測できなかったことではないかと思います。最近のいろいろな例をみますと、本当の意味で、現在の裁判所は世界法廷の性格を帯びてきている、というふうに思うわけです。ですから、係属する事件の性格からみても、法廷の構成面からみても、世界各地の文明を代表しての司法裁判が行われているとみていい、というふうに最近の発展を喜んでいます。

この点との関連で指摘したいと思いますのは、以前にはお互いの意見がそれぞれあまりにも食い違って、また、各地域の法体系も違う中でのいろいろな議論が行われてまとまりがなくなってしまうのではないか、ということが恐れられた時代がありましたが、いまはそのような見方が全くなくなってきております。国際司法裁判所が本当の意味での世界法廷になるとともに、そのような恐れはないことが明らかになってきているのです。その理由は何かと言いますと、最終的な私どもの理解としては、どのような事件であっても、また、どのような法体制の下であっても、結局、司法上の言語は共通である、という認識に至ったからです。つまり、国際法という言語を共通言語として使っているということです。

**小田**　先ほど、杉原教授からのご質問がありましたアジア、アフリカ、ラテンアメリカ、第三世界からの係争問題が非常に多くなっている、ということは、まさに注目すべき点だと思います。一九六〇年代半ば、南西アフリカ事件（一九六六年・エチオピア＝南アフリカ、リベリヤ＝南アフリカ）を契機として、いわゆる開発途上国からの裁判所への不信が強まった。ところが、最近は、リビヤが、大陸棚の問題で、チュニジアを相手に、あるいはマルタを相手に訴えをもち出していますし、さらに、現在はリビヤとチャドも、これは陸地の国境紛争ですけれども、もち出す。いわば、アフリカの国が国際司法裁判所に対して非常な信をおいている、ということが言えると思います。

また、ニカラグア――かつてのオルテガ政権の下のニカラグアですが――が国際司法裁判所に非常な信頼をおいて、アメリカを相手に反政府組織コントラの問題を提起しているということ。また、最近では、イランが航空機撃墜事件について、アメリカを相手に訴える。つまり、ほうっておけば局地戦争になりかねないような事件を国際司法裁判所によって解決しようという姿勢が、かつて我々が開発途上国と言い、第三世界と言った国々の中に現れている、ということは非常に注目すべきだと思います。

セネガルとギニアビサオとの関係（海洋境界をめぐる仲裁判決問題）もそうで、こういうアフリカだけの問題、あるいはホンジュラスとエルサルヴァドルという中米の問題（領土・島・海洋境界問題）というものをあえて国際司法裁判所で解決しようという、新たな第三世界からの裁判所に対する信頼というものを、私自身は非常にうれしく受け止めています。

## □勧告的意見の役割

**ジェニングス**　いままでのお話は訴訟事件をめぐってのお話でしたけれども、ここで勧告的意見にも触れておかなければならないと思います。私ども、国際法を研究する者は、どちらかと言いますと、国際法を語るときには、国際紛争の解決を中心に考えていくという傾向があります。たとえば、すべてが順調にいっているような場合には、司法体制が敷かれており、そこで法律が運用されている、ということに全く気付かないでいるようなこともあります。その中で何か紛争が起きて、どういうふうに解決したらいいのか分らなくなったときに、紛争解決という形で係争事件が出てくるわけです。そういうことで、私どもは、どちらかというと係争事件を中心に話をしがちです。

しかし、状況によっては必ずしも紛争ではない場合もあり、政治的な決断あるいは政治的な行為を要求されるようなものがあって、法的な判断のほかに政治的な判断を要求されるような事件もあるわけです。

昨年九月の国連総会で、当時の国連事務総長のペレス・デクエヤル氏が提出した報告書があります。その中で事務総長は、非常に高度に政治的な性格をもつ状況であっても、法的な要素をはらんでいるものがあるのだ、国際司法裁判所は勧告的意見でかなり紛争解決に貢献し得る部分があるのではないか、ということを指摘しています。その法的側面を明らかにすることによって、緊張する政治環境の緩和をはかることができるのではないかと。即ち、国連の総会あるいは安全保障理事会を拘束はしないけれども、勧告的意見として法的なアドバイスを提供することはできるし、そして勧告的意見を提示することによって、紛争解決の外交的な手段を十分に補完する役目を持つことができる、というふうに指摘しております。

**小田**　その点で、いまジェニングスさんの言われたように、前国連事務総長の提案がありますが、既に一昨年、一九九〇年のときから、国連事務総長に勧告的意見を請求する権限を与えるべきであるというアピールが事務総長レポートで述べられています。現在は、国連総会や安全保障理事会などが勧告的意見を求め得るわけですが、これに加えて、国連事務総長も政治的な動きであっても、法的な問題点についての裁判所の意見を求める権限をもつべきである、という。昨年も、九月の国連事務総長レポートに出てきますが、そこでの狙いは、実際の政治的な紛争がとことんまで発展する前に、この政治的紛争の前提としての法的側面の問題解決の指針を国際司法裁判所に与えてもらうということが、新しい国際司法裁判所の任務ではないか、という点にあります。

一つの例があります。一九八八年のＰＬＯ事件（国連本部協定事件）です。ニューヨークにあるＰＬＯ（パレスチナ民族解放機構）の代表部をアメリカが閉鎖しようとしましたが、国連本部協定上、そういうことが許されるかどうかについての決定をもとめる勧告的意見の申請が、総会から出てきましたが、これに対して、私どもは一つの判断を与えました。

一九八九年にはマジールというルーマニアの人（国連委員会の特別報告者）の人権の問題（国連特権免除条約事件）があります。これもほうっておけば政治的展開を遂げようとしたものを、経済社会理事会が裁判所に勧告的意見を求め、私どもも勧告的意見を出しました。実際は、裁判所が勧告的意見を出して旬日にしてルーマニア政権がひっくり返りましたので問題は解消してしまったのですが、こういうふうにして、本来は政治的な争点について国際司法裁判所が勧告的意見を出して、法的な見解を明らかにすることによって、大きな政治的な紛争への発展を阻止し得るという、そういう勧告的意見の機能というものは再認識されていいものだと思っています。

## □イラン人質事件、ニカラグア事件解決に果たした役割

**小寺**　この点に関連して一点だけ補足的にお尋ねしたいと思います。若干差し障りがあるかもしれませんが、世

界の非常に大きな注目を集めた事件として、イラン人質事件（一九八〇年）、ニカラグア事件（一九八六年）があります。これらのケースは、現在既に解決されたと言っていいと思いますが、その中で国際司法裁判所の判決がどのような役割を果たしたというようにお考えでしょうか。印象だけでも教えていただければ幸いです。

**ジェニングス**　いま言われた二つの事件に関しては、裁判所は最終的な紛争解決に大事な要素を提供した、と思います。国内の法廷の扱っているどんな難しい問題と比較しても、国際司法裁判所で扱っている問題は非常に大きなものを求められており、非常に厳しい条件の中で仕事を行っているのではないかと思います。非常に高度に政治的な問題に対して、国際司法裁判所の判決がその問題の全体の解決になった、というようなことはないとしても、その紛争解決に至るまでの非常に重要な要素を提供した、とみることができると思います。また、その他のいろいろな関係機関が入ってくる複雑な状況の中での解決の一面というものを提供したことになると思います。

ニカラグアの事件に関しては、もう少し詳しく最近の経過を説明したほうがいいかと思います。と申しますのは、国際司法裁判所の判決（一九八六年）は、アメリカがニカラグアに対して、ある程度の賠償責任をもつという見解を示したからです。国際司法裁判所のほうでは、その賠償額については判断を下しませんでした。これは、さらに審議を重ねて決定すべき問題であるとしたわけです。ニカラグアの方から長い訴えを第二段階で提起しましたが、その後、すぐに政権交替があって、ニカラグア政府としては、交替した新政権の下では、すぐにこのケースをまた国際司法裁判所で取り扱う用意が出来ていない、というふうに言ってきました。

しかし、ニカラグアの政府としては、まだ国際司法裁判所での係属中の事件として取り扱ってほしいということで、リストから除外しないよう求めてきました。その当時、両国政府の間でアメリカがどの程度の経済支援をニカラグアに対して提供するか、ということについての協議が行われていることは、周知の事実になっていました。その二国間交渉が行われている最中に、ニカラグア政府から国際司法裁判所に覚書が届けられて、係属中の事件のリストから除去するようにとの願い出がありました。

その後、アメリカ政府も国際司法裁判所に対して、ニカラグア政府がこのような手続を取ったことを歓迎する、というようなことを言ってきたわけです。国際司法裁判所としましては、この第一段階での判決があったからこそ、その後のアメリカとニカラグア間の政府間交渉に影響を与えてこのような結果になったのではないかと思うわけです。

そういう意味で、一般的に言うならば、この国際司法裁判所の判決というのは、実際的に直ちにその判決が法的変化をもたらさないとしても、影響力を及ばさなかったとは言えないと思います。たとえば外交手続における二国の政府の間の立場が、国際司法裁判所の判決によって一方に大変有利になると、その二国間の立場が逆転することがあり、それがその後の二国間の外交交渉の中において非常に重要な意味をもってくるわけです。ですから、国際司法裁判所の判決が紛争当事者国の一方に対して有利になりますと、その後の二国間関係に非常に大きな影響を与え、大きな意味をもつことになる、という形での影響力が国際司法裁判所にあると思います。

## 三　小法廷（特別裁判部）の構成とその活用のあり方

**杉原**　一九八〇年代の国際司法裁判所の活動の一つの非常に大きな特徴は、以前にはほとんど利用されなかった小法廷が非常に積極的に活用された、ということではないかと思います。現在までのところ、四つの事件が小法廷（特別裁判部）で取り扱われました（いずれも五名構成の法廷）。そのうちの二つは、ジェニングス先生、それから小田先生が担当されております。一つは、アメリカとイタリアのシシリー電子工業会社事件（一九八九年）であり、もう一つは、先ほども話に出てきましたけれども、エルサルヴァドルとホンジュラスの領土、海洋境界紛争です。

後者の事件は現在係属中ですが、このような小法廷の利用という発展、これはこの手続が紛争の解決に有益なものである以上、将来ともこの発展の方向は維持されるべきではないかと思います。ただ、いく人かの国際法学者は、現在の小法廷の構成の仕方について、若干の懸念を表明しております。それは、ご存じのように、小法廷の構成が当事者の意向に従ってつくられている、言い換えれば、当事国の意向にそって裁判官が選出されている、ということではないかと思います。

この現在の小法廷の裁判官の選出の仕方は、結局、国際司法裁判所というものを何か仲裁裁判の方式に近づける、ということになりはしないか、その結果として、司法裁判と仲裁裁判との有益な区別をなくすということになりはしないか、という懸念が表明されているわけです。その点を含めて、将来、この小法廷の活用について、何か問題になるようなことがありましたら、ご意見をお聞かせいただきたいと思います。

**□小法廷の活用についての懸念**

**ジェニングス**　これは今の段階では、答えるのに非常に難しい問題です。この小法廷の制度は、いうまでもなく、最近になって試みられているものですから、私どもとしては、なおその経験を重ねて、そこから教訓を引き出す必要があるのではないかと考えております。他の同僚の判事もそうであろうと思いますが、私は、いく人かの国際法学者やその他の人たちが、小法廷の運営について表明している懸念、とりわけ小法廷の裁判官の選出について実際に当事国が果たしている役割というものに対する懸念をよく理解しております。

ここでは、この懸念を詳しく述べる必要はないと思います。このインタビューのはじめにも申しましたように、国際司法裁判所は世界法廷として機能しなければなりませんが、同時に、そのような法廷として実際に機能しているとみられなければならないのです。実はここに、そのような裁判所の理念と、小法廷の制度との間に、若干の矛盾が存在します。すなわち、小法廷の場合は、大法廷の裁判官の構成に反映されているような、世界全体の文明形態や法体系を代表するような形にはなっていません。

しかし、最近における小法廷の活動は、きわめて重要な役割を演じていると言うことができるかと思います。そのように申しますのは、裁判所があまり事件をもっていなかったときに、この制度が裁判所を活性化させたのであって、その限りでは、歴史的には正当化されるものではないかと思います。現在のところ小法廷の係属事件は一件だけとなりましたが、しかしこの手続を契機として、いわば雪だるま式に他の事件がかかるようになりました。若干の国の試みが好例となって、大法廷にも事件が来るようになったわけです。

それと同時に、次の点を指摘するのも重要であると思います。つまり、小法廷の制度は、仲裁裁判の制度とは同じではない、ということです。と申しますのは、小法廷の裁判官を選任するのは、裁判官の秘密投票によります。裁判所は、小法廷の構成問題については、完全な裁量をもっています。その上に、裁判所規程によれば、小法廷の判決は、裁判所の判決とみなされています。ですから、裁判所は自らつくり出した状態に対して、自ら最終的な責任を負うわけであります。小法廷の活動を見守るという意味において、裁判所はある種の監督的な権限をもつことになります。実際、小法廷にもち込まれましたホンジュラスとエルサルヴァドルの事件においてニカラグアがこれに参加するときに、裁判所は本件の重要な段階で自ら大きく関与したこともあります。

そういうことで、小法廷に関する私の答えはいくつかの難問にかんがみまして、若干の戸惑いを含むものです。私どもは、漸次、経験を積みながら、この問題に対処してゆくことになろうかと思いますが、しかし、指摘されました難しい問題は非常に重要な点でありますので、常にこれを念頭において対処すべきであろうと思います。

**小田**　小法廷の問題はきわめて大事な問題で、裁判所にほとんど係属事件がなかった一九七〇年代にこの小法廷の活用が訴えられ、それに応じて小法廷事件が増えてきたわけです。たしかに、杉原教授の言われたように、小法廷の仲裁裁判化ということが言われる。ただ、所長が言われたように、小法廷の判決といえども、裁判所の判決なのだということで判決の継続性というものがある。

ただ実際問題としては、小法廷の裁判官は当事者の意見で選ぶ、あるいは選ばざるを得ない。最終的に小法廷の構成は全員裁判官の決定によりますが、もし、全員法廷(裁判所)が小法廷について当事国の意思に反する構成を表決で決めたとしますと、小法廷の当事国は事件を撤回する可能性が出てきます。小法廷というのは、不可避的に、実は、合意提訴のケースである、という点が大事なのです。当事国が希望する裁判官以外を裁判所が勝手に決めた場合には、小法廷が消えてしまう可能性がある、ということは一つ考えなければならない問題ではないかと思います。構成においてある程度の仲裁裁判化は避けられない。しかし、やはり、小法廷の意見判決は裁判所の意見だ、という点だけは重要な点であろうかと思います。

ただ、もう一つ付け加えて言えば、本来、小法廷というのは、むしろ、簡易な事件で、簡易な手続であるということでしたが、最近の傾向はむしろ逆で、小法廷の事件が大変多くの口頭弁論、書面審理を必要とする大事件になっている、という点は考えなければならない点であろうかと思います。

## 四　判決の長文化と質の確保の問題

**杉原**　それでは次の質問に移ります。私は、最近の国際司法裁判所の判決を読んでおりまして、一つ気になることがございます。それは、判決があまりにも長いのではないか、ということです。近年、それがますます長くなっているような気がします。一九八六年のニカラグア判決、これはちょっと特別かもしれませんが、印刷されたＩＣＪリポートで一四〇頁近くにもなっております。こういう長い多数意見に加えて、多くの、かつ、かなりの分量の少数意見がそれに付け加えられていますが、その少数意見の方は別として、長い判決については、若干再検討の余地はないのだろうか、という疑問をもっております。

## □セシル・ハーストとフロマジョーの意見

この点について、戦前の著名なイギリスの法律家であるサー・セシル・ハーストと、フランスのフロマジョーが述べていた意見をちょっとここに引用させていただきます。これは、一九二九年に常設国際司法裁判所規程の改正のために、法律家委員会がジュネーブで会合したときですが、そのときに、サー・セシル・ハーストは、常設国際司法裁判所の判決が「過度に長い」と批判しております。判決はもっと「コンサイスでクリアー」であるべきであり、その目的を達成するためには、「個々の裁判官が表明する個別的な意見を判決の中に取り込むべきではない」のであるが、ところが、いまのような判決のつくり方では、しばしば複数の意見が判決の中に入ることになり、それは、結果としては判決の弱さを表わすものとなり、そのために、また不必要に長くなっている、というふうにハーストは指摘しているわけです。フランスのフロマジョーも、判決は「長すぎる」と評しまして、「判決はもっと簡素で、それが依拠した論理的な理由だけを述べればよい」、というふうに指摘しております。

その当時の常設国際司法裁判所の判決は、全体的には現在のものよりもっと短かったわけです。私は、判決あるいは勧告的意見が高い権威と高い質をもつためには、それがある程度の長さを必要とする、ということは非常によく理解できます。けれども、ただ、あまりに長くなりますと、結局、裁判所を世界の普通の人々から遠ざけてしまい、ごく一部の専門家だけが裁判所を理解できるもの、というふうにしてしまう恐れがないだろうかと、そういう懸念を持っております。

## □両裁判官の意見

最近、ジェニングス先生がイギリス国際法年報（一九八八年）に書かれましたご論文でも、裁判所がもしワールド・コートでなければならないなら、それはごく一部の国際法の専門家だけの深遠な研究の対象であるのでは十分ではない、ということをご指摘になっております。ジェニングス先生あるいは小田先生もそうかと思いますけれども、先ほどのお話しを伺いますと、あるいはこの点については、ハースト、あるいはフロマジョーと少し違うご意見をおもちではないかと思います。その点につきましてご意見をお聞かせいただければと思います。

**ジェニングス**　私は、この問題について、あなたが提示した問題の立て方と、そこに示された理由について、大きな共感をもっているということを、まず申しあげましょう。近年、私どもの判決はますます長くなり、ますます網羅的なものになってきていると思います。私の思いますところ、この点については、何か過度に良心的にすぎたきらいがあったのではないかという気がいたしますが、しかし、たしかにこれは大きな弱点であります。

たとえば、私の国の偉大な判事であったマンスフィールド卿とかストーウェル卿を想い起こしますと、彼等が判決を与える際には、単に目の前の法廷にいる当事者に対してだけ対応するのではなく、明らかに社会全体に対して目を向けておりました。そこで、私が望むことは、私どもとしても、こうした彼等の精神を少し汲みとって、裁判所の法廷にいる国際法の専門家だけに対応するというのではなくて、もっと世界に向かって語りかけるべきではないか、ということです。

しかし、この問題をどうやって実現するか、ということになると、容易ではありません。現在の方法で判決文を作成しますと、そのかなりの部分は、当事国の主張を要約したはじめの部分がこれを占めることになりますが、これはある程度縮小することができると思います。ケース・ローの体系をとっているわが国の場合を想起しますと、当事者の主張は、せいぜいロー・リポート(判例集)の中で一ページ内でまとめられていることがしばしばあります。

この厄介な問題の一端は、たとえば、故サー・ハーシュ・ラウターパクト(ケンブリッジ大学教授、国際司法裁判所判事)がふき込んだ観念にあるように思います。彼の考えによれば、主権国家のかかわる事件では、裁判所は議論されたあらゆる重要問題を取りあげるべきだというのです。偉大な国際法の専門家の一人として、私は彼には最大の敬意を払いますが、しかし彼の考えは誤りであると思います。彼の考え方は、おそらく、彼の前で議論されたものはすべて取りあげるべきだという、彼が学者としてもっていた強い願望をある範囲で反映したものでしょう。しかし私は、そのようにするよりは、問題を選り分けて取り扱うという方が、もっといいのではないかと思っています。その際には、私どもの判決が、それに直接・間接に関係する政府にとってというよりは、むしろ一般の人々に関心を寄せてもらうということに十分に留意する必要があると思います。

そういうわけで、私はハーストとフロマジョーの考えに全く賛同します。判決のこうした状況を緩和し、いくらかでも縮小するように、私は熱意をもって努力するつもりでおります。

**小田**　この点については、常設国際司法裁判所のときに比べて、事件そのものが非常に複雑になってきているということが一つあると思います。もう一つは、国際連盟時代の常設国際司法裁判所の裁判官の合議といまの合議が少し違うのではないか。現在は、もちろん一五名の裁判官の共同の作業なのです。一五人の裁判官がそれぞれの意見を言う。それを一つにまとめるというためには、ありとあらゆる出た議論について一つ一つ処理をしていかなければならない。その一部分の議論だけをとって判決にするわけにいかない、一五の意見についてすべての処理をしていかなければならない、これは大変なことなのです。その中から多数のものをどこか見つけていくわけですが、そのためには、ほかの意見に対する一種のコメントなり、評価を判決の中に取り込んでいかなければならない。不可避的にこの判決は長くなるのです。

いまジェニングスさんが言われたように、最初の事実の経過の部分、これを短くすることはできます。しかし、そうすると、判決を読む人は当事国の提出した訴答書面を全部読まなければならなくなる。ですから、ある程度ミニマムの事件の背景は最初に説明せざるを得ない。これは事件が複雑なだけ、あるい程度長くなっていく。それに加えて、一五人の裁判官が平等に意見を言って、それの中から多数意見が出てくるのですが、その過程でいろいろなものを選び出す。それが判決に反映してくる、ということからどうしても長くなるのです。

□少数意見

もう一つは、少数意見です。これには私にも責任があるかも知れません。これまでの裁判所で少数意見の数は私がいちばん多いし、分量も長いのです。しかし、私が思うにはやはり、一五人が本当に真剣に徹底的に勉強していますと、どうしても多数意見に賛同できない点が出てくる場合があります。それを各自が良心的に考えれば言わずには済まされない。昔の裁判官が良心的でなかったというわけではないのですが、これが国内の裁判所のように、担当裁判官とか、ある程度裁判官の間で分担が決まっていれば、他の裁判官はあまり物を言わないかもしれない。しかし、一五人が一緒にスタートラインに立って勉強していますと、どうしても裁判所の多数意見と違った意見は捨て去るわけにはいかない。これは裁判官の良心の問題として出てくる。

しかし、一面において、あなたも言われたように、そういう少数意見の多さ、一つの事件について七つも八つも少数意見が付くということが、判決の強さを弱めはしないかという懸念はよくわかるのですが、他方において、各裁判官の良心というものを尊重する。これは難しい問題です。

## 五　特に印象に残った事件

**小寺**　先ほどお話に出ました小法廷の事件にはジェニングス先生、小田先生、両先生がかかわっていらっしゃるものも多く、それ以外にもいくつもの重要な事件に両先生が関与されてきました。たとえば、先ほど話題にしましたニカラグア事件もそのうちの一つでしょうが、これらの事件の中で特に印象の深かった事件についてお話をお聞かせいただければ幸いです。

**ジェニングス**　この質問に正直に答えることはかなり難しいと思います。と言いますのはひとつには、私自身様々なケースにかかわってきましたし、また一つには、法律家であれば分っていただけると思うのですが、もっとも印象的な事件は我々が判断を下した直近の事件だからです。私たちは、必要なときに必要なものだけを思いだし、それ以外のことは忘れることによってどうにかやっていっています。直近の事件は次の事件がくるまで強い印象をとどめているのです。

小田さんはどうか判りませんが、私の経験から一般的な特徴を付け加えることができると思います。現在の裁判所は、私が就任して以降だんだん性格が変わってきましたし、そのことが大変印象深いのです。現在の裁判所は、全裁判官が一緒に努力していこうという大変いい雰囲気があります。私どもはいつも意見が一致しているわけではありませんし、深刻に意見対立することもありますが、それが人格的な対立に発展するということはありません。私の経験から言えば、現在の国際司法裁判所は大変にいい働きをする素晴らしい裁判所だと思います。

**□チュニジア対リビヤ大陸棚境界事件**

**小田**　私も、どの事件が最も印象的だったと言われてもちょっと困りますし、どれもすべて印象的な事件でした。強いて言えば、私が裁判官になって最初の大きな事件が、チュニジア・リビヤの大陸棚境界事件（一九八二年）で、私は判決に反対で長文の反対意見を書きましたが、自分のこれまでの海洋法の知識を投げ込んだ、という意味では最も印象的であったとも言えます。もう一つはニカラグアの事件、これは政治的な要素が非常に強い事件で、この事件についても、ジェニングスさんと私とは判決には反対の少数者でしたけれども、政治的な考慮にとらわれることなしに、やはり、この問題を法的な立場から分析して、あえて反対、少数者であらねばならなかった事件として非常に印象が深い。しかし、最近は、どの事件もそれぞれ特徴をもって、それぞれ自分の非常な勉強にもなり、精魂を傾けたという意味でどれが印象的ということは言えない、という気がします。

なおまた付け加えて言えば、私も裁判所が一六年近くなりますけれども、現在の裁判所の融和といいますか、意見の違いは別として、一つの仲間として同じ責任をもっているという共同体意識の雰囲気に対しては非常に満足しています。ジェニングスさんの言われたことに関連して付け加えておきます。

## 六　国際司法裁判所の将来の役割

**杉原**　最後に、裁判所の将来の役割ということについてご意見をお伺いしたいと思います。戦前の常設国際司法裁判所、現在の国際司法裁判所は、ともに国際紛争の平和的解決、そして、それを通して国際法の発展というものに相当な貢献をしてきたと思います。おそらく、こういう貢献も専門家でない人の目にはかなり控え目なものに映ると思いますが、しかし、それでもその貢献は非常に貴重なものであると思います。そこで、将来、現在の裁判所の役割というものを更に発展させ、向上させる、ということについて何かご意見をお持ちであればお聞かせいただきたいと思います。

### □強制的管轄権

**ジェニングス**　これは実際、大きな問題です。ここでは、この問題の若干の側面に触れるに留めますが、私が申したいのは、次のことです。言うまでもないことですが、管轄権の問題として、裁判所がどの程度の強制的(義務的)管轄権をもつかという、大きな問題があります。どのような裁判所であっても、もしその裁判所が一般的な強制的管轄権をもたなければ、それは明らかに一つの弱点です。国際司法裁判所にとっては、これは長い間、非常に重要な問題であるとみなされてきました。事実それは裁判所の発足のとき以来の問題でした。しかし、国際法の専門家は、以前には、強制的管轄権を付与することは必ずしも賢明なことではない、というふうに考える傾向があったように思います。

この点で、国内の裁判所がどのように機能しているかということを考えてみますと、それは、行政、立法機関といった他の政治的機関との関係で機能しています。ですから、もし法を変更するための確かな制度が整っていないとか、あるいは、政治的な問題を裁判所が一手に引き受けなければならないというような状況であったとしますと、誰もその裁判所に強制的管轄権を認めようとはしないでしょう。もっとも、この点、国際関係の分野では、国際法学者はときとして、それを認めようとしたこともありました。

ところで、近年になって、この状況に変化がみられるようになりました。もちろん、我々は今なお国際法を変更する場合に、十分に組織化された制度をもっているわけではありませんが、しかし、ここ数十年の間に、この点でたいへん大きな発展がありました。さらにまた、最近では安全保障理事会が国際的分野で効果的な行動をとることができるという可能性を示すなど、予防外交の発展において重要な役割を担うことができるようになった、ということもみられます。

このような状況を考えますと、国際司法裁判所の強制的管轄権の問題について、これをあと戻りさせるようなことは正当ではないでしょう。実際、選択条項制度にもとづく強制的管轄受諾宣言の状況をみますと、以前にはそれがずっと下向線をたどってきましたが、現在ではこれが逆になり、上昇傾向に転じており、こうした現象を指摘できることは喜ばしいことです。更に冷戦の終焉とともに、東側の諸国は、これまで各種の条約の裁判条項に付してきた多くの留保を撤回するようになってきています。

裁判所をめぐる以前の障害に対する私の見方が正しいものであるとしますと、このような最近の発展は、国際法をとりまく他の諸機関の発展とともに考え合わせ、何か期待を抱かせ得るものであろうかと思います。これは、将来の展望に対する一つの視座にすぎませんが、しかし我々としては、この点にはいっそうの注意を払うべきであろうと思います。

**小田**　一つ補足して言えば、最近における国際法の立法化、法典化との関係があると思います。従来ですと、慣習法が法典化されていない、あるいは成文の法になっていない、ということに対する不安感。したがって、国際司法裁判所が何を言うかわからない、慣習法をどう解釈するか分らないという懸念。ところが、最近は、いろいろな分野で、環境法にしろ、海にしろ、条約法にしろ、外交関係にしろ、きわめて広い分野で——その意味でＩＬＣ（国連国際法委員会）の任務、あるいは総会の第六委員会の機能が大事だと思うのです——体系化された国際法がだんだん出来ていく。したがって、裁判所ももちろんそれを適用するわけで、一種の安心感というものが各国に出てきているのではないか、という気がします。

私どもも慣習法を、何も文字になっていないものを勝手に解釈するのではなくて、法典化されたものに対する十分な尊重を払う。私どもとしては、そういうＩＬＣの作業などにも十分な考慮を払っている、ということが将来の裁判所のより多くの利用にもつながる点だと思いますし、これは一つ付け加えたい点です。

もう一つは、これも先ほどジェニングスさんが言われたプリヴェンティブ・ディプロマシー（予防外交）ということ、これは安全保障理事会の仕事とも関係がありますが、同時に、先ほど言いました勧告的意見の利用というようなことも、これを利用することによって、事前に一つの法律的な問題の解決に至る、ということが大きな問題になるのではないかと思います。一九九〇年から一九九九年までが「国連の国際法一〇年」と指定され、これとの関連もあって各国とも国際司法裁判所の強化ということに対しては非常な関心を持っています。これに反対する国はほとんどない現状から考えてみれば、国際司法裁判所の将来は、もちろん、現在、国際司法裁判所を構成している裁判官の努力すべきことではありますが、同時にその強化の方向に一般の目も向けられ、また、事実その期待が出来るのではないか、というふうに思います。

**杉原**　今日は、ジェニングズ先生、小田先生ともに、短い日本のご滞在であるにもかかわらず、私たちのために貴重なお時間を割いていただき、国際司法裁判所の諸問題についてご説明いただきましたことを感謝申し上げます。ありがとうございました。

**国際司法裁判所係属事件リスト**（一九九二年三月現在）
（注：右端は提訴あるいは申請がＩＣＪ書記局に寄託された日付）

**八六・七・二八**　国境の武力行動（ニカラグア対ホンジュラス）
仮保全措置申請八八・三・二一―三・三一、合意により取下げ：管轄権判決八八・一二・二〇：本案はニカラグア申述書八九・二・八の提出の後、合意により訴訟手続は棚上げ

**八六・一二・一一**　（小法廷）陸地、島及び海の境界紛争（エルサルヴァドル対ホンジュラス）
九〇・一・一二両当事国準備書面完了、九〇・九・一三ニカラグアによる訴訟参加容認：本案口頭審理九一・六・一四に終了、数カ月中に本案判決の予定

**八八・八・一六**　グリーンランドとヤンマイエンの間の海域の境界（デンマーク対ノルウェー）
九一・九・二七準備書面完了、いつでも口頭審理の開始可能

**八九・五・一七**　一九八八年七月三日の航空機撃墜（イラン対アメリカ）
イランの申述書九〇・七・二四に提出：九一・三・一四アメリカの先決的抗弁提出、イランの意見提出待ち

**八九・五・一九**　ナウルにおける燐鉱地区（ナウル対オーストラリア）
ナウルの申述書は九〇・四・二〇に提出：九一・一・一六にオーストラリアによる先決的抗弁、書面審理および口頭審理を九一・一一・二二終了、数カ月中に先決的抗弁に関する判決の予定

**九〇・八・三一／九・三**　領土紛争（リビヤ対チャド）
合意提訴：九一・八・二六両当事者申述書提出、両当事国答弁書の期限は九二・三・二七
**九一・二・二二**　東チモール（ポルトガル対オーストラリア）
九一・一一・一八ポルトガル申述書提出、オーストラリア答弁書の期限は九二・六・一
**九一・三・一二**　ギニアビサオとセネガルの海の境界
当事者の都合により、手続は停滞中
**九一・五・一七**　グレト・ベルトの通航（フィンランド対デンマーク）
九一・五・二三フィンランドより仮保全措置申請、九一・七・二九裁判所命令で申請却下：フィンランド申述書
九一・一二・三〇提出、デンマーク答弁書の期限は九二・六・一
**九一・七・八**　カタールとバハレーンの間の海の境界と領土問題
カタール申述書九二・二・一〇提出、バハレーン答弁書の期限は九二・六・一一
**九二・三・三**　ロッカービーの航空機事件についての一九六一年モントリオール条約の解釈と適用（リビヤ対イギリス）
九二・三・三リビヤより仮保全措置申請、九二・三・二六より口頭審理
**九二・三・三**　ロッカービーの航空機事件についての一九七一年モントリオール条約の解釈と適用（リビヤ対アメリカ）
九二・三・三リビヤより仮保全措置申請、九二・三・二六より口頭審理

『ジュリスト』九九九号（一九九二年）六五―七八頁

# 七　国際法学の巨星・マクドゥーガルの死

マイアーズ・S・マクドゥーガル（Myres S. McDougal）、一九九八年五月七日、それまで五、六年を過ごしていたコネチカット州ニューヘヴン郊外の老人ホームで、老衰のため九一歳余の生涯を閉じた。その特異な方法論にもとづくきわめて多彩な国際法論の故に、世界の国際法学界に一時期を画した偉大な国際法学者であった。

## 一

一九〇六年の生まれ、ミシシッピー州の裕福なスコットランド家系の出、夫人は南北戦争当時の南軍リー将軍の孫娘である。マクドゥーガルは南部の出身であることを生涯誇りとした。そうして忠実な民主党支持者であった。

ミシシッピー大学でギリシャ、ローマの古典を専攻したのち、ローズ奨学生としてオックスフォードで法律学を修め、イェール法学校の大学院課程で法学博士（JSD）の学位を得た。後になって郷里のミシシッピーで法学士（LLB）を得ている。イリノイ大学の教職を経て、イェール法学校に迎えられたのは一九三〇年代の半ばであった。

一九三〇年代から一九五〇年代にかけて、ボーチャード（Borchard）、コービン（Corbin）、クラーク（Clark）、スタージス（Sturges）、ロデル（Rodell）などリーガル・リアリズムの先駆者を抱え、アメリカ法学界を風靡したイェール大学法学校の黄金時代である。物権法の講義をしていたマクドゥーガル（彼には物権法のケースブックがある）が国際法を始めるのは戦後、一九四〇年代の終わり、ボーチャードが定年で去った後であった。齢既に四〇を越してからのいわばおくて（晩生）の国際法学者でもあった。

当時のアメリカでは一般に国際法は「政治学科」の課目であった。しかし、法学教育においては、一九五〇年代に至っても、イエール、ハーヴァード、コロンビアなどいくつかの名門校を除いては、まだ国際法を専門とする法学教授は微々たるものであった。もっとも国際法の分野でもケースメソッドが取り入れられ、ハドソン（Hudson）、フェンヴィック（Fenwick）、ブリッグス（Briggs）などの国際法ケースブックが既に一九二〇―三〇年代に現れていた。しかし、普通にはアメリカ法の教授がこれらのケースブックを使って、片手間に国際法を講義するのがせいぜいであった。また法曹を目指す法学校の学生にとっても、国際法は役にも立たない、ほとんど無視すべき教科でもあった。

当時のイェール大学の「政治学科」で国際法を講じていたのはコーベット（Corbett）であるが、他方イェール法学校にはラスウェルなどの政治学者がいた。法曹養成一点ばりのアメリカの法学校で政治学者をもつことはほとんど考えられなかった時代である。このシカゴ学派の驍将であったラスウェルは日本でも丸山真男教授、永井陽之助教授によって紹介され、また桑原武夫教授の文化論の中にも反映した。このラスウェルの影響を除いてはマクドゥーガルの国際法は考えられなかったであろう。

## 二

このような時代、マクドゥーガルがラスウェルと連名で国際法の講義を始めたのは一九四九年度であったかと思う。

マクドゥーガルは自ら作成した全体系のシラバスの他に、ブリッグスのケースブックを使って国際法の授業を始めるのであるが、これと並んであらたにLaw, Science and Policy（法、科学、政策）の講義を、これもまたラスウェルとともに始めた。

ＬＳＰと言われた後者がマクドゥーガルの国際法方法論であり、これがその後彼のすべての国際法論を貫いた。その方法論を一言で説明することは至難である。国際法を法規範の集積とみることを捨てて、世界社会の権力過程におけるその参加主体の権威的かつ支配的な意思決定作成とみる。究極の目的を人間の尊厳におき、人類が追求する価値の増大に向けての政策法学の提唱である。イェール主流のリーガル・リアリズムを更に超越するものとの意気込みであった。

そうしてそこで用いられるのは極度なまでに特殊な用語であり、Lasswell = Kaplan, *Power and Society: a Framework for Political Inquiry*, 1951に則ったものである。彼の厳密な概念にはこの特殊な新造語が相応しかったのかも知れない。しかし、いわゆるマクドゥーガル語は英米の国際法学者にも理解は困難であり、むしろそのことの故もあって、マクドゥーガルの方法論は多くの批判と論争を巻き起こしたのである。

Power, Wealth, Skill, Well-being, Enlightenment, Rectitude, Respect, Affectionの八つの価値を増大するための、世界社会構造のParticipants, Perspective, Situation, Base Values, Strategies, Outcome, Effectsといったカテゴリーの分析はなかなか尋常の国際法学者を寄せ付けなかった。

彼の国際方法論は早くも一九五三年のハーグ国際法アカデミーの講義にあらわれるが、更に代表的には一九六八年のヴァジニア法学雑誌に、最終的には一九九二年の二巻の大著に集約されている。即ち、

International Law, Power, and Policy: A Contemporary Conception, *Recueil des Cours*, Vol.82(1953-1), 127pp.

"Theories about International Law: Prologue to a Configurative Jurisprudence", *Virginia Journal of International Law*, Vol.8(1968), 35pp. (with Lasswell and Reisman)

*Jurisprudence for a Free Society: Studies in Law, Science and Policy*, 1992, 1588pp. (with Lasswell)

なお、日本では大内和臣教授がその方法論をよく消化し、一九六六年の紹介に続いて、一九七四年国際法外交雑誌に「マクドゥーガルの国際法方法論とその問題点」を論じている。また一九八一年の同誌に奥脇直也教授のマクドゥーガル研究がある。

その独自の用語と方法論の故に、マクドゥーガルがアメリカの国際法学界でもその権威を確立するのは容易ではなかった。一九五一年ワシントンでのアメリカ国際法学会に出席した折りに（トルーマン大統領がホワイトハウスに学会出席者全員を招待したのが特記される）、私をゼミに招いたジョージタウン大学のファイルフェンヘルト（Feilchenfeld）教授（戦前の「公債と国家継承」の名著で知られた）は私がマクドゥーガル門下と知って、"Gobbledygook"という言葉を述べた。その日、旅先の同室をシェアしていたホテルに戻ってマクドゥーガルにその意味を尋ねたところ、彼は呵々大笑するのみであった。あとで引いた辞書には「（公文書のような）まわりくどくてわかりにくい言語」、あるいは「声大にして内容空疎」というような訳語がついていた。また、一九五七年国務省に訪ねた法律顧問補のホワイトマン（Whiteman）女史（国際法ダイジェストの編纂者、イェールの卒業生である）は「マック？あれは国際法ではまだ子供だ」と言った。彼らは決してマクドゥーガルに悪意をもって語ったのではない、むしろ友情をもっていたことを言わなければならない。しかしマクドゥーガルの方法論――むしろその用語によって一層難解にみえた方法論――が強い批判にさらされていたことは確かである。

私がマクドゥーガル門下と知って、アメリカの多くの法学者たちはニヤリとする。後にも触れる何人かの共著者たちを除いて、終生、彼の国際法方法論がその特殊な用語をもって世界の学界において理解されることは難しかった。彼の方法と理論を共有しようとした国際法学者は多くはなかった。しかし他方、彼の壮大、華麗に構築された国際法方法論に世界のすべての国際法学者たちが一目を置いていたことは否定すべくもない。

## 三

マクドゥーガルの国際法のテーマ研究は、以下のようにすべて五〇歳に近くなって以後のものである。独自の「法、科学、政策」の方法論を使っての、まさに絢爛豪華なものがあった。国際法のあらゆる分野にまたがり、きわめて包括的であったし、量的にも大作であった。

*Studies in World Public Order*, 1960, 1058pp.(with Associates)

*Law and Minimum World Public Order: The Legal Regulation of International Coercion*, 1961, 872pp.(with Feliciano)

*The Public Order of the Oceans: A Contemporary International Law of the Sea*, 1962, 1226pp.(with Burke)

*Law and Public Order in Space*, 1964, 1147pp.(with Lasswell and Vlasic)

*The Interpretation of an International Agreements and World Public Order, Principles of Content and Procedure*, 1967, 456pp.(with Lasswell and Miller)

*Human Rights and World Public Order: The Basic Policies of an International Law of Human Dignity*, 1980, 1016pp.(with Lasswell and Chen)

*International Law in Contemporary Perspective: The Public Order of the World Community Cases and Materials*, 1981, 1584pp.(with Reisman)

これらすべての著書はラスウェルと、あるいはその信頼する弟子たちとの共著であるが、彼の場合、ラスウェルを除いては、自らの指針と執筆に弟子たちが資料収集などに協力したのであって、あくまでマクドゥーガル自身の業績であることに疑いはない。それぞれに協力者との間の昼夜を分かたぬ共同作業があったのである。またこれらの公刊に先立って、同じ協力者たちとのそれぞれのテーマについて数多い雑誌論文がある。

膨大なこの著作は学界を驚嘆させ、しかしまた人目には難解にみえるその方法論に従った論述に周囲は困惑する。この内容なら、あの半分以下の分量で常識的な論述をすることができると言った高名なコロンビア大学の教授もいた。しかし幅広い分野についての包括的な論述を誰も無視することは出来なかった。そうしてむしろその問題提起の独自性の故にアメリカで高い尊敬を受けていた。

ヨーロッパでは理解されることは多くはなかった。その学識は畏敬され、しかしその学説は時には敬遠された。これだけの著作と名声にもかかわらず、ハーグ国際法アカデミー（Hague Academy of International Law）で一般講義に招かれることはなかったし、またきわめてヨーロッパ的色彩の濃い万国国際法学会（Institut de Droit international）において、一九六七年準会員候補に挙げられながら、当選を果たせず、次の一九六九年の会期で私とともに当選した。その後も二年に一度のヨーロッパでの会合にともに出席することはあったが、そこで満場の注目を集めることは多くはなかった。

## 四

彼の国際法を理解するのは、むしろ法学校の大学院課程に学ぶ外国からの留学生に多かったとも言える。マクドゥーガルの共著者となった空法論のヴラジッチはユーゴスラビアの、安全保障論のフェリシアノはフィリッピンの、人権論のチェン（陳隆志）は台湾からの留学生であった。多くの著作で共著者となり、今イェールにおいて後継者になっているリースマンにしても、イスラエルの大学に法律を学び、のちに一九六〇年代半ばイェール法学校の大学院課程に学んだものである。共著者ではないが、マクドゥーガルの方法論で外交関係論を表したムルティ（Murty）はインドの、国際漁業論を表したジョンストン（Johnstone）はカナダからの留学生である。海洋法のバークにしてみても、アメリカのいわば無名の大学で法律を学び、大学院課程ではじめてイェールに学んだのである。

むしろそういう、いわばアメリカ法学においては傍系の学生にとってこそ、このマクドゥーガルの国際法方法論が受け入れられやすかったのかも知れない。

一九七〇年代半ば、マクドゥーガルの定年後、イェール法学校の国際法講座はそのよき理解者リースマンによって一九七五年に引き継がれている。もっともよき後継者を得たと言うべきであろう。またイェールを退いたマクドゥーガルはニューヨーク法学校で教鞭をとったが、その国際法教授がやはり忠実な後継者のChen（陳隆志）である。

## 五

マクドゥーガルは、その仮借ないまでに先鋭かつ攻撃的な学界における国際法の論争に示される態度とは裏腹に、南部の出身に特有な人間的に暖かみのある人であった。アメリカ南部では未だに黒人は完全に差別されていた時代の出であることを誇りとし、しかし黒人を少しでも差別するようなことはなかった。当時イェールは既にアメリカでもっともリベラルな大学ではあったが、中でも彼は、とりわけ南部の学生に、そうしてまた、アジア、中近東などの後進地域の学生に限りない慈愛を注ぎ、彼らにもっとも慕われた教授であった。人情味に溢れたよい教師であった。

イェール法学校でもとりわけ広いその教授室の中で万巻の書籍、書類に埋もれていた。教授室はいつも学生たちに開放され、招き入れられた学生に、網膜剥離を患って以来の遮光のための緑の庇を被って、大きな拡大鏡を片手に黄色の用紙にすらすらと指針を書いて渡すのが常であった。彼に学んだ学生はすべてが愛情をこめて「マック」と呼び、師弟のわくを越えていつまでもその交友が続いた。晩年には、昔の弟子が訪ねてきて、いろいろなゴシップをもたらしてくれるのを最高の楽しみであると語っていた。

彼は決して一般に考えられるほど方法論一辺倒の書斎の国際法学者ではなかった。人一倍国際法の実務に関心をもっていた。中近東の石油開発をめぐる商事仲裁では弁護人を務めたし、また国際司法裁判所におけるニカラグアのコントラの事件においては、アメリカ政府の弁護人としてその法廷に立った。

　しかしアメリカ政府は彼を国連国際法委員会の委員に送り込むこともしなかったし、また国際司法裁判所の判事の候補者にも推さなかった。私がつとに国際司法裁判所における西ドイツ政府の弁護人を務め、日本とニュージーランドとの紛争にかかわり、海洋法で多くの政府レベルあるいは民間レベルでその形成、適用に携わることを非常に歓び、そういう生き方が国際法学者の務めであるが、自分にはついぞそういう機会に恵まれなかったことを嘆じていたことが思い出される。

　マクドゥーガルのもう一つの側面は、現実の国際法適用において、きわめて愛国者であったことである。すべてにアメリカの外交政策の支持者であったわけではない。しかしキューバ、ハイチ、グレナダ、ベトナム、ニカラグア、節々の外交問題においてアメリカの政策を国際法の視点から支持を惜しまなかった。しかしそれは盲目的な愛国精神ではなくて、そこには人間の尊厳を最大の目標価値と見定める彼の、合理的な世界決定過程の参加者としてのアメリカの理念への共感があったはずである。

　なお、マクドゥーガルは私の示唆もあって、外務省の招きで一九七四年秋に来日した。外務省、国際法学界などで講演もし、また京都、仙台にも遊んだ。金脈問題で田中角栄首相失脚の直前であるが、宴席で外務省幹部が時の総理を公然と批判するのを、アメリカ政府内では考えられないとその自由さに感嘆した。

## 六

　私個人で言えば、そのもっとも初期の弟子であったが、最後までその方法論を本当に理解できたとは思えない。初めのころは彼はよく「君はケルゼニストだから」と言った。そのケルゼンは一九五〇年代カリフォルニア大学に招かれていた。「アメリカでもケルゼンの方法論の評価は高いのではないか」、という私の質問に答えて、「彼を招いたのはアメリカ人の〝好奇心〟によるものにすぎない」と断ずることもあった。

一九五〇年九月、朝鮮事変の勃発から数カ月、占領下の日本からマッカーサー元帥発行の旅券をもってニューヘヴンにたどり着いた、片言の英語すらおぼつかない私にどれだけの愛情を注いでくれたことか。当時彼はイェールで法学校の大学院の課程の主任であった。既に日本では横田喜三郎教授の研究室から東北大学に国際法の教職を得ていた私であるが、最初の一年半は契約法から始まるアメリカ法に専念することを強く示唆され、実際に彼の国際法の論文指導を受けるのは一年以上がたってからであった。

三年後に海洋法研究で法学博士(JSD)を得た私は一九五三年に帰国したが、それから二年後、「自分と一緒に新しい海洋法をまとめてみないか」という招きである。私は日本に留まること三年で、一九五六年ふたたびイェールに赴き、教授会の一員としての研究員を命ぜられ、独立の研究室をもって、彼との共同作業が始まった。私が提言した、将来の海洋法は有限の海洋資源の配分の困難に行き当たる、それが最大の問題であろうという理念に彼が賛成したわけではない。言葉と方法の問題もあったろう、結局、彼は「君は自分の道を行け」として、私に代えて数年後輩のバークを共同研究者に起用して、先に触れた一九六二年の海洋法の大著をイェール大学出版から刊行した。他方、わが道を行った私の *International Control of Sea Resources* がヨーロッパのサイトホフ出版から出版されたのは同じ年であった。

私にはやはり彼の推進する法政策論の方法論が充分に理解出来なかったと思う。少なくとも、彼の特殊な用語を駆使することは到底出来なかった。むしろ彼の基本理念は常識的用語をもって伝えることが出来るのであり、その難しい用語がむしろ彼を孤立させているのではないかとの思いを避けられなかった。

マクドゥーガルが後になって私の海洋法論に深い理解を示すようになり、用語は違うが君のやっているのは自分の言う法政策学そのものであるというに至った。彼の方法論の集大成の一九九二年の著書を寄贈してくれるにあたり「貴君の政策科学法学への限りない寄与に深い感謝をこめ、友情と感謝と賛嘆をもって」と自筆での書き込みがある。私には面映ゆいものであった。出来の悪い学生に対するお世辞であることは心得つつも、彼が他の人々に「小田は自分の最高の弟子の一人だ」と語っていると聞こえてくるたびに、私は頑なまでのその用語に対する抵抗にもかかわらず、彼に赦免されたものとの思いが募るのであった。

私が一九七五年に現在の地位、国際司法裁判所に選挙されたとき、自分の弟子ではじめての世界法廷の裁判官だと喜んでくれた。そうして今、私の他に、米(Schwebel)、英(Higgins)の三人の裁判官がいずれもイェールの自分の弟子であることを常に自慢に語っていたと多くの人々が伝えてくれた。

イェール法学校は昨年九月、イェール出身の三人がそろって国際司法裁判所の裁判官を務めていることを表彰した。ほとんど失明に近いマクドゥーガルは、その表彰式があった年次同窓会の席に車椅子で来会し、招かれて壇上の、表彰される私どものテーブルに並んだ。彼が公式の場に臨んだ最後であったという。

今年の五月、亡くなる数日前に、その枕頭にあったリースマン教授からの示唆で私は直接にマクドゥーガルに電話を入れた。死期を予期していた彼は意識は明瞭であったが、しかしその声に往年の張りはなかった。これが最後になると知った私は語りかける言葉に迷った。

## 七

アメリカには一九四五年の戦後をとっても、ハドソン、ハイド、ジェッサップ、ビショップ、ブリッグスなど世界の国際法学界の頂点をきわめた学者にこと欠かない。マクドゥーガルはこれらの先達と並んでアメリカの生んだ世界の国際法学者であった。しかしまた彼ほど、批判にさらされ毀誉褒貶の激しかった国際法学者もいなかったのも事実であろう。ともあれ、一九〇六年から一九九八年までの二〇世紀を生きた偉大な学者、そうして私にとって愛する恩師を失ったのである。

『ジュリスト』一一四五号（一九九八年）七六―七九頁

# 初出一覧

第一部　アメリカ留学（一九五〇年〜一九五三年）回想

第一章　アメリカの連邦最高裁判決研究

「アメリカ連邦最高裁三月三日の三つの判決」『ジュリスト』九号（一九五二年）一六―一九頁

「再びアメリカ連邦最高裁の判決について―共産党事件―外国法制通信」『ジュリスト』一〇号（一九五二年）一二―一三頁

「アメリカ鉄鋼業接収の経過―外国法制通信」『ジュリスト』一三号（一九五二年）一八―二〇頁

「アメリカの鉄鋼業接収違憲判決詳報」『ジュリスト』一四号（一九五二年）二八―三〇頁

「映画とラジオ―外国法制通信」『ジュリスト』一九号（一九五二年）二二―二四頁

「アメリカにおけるローヤルティ・オース（忠誠宣誓）―Guilt by Association」『ジュリスト』三〇号（一九五三年）一四―一六頁

「アメリカ連邦最高裁の一年をかえりみて」『ジュリスト』二四号（一九五二年）二三―二七頁

第二章　法曹論あるいは法学教育についてのいくつかの評論

「裁判官も神ではない」『法学』一六巻四号（一九五二年）五五四―五七四頁

「法曹一元論の盲点」『法律時報』三五巻一〇号（一九六三年）六二―六三頁

第二部　国際法研究回想

第一章　亡命とハイジャック

「亡命者保護の国際立法」『ジュリスト』二八二号（一九六三年）四一―四六頁

「亡命論ノート」『法律時報』四一巻四号（一九六九年）二〇―二五頁

「政治亡命と国際法」『朝日新聞』（一九六七年一一月一七日（夕刊））九頁

「ハイジャッキングに関するノート―国際法学界の草案作成のために」『法律時報』四二巻一一号（一九七〇年）一四〇―

一四七頁
第二章　学際的視点からみた国際法学
「自然科学と国際法」『学術月報』三三巻七号（一九八〇年）五頁
第三部　随想
第一章　法学研究と外国語
「外国語の難しさ」林大・碧海純一編『法と日本語』（有斐閣、一九八〇年）二〇二―二一一頁
第二章　書評
「エメリー・リーヴス『平和の解剖』―世界政府論へ寄せて」『法哲学四季報』六号（一九五〇年）一一〇―一一九頁
「横田喜三郎『国際法学』上巻、田岡良一『国際法講義』上巻」『國家學會雜誌』六九巻一一・一二号（一九五六年）五八九―六〇三頁
第三章　大学制度論
「国立大学、学長選変革を」『日本経済新聞』（二〇〇五年二月一九日（朝刊））三三頁
「三〇年ぶりの帰国で見た日本の国立大学―国立大学法人のかかえる問題」『日本學士院紀要』五九巻二号（二〇〇五年）一〇七―一二七頁
第四部　内外の法学者の回想または追悼
第一章　我が国の法学者の思い出
「ヘーグ時代以後の田中先生と私」鈴木竹雄編『田中耕太郎　人と業績』（有斐閣、一九七六年）三〇三―三一〇頁
「田岡良一名誉教授の訃」『東北大学法学部同窓会報』（東北大学法学部同窓会、一九八六年）二―三頁
「鈴木禄彌君―追悼の辞」『ジュリスト』一三三二号（二〇〇七年）一一〇―一一二頁

「思い出　仙台の中川先生と私」『法学セミナー』二五三号（一九七六年）一五四―一五六頁
「故田畑茂二郎会員追悼の辞」『日本學士院紀要』五六巻三号（二〇〇二年）二三四―二四二頁
「祖川武夫先生を悼む―弔辞」『法律時報』六八巻一〇号（一九九六年）六九―七一頁
「小谷鶴次先生を偲ぶ」『東北大学法学部同窓会会報』（東北大学法学部同窓会、一九九七年）

第二章　世界の法学者の思い出
「ハンブロ教授の訃」『ジュリスト』六三九号（一九七七年）一一―一二頁
「バックスター判事の訃」『ジュリスト』七二八号（一九八〇年）九四―九五頁
「海洋法会議議長アメラシンゲの訃」『ジュリスト』七三四号（一九八一年）八四―八五頁
「国際司法裁判所所長ウォルドックの訃」『ジュリスト』七五七号（一九八二年）七四―七五頁
「東京裁判のレーリング判事のこと」『ジュリスト』七八九号（一九八三年）一〇―一二頁
（聞き手・杉原高嶺、小寺彰）「国際司法裁判所の活動と現況―ジェニングス所長と小田副所長に聞く」『ジュリスト』九九九号（一九九二年）六五―七八頁
「国際法学の巨星・マクドゥーガルの死、『ジュリスト』一一四五号（一九九八年）七六―七九頁

## ■著者紹介

**小田　滋**（おだ　しげる）

1924年　札幌市生まれ。
1947年　東京帝国大学法学部卒業。
1953年　東北大学法学部助教授。
1959年　東北大学法学部教授（～1976年）。
1976年　国際司法裁判所裁判官（～2003年）。
1985年　東北大学名誉教授。
1994年　日本学士院会員。
2003年　瑞宝大綬章受章。
2007年　文化功労者。
2012年　文化勲章授章。

**主要著作**

『海の国際法研究』全9巻（有斐閣、有信堂高文社、1956-1989年）、『小田滋・回想の海洋法』（東信堂、2012年）、『国際法と共に歩んだ六〇年』（東信堂、2009年）、『国際司法裁判所［増補版］』（日本評論社、2011年）、*International Control of Sea Resources* (A. W. Sythoff, 1963)、*International Court of Sea Justice, viewed from the Banch* (Sijthoff, 1993)、*Fifty Years of the Law of the Sea* (Kluwer, 2003)、ほか。

**小田滋・回想の法学研究**

2015年7月20日　　初　版第1刷発行　　〔検印省略〕

定価はカバーに表示してあります。

著者©小田滋（編集協力 佐俣紀仁）　発行者 下田勝司　　印刷・製本／中央精版印刷

東京都文京区向丘1-20-6　郵便振替00110-6-37828
〒113-0023　TEL (03) 3818-5521　FAX (03) 3818-5514

発行所
株式会社 東信堂

Published by TOSHINDO PUBLISHING CO., LTD.
1-20-6, Mukougaoka, Bunkyo-ku, Tokyo, 113-0023, Japan
E-mail : tk203444@fsinet.or.jp　http://www.toshindo-pub.com

ISBN978-4-7989-1279-0 C3032 

組版　フレックスアート　　カバー　中嶋デザイン事務所